中国风景名胜区游览手册⑤

浙江省

中国风景名胜区协会　编著

中国建筑工业出版社

本册编委会

中国风景名胜区协会联系地址：

北京市三里河路13号中国建筑文化中心C座8002室(100037)

北京市海淀区首体南路9号主语国际7号楼7层(100048)

电　　话：010-58934125/88082759/68790496

传　　真：010-58934125/88082759/68790496

电子邮箱：china_fjms@163.net

序　言

　　中国山河壮丽、景观奇特、历史悠久、文化灿烂，具有丰富的风景名胜资源，这是大自然和前人留给我们的宝贵遗产。正如温家宝总理所指出的"风景名胜区集中了大量的自然和文化遗产，是自然史和文化史的天然博物馆"。国务院2006年颁布的《风景名胜区条例》中，明确指出风景名胜区是"具有观赏、文化或者科学价值，自然景观、人文景观比较集中，环境优美，可供人们游览或者进行科学、文化活动的区域"。自1982年以来，国务院先后七次公布了208个国家级风景名胜区，各省、自治区、直辖市也设立了701个省级风景名胜区，我国风景名胜区的总数已经达到909个；其中有30处国家级风景名胜区被联合国教科文组织世界遗产委员会列入《世界遗产名录》。风景名胜区吸引着大量中外游客络绎前往，其自然与历史、人文资源越来越被社会所关注。

　　切实保护和合理利用风景名胜资源，对于改善生态环境，发展旅游业，弘扬民族文化，激发爱国热情，丰富人民群众的文化生活具有重要的意义。中国风景名胜区协会组织编著这套《中国风景名胜区游览手册》工具书，对于保护、宣传、推广和展示风景名胜资源，必将起到十分积极的推动作用。

住房和城乡建设部副部长　**仇保兴**

2010年8月1日

前　言

　　《中国风景名胜区游览手册》(后简称《游览手册》)是我国风景名胜区行业首次以整体形象和统一品牌面向广大游客出版发行的游览手册，也是我国风景名胜区行业权威、全面和实用的游览系列工具书。《游览手册》集中收录了我国国家级和部分省级风景名胜区最新的游览资讯及各类综合信息，全面反映了我国风景名胜区珍贵的风景名胜资源价值和游览服务水平，以满足日益增长的国内外游客自助旅游的需求。

　　《游览手册》按照地理和省区行政区划分布，整合各类风景名胜资源，将风景名胜区分为若干个区片组成分册陆续出版。《游览手册》以图片和文字形式展示了风景名胜区的自然和人文资源特征，翔实地介绍了风景名胜区的资源概况、主要景点、精品线路、门票及观光车票价格、区内交通、住宿餐饮、旅游购物、安全救助和景区游人中心情况，并为读者提供了详细的交通区位、导游图以及风景名胜区管理机构的通信方式、游览咨询点、游客投诉点、医疗服务点、电子邮箱、门户网站等相关信息。

　　为方便风景名胜区游客个性化游览查询，满足广大游客自助旅游的需求，《游览手册》特别增加了风景名胜区自驾车旅游服务涉及的交通站点（包括车、船、索道等）、停车场、加油站、汽车修理以及配套设施的翔实资讯；向游客推介风景区的特色观赏和体验、民族民俗展演活动及"农家乐"、家庭旅馆等；同时，简述风景区的季节和气候特点，为游客提供景区历年月气温平均值及游客穿衣提示、住宿选择；推荐特色美食和当地景区名、优、特产品等。

　　《游览手册》的出版得到了各省区风景名胜区管理机构、各级建设行政主管部门以及相关单位、部门的大力支持和协助，为此，特表示由衷的谢意。

目　录

浙江省

浙江省
ZHEJIANG

浙江省风景名胜区概况

　　浙江濒临东海，为亚热带季风区，雨水充沛，气候宜人，山川秀丽，人文荟萃。风景名胜资源丰富多样，分布广泛。自1982年国务院批准建立杭州西湖风景名胜区、富春江—新安江（千岛湖）风景名胜区、雁荡山风景名胜区和普陀山风景名胜区为首批国家级风景名胜区以来，经过20多年的发展，浙江省已有国家级风景名胜区18处（其中1处为世界自然遗产）、省级风景名胜区41处、市县级风景名胜区120处，各级风景名胜区总面积达到7403平方公里，占全省陆域面积的7.27%，其中国家级风景名胜区拥有数量居全国首位。

　　浙江风景名胜区类型众多，有湖泊型、江河型、海岛型、山岳型、溶洞型。但从审美特征来说可分为两类：即田园山水风景、海滨岛屿风景。田园山水风景，以宜居性见长，是理想的生活境域，有水有鱼，有田有粮，竹橘桑茶，江南风光。尽管有些以往的田园早已被园林所替代，然仍不失田园山水的格局和风韵。海滨岛屿风景，一般都山海结合，雄秀并举，海域空廓，绿岛郁葱，惠风浩荡，生机万千。浙江风景名胜区的文化承载，更是丰富多样。有"海天佛国"之称的佛教圣地普陀山，有人文和自然交相辉映的西湖，有弥勒佛应化道场的溪口—雪窦山，有展示"耕读社会"、"宗族社会"的楠溪江古村落文化，有佛教天台宗、道教南宗的发祥地的天台山……众多的文物古迹、寺庙道观、石刻造像，无不闪烁着江浙历史文化的内秀和睿智。

浙江省风景名胜区分布图

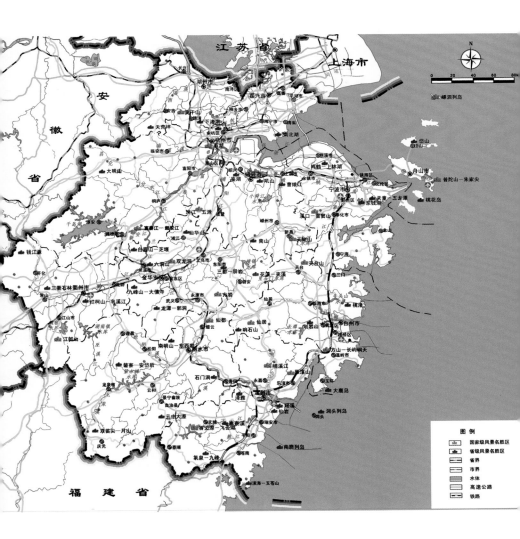

图 例

- 国家级风景名胜区
- 省级风景名胜区
- 省界
- 市界
- 水体
- 高速公路
- 铁路

浙江省风景名胜区总体概况表
（2010年）

名　　称	级　别	面积（km²）	所在地	景　区　划　分
杭州西湖	国家级	59.04	杭州市	环湖、北山、吴山、凤凰山、虎跑龙井、植物园、灵竺、五云、钱江等九个景区
富春江—新安江	国家级	1423.83	杭州市 桐庐县 淳安县 建德市 富阳市	富春江、新安江－浤江、千岛湖三大风景分区，划分为20个景区、127个主要景点（景群）
雁荡山	国家级	406.63	温州市	灵峰、三折瀑、灵岩、大龙湫等四个景区
			乐清市	玉甑、西漈、三湖、东漈、凤凰山、杨八洞、刘公谷等七个景区
			平阳县	东西洞、顺溪、明王峰、碧海天城、腾蛟－赤岩山等五个景区
普陀山	国家级	45.57	舟山市 普陀区	普陀山、朱家尖两大风景分区，普陀山分71个景点，朱家尖分3个景点
嵊泗列岛	国家级	37.35	嵊泗县	泗礁、洋山、嵊山渔港、花鸟灯塔等四个景区
楠溪江	国家级	670.76	永嘉县	大楠溪、大若岩、石桅岩、四海山、太平岩、岩坦溪、源头、珍溪等八个景区
天台山	国家级	131.75	天台县	国清、赤城、大敖、佛陇、石梁铜壶、华顶、琼台桐柏、寒山心湖、寒山东湖、寒山西湖、寒岩明岩、九遮山、五皇山、始丰溪、龙山等十五个景区
莫干山	国家级	58	德清县	莫干山中心区、天桥景区、武陵村区、怪石角区、碧坞龙潭区、莫干湖区、三鸠坞、山脊风景线
双龙洞	国家级	79.7	金华市	双龙洞、黄大仙、大盘天、赤松山、家园里、尖峰山等六个景区
雪窦山	国家级	54.86	奉化市	雪窦屏山、蒋氏故里、佛境古刹、晦溪九曲、亭下灵湖、徐凫观瀑布、相量岗、花山人家、雪峰梅苑等九个景区
仙都	国家级	166.2	缙云县	仙都、黄龙、岩门、大洋山等四个景区
江郎山	国家级	51.39	江山市	江朗山、峡里湖、仙霞岭、廿八都、浮盖山等五个景区
仙居	国家级	158	仙居县	神仙居、景星岩、十三都、公盂岩、淡竹等五个景区
浣江—五泄	国家级	73.85	诸暨市	五泄、斗岩、汤江岩、浣江等四个景区

浙江省风景名胜区总体概况表
（2010年）

名　称	级　别	面积（km²）	所在地	景　区　划　分
方岩	国家级	152.8	永康市	方岩区：丹霞片区（公婆岩、五峰、方岩、石鼓寮、灵岩、杨溪水库、道寺岩、仙岩等景区），铜山片区（铜山岭、方山景区）；五指岩区：五指岩片区（五指平头、五泄景区），太平湖片区（太平湖、石苍山景区）
百丈 —飞云湖	国家级	137.16	文成县	峡谷景廊、百丈飞、天顶湖、朱阳九峰、刘基故里、龙麒源、铜铃山峡、岩门大峡谷、双龙、飞云湖等十个景区
方山—长屿硐天	国家级	26.06	温岭市	方山－南嵩岩、长屿硐天二大片区；方山、南嵩岩、狮峰、双门洞、八仙岩、小野山、崇国寺等七个景区
天姥山	国家级	143.13	新昌县	大佛寺、穿岩十九峰、沃洲湖三大分区。大佛寺分区由大佛寺、十里潜溪二个景区组成；穿岩十九峰分区分为十九峰、千丈幽谷、台头山、倒脱靴、韩妃江等五个景区；沃洲湖分区分为沃洲湖、刘门山、天姥山、三十六渡、东岇山等五个景区
东钱湖	省级	56	宁波市鄞州区	钱湖、陶谷山、谷子湖、鹰山、二灵山、韩岭、太白湖、福泉等八个景区
仙岩	省级	19	瑞安市	入口区、仙岩、化成、天河等四个景区
南北湖	省级	10	海盐县	湖塘、山林、海滨三个景区
六洞山	省级	9	兰溪市	涌雪洞－玉露洞、佳果游赏、栖真寺、江山一揽等四个景区
石门洞	省级	20	青田县	石门飞瀑、太子胜境、师姑草海、大溪景带等四个景区
南明山—东西岩	省级	12	丽水市	南明山、东西岩二大片区，仁寿寺、观音岩、官岩、大梁渠、畲族风情区、石梁、东西岩、七女峰、流坑水库、高山活动区、黄弄等十一个景区
泽雅	省级	96	温州市瓯海区	泽雅湖、纸山文化、西山、五凤、高山脚、金坑峡、七瀑涧、崎云等八个景区
瑶溪	省级	11	温州市龙湾区	龙岗山、钟秀园、千佛塔、金钟瀑、瑶溪泷等五个景区
滨海—玉苍山	省级	111	苍南县	炎亭、渔寮、玉苍山、玉龙湖、莒溪等五个景区
洞头	省级	20	洞头县	仙叠、半屏山、大瞿岛、大门岛、海上西湖、竹屿、东沙等七个景区

浙江省风景名胜区总体概况表
（2010年）

名　称	级　别	面积（km²）	所在地	景区划分
仙华山	省级	55	浦江县	峰林仙华山、江南第一家、富春野马岭、幽谷古禅寺等四个景区
龙潭—郭洞	省级	61	武义县	龙潭、源口、刘秀垄、大莱口等四个景区
岱山	省级	10	岱山县	冷峙沙龙、观音山、燕窝山、东沙古镇、鹿栏晴沙、双合石壁、摩星山、高亭南诸、秀山湿地、秀山岛东部沙滩群等十个景区
寨寮溪	省级	174.8	瑞安市	寨寮溪、潦门溪、九珠潭、腾烟瀑、龙潭、回龙涧、银洞一玉女古、花岩、飞云湖等九个景区
桃花岛	省级	12	舟山市普陀区	大佛岩、安期峰、塔湾金沙、桃花、悬鹁鸪岛、鹁鸪门海洋运动休闲区、乌石滩渔村风情休闲区、小潭岗植被景观保护区、长坑植被景观保护区等九个景区
南山	省级	14	嵊州市	南山湖、天兴潭、贵门等三个景区
超山	省级	5	杭州市余杭区	超山探梅、塘栖寻古、丁湖笼烟、塘南环翠等四个景区
曹娥江	省级	40	上虞市	百官镇、虎山森林公园、曹娥庙、上浦镇、蒿坝镇、东山、章镇、白马春晖、破网湖、皂里湖、祝家庄、凤鸣山、丰惠镇、康家湖、稽山、王充别苑、温泉等十七个景区
桃渚	省级	150	临海市	桃渚军事古城、武坑玉界、珊瑚岩、龙湾海滨、童燎碧波、碧云芙蓉等六个景区
鉴湖	省级	25	绍兴县	东跨湖桥、钟堰、三山、清水闸、柯岩、湖塘、湖南山旅游活动区等七个景区
天荒坪	省级	65	安吉县	峡谷、余村、灵峰三个景区
三都—屏岩	省级	11	东阳市	三都胜境、屏岩洞府、兰亭、灌顶寺等四个景区
大明山	省级	29	临安市	大明山中心风景区(玉龙溪、千亩田、西坑、里烂湖、朝天沟、大明村生产基地区、大明山中心接待区等景区)，瑞晶洞独立景区，昱岭关独立景点
烂柯山—乌溪江	省级	160	衢州市	烂柯山、紫薇山、九龙水三个景区

浙江省风景名胜区总体概况表
（2010年）

名　称	级　别	面积（km²）	所在地	景区划分
九峰山—大佛寺	省级	50	金华市	九峰山、大佛寺二大分区。九峰山分区主要有九峰葛仙茶园、九峰太末文化园、九峰丹霞地貌、里金坞拇指峰、毛竹尖科普教育区和仙舟湖等景区；大佛寺分区主要有龙头殿生态沟、郭门树桩盆景园和大佛寺宗教活动区等景区
鸣鹤—上林湖	省级	30	慈溪市	鸣鹤—外杜湖、五磊山—里杜湖、上林湖—栲栳山等三个景区
吼山	省级	11.4	绍兴市	水乐、纪念瞻仰、象鼻岩、花果园区、残山等五个景区
南麂列岛	省级	190	平阳县	三盘尾观光游览区、大沙岙休闲景区、竹柴百岭等三个景区
划岩山	省级	11.5	台州市黄岩区	裂谷、画屏、山屯、祭龙等四个景区
氡泉—九峰	省级	136	泰顺县	九里潭、九峰、彭溪、氡泉等四个景区
花溪—夹溪	省级	51	磐安县	龙头灵潭、平板长溪、盘山天池、高峡平湖、夹溪峡谷、鞍顶山等六个景区
钱江源	省级	54	开化县	莲花塘、卓马、莲花溪、水湖、疯楼等五个景区
天童—五龙潭	省级	58.6	宁波市鄞州区	天童、太白湖、五龙潭、中坡山等四个景区
三衢石林	省级	26	常山县	三衢山、小古山、大古山等三个景区
下渚湖	省级	36.5	德清县	防风揽古、琳琅水街、下渚芦汀、阡陌田园、渔乡风情、菰蒲远香、毓秀塔山等七个景区
白露山—芝堰	省级	43.7	兰溪市	虹霓、慧教、忠隐、三相园、三峰尖生态农业观区、芝堰等六个景区
云中大	省级	56.9	景宁县	高山古村、雪花飞瀑、云溪竹峡、小佐桃源、婆丘深、千亩杜鹃等六个景区
大鹿岛	省级	36.79	玉环县	大鹿岛、小鹿岛两个景区
响石山	省级	16.3	仙居县	金猴、情侣谷、虎踞峡、天生桥、月亮潭、石破天惊等六个景区
箬寮—安岱后	省级	15.83	松阳县	箬寮、安岱后两大分区
双苗尖—月山	省级	55.5	庆元县	双苗尖、月山两大分区

浙江省拥有国家级风景名胜区18处、省级风景名胜区41处，总面积5929.87平方公里，占全省陆域面积5.82%。

杭州西湖 风景名胜区

　　杭州西湖风景名胜区是世界文化遗产，是国务院首批公布的国家重点风景名胜区，也是全国首批十大文明风景旅游区和国家ＡＡＡＡＡ级旅游风景区。她以秀丽的西湖为中心，三面环山，中涵碧水，面积约60平方公里，其中湖面6.5平方公里。西湖四周，绿荫环抱，山色葱茏，画桥烟柳，云树笼纱。逶迤群山之间，林泉秀美，溪涧幽深。100多处各具特色的公园景点中，有三秋桂子、六桥烟柳、九里云松、十里荷花，更有著名的"西湖十景"和"西湖新十景"以及近年来相继建成开放的多处各具特色的新景点，将西湖连缀成了色彩斑斓的大花环，使其春夏秋冬各有景致，阴晴雨雪独有情韵。

　　西湖不仅独擅山水秀丽之美，林壑幽深之胜，而且更有丰富的文物古迹、优美动人的神话传说，把自然、人文、历史、艺术巧妙地融为一体。西湖四周，古迹遍布，文物荟萃，60多处国家、省、市级重点文物保护单位和20多座博物馆（纪念馆）熠熠生辉，是我国著名的历史文化游览胜地。年接待中外游客2600多万人次。

　　管理机构：杭州西湖风景名胜区管理委员会

　　地址：浙江省杭州市龙井路1号
　　邮编：310013
　　值班电话：0571－87179619／87179617
　　传真：0571－87179506
　　电子邮箱：ywj@hz.gov.cn
　　门户网站：www.hzwestlake.gov.cn

西湖景区全景图

交通

出行宝典
TRANSPORTATION

（一）区外交通

✈ 杭州萧山国际机场位于萧山区新街镇东，距杭州市中心27公里，是中国国家一类口岸，浙江省最大的空港。目前杭州已开通空中航线40多条。

机场大巴发车：机场巴士候车室位于机场候机楼1楼到达厅5号门北侧：

07：30—09：30，每30分钟1班；

09：30—17：00，每15分钟1班；

17：00以后每30分钟1班；

机场巴士价格为20元／人。

沿途停靠站点：城站火车站、马可波罗酒店、武林门民航售票处。

🚆 从杭州乘火车可直达多个城市。杭州与上海之间的铁路交通非常便捷，每天两地各有5趟始发的快速列车往返，约需1小时50分钟。另外还有杭州始发至南昌、福州等地的动车组。从杭州至北京的一站直达特快列车仅需13小时30分钟。

杭州火车站（城站）：位于上城区江城路893号，是杭州主要的火车站，也是杭州标志性建筑之一，距离西湖主要景区约10分钟车程。

杭州火车东站：位于江干区新风路1号，距离市中心武林广场商业区约需20分钟车程。

🚌 从杭州出发可达上海、南京、青岛、深圳、宁波、金华等大中城市及黄山、乌镇等旅游景区。目前杭州已有沪杭、杭宁、杭甬、杭金衢、杭千、杭徽六条高速线路，有东、西、南、北四个长途汽车客运站。

西湖景区区域交通图

西湖景区加油站及维修厂：

丁家山加油站：位于西湖景区杨公堤，空军疗养院斜对面；

西湖景区内暂无汽车修理厂，但西湖周边城区都有汽车修理厂：

杭州园林汽车修理厂：浙江省杭州市西湖区西溪路706号；

浙江大学汽车修理厂：浙江省杭州市西湖区西溪路古荡绿色广场对面；

浙江省府车队汽车修理厂：浙江省杭州市西湖区保俶路146号；

小拇指汽车维修：浙江省杭州市西湖区古翠路12号；

浙江裕都汽车有限公司：浙江省杭州市西湖区西溪路788-1号。

（二）区内交通

1. 电瓶车：景区游览观光车是环西湖游最快、最方便、最省力的方法。电瓶车行驶平稳，行程多沿湖岸，与西湖水景紧密接触。车上配有导乘或司机兼导游。

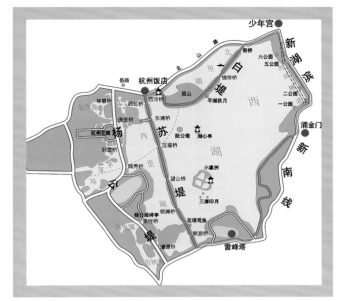

电瓶车游览路线

画舫：45元／次，含湖心亭、小瀛洲门票。

西湖夜游（夏季）：25元。

服务电话：0571-87971963

3．景区观光巴士：Y9路是环西湖高层观光巴士，行驶路线沿西湖，可饱览西湖及周边的湖光山色。杭州旅游集散（黄龙）中心为起点、终点站，途经岳庙、湖滨公园、钱王寺、净寺、苏堤、郭庄、杭州花圃等风景名胜点。

票价：全程单一票制，5元／人次。

营运时间：8：00－17：15。

游览路线：涌金门—柳浪闻莺公园—罗马广场—唐云艺术馆—长桥公园—雷峰塔—苏堤—跨虹桥（岳庙）—武松墓—西泠桥—平湖秋月—（断桥）少年宫—新湖滨景区—涌金门。电瓶车采取单向顺时针绕湖行进，环湖时间约70分钟（根据实际路况有所增减）。

乘坐方式：环湖观光电瓶车采用"招手即停、上车售票"的方式，无固定售票点。游览车随上随停，中途下车，车票随即作废。

营运价格：环湖票价：40元／人；区间票价：10元／人；包车费用390元／小时（一小时起包，超过一小时按130元／半小时收费）。

营运时间：8：30－17：00；8：30－21：00（夏）（根据天气情况适时调整）

服务电话：0571-87972452／87987784

2．游船：西湖四周均有游船搭乘处，最多集中在湖滨路北的一、二、三、五、六公园。游船有不同种类：

电瓶船：45元／次，每船客容纳40～80人不等，含湖心亭、小瀛洲门票。

4．景区山林游步道：西湖景区周边群山游步道实现了全覆盖。

路线一：断桥—宝石山—葛岭—紫云洞—挂牌山—乌石峰—曲院风荷；

路线二：浙大玉泉校区—老和山—将军山—灵峰山—锅子顶—北高峰—灵隐大门口；

路线三：老东岳村—流香桥—美人峰—龙门山—石人岭—云雾台—天竺山—棋盘山—天马山—吉庆山—茶博；

路线四：万松书院—老虎洞—凤凰山—凤凰亭—月岩—栖云寺—梵天寺—皇城山脚；

路线五：灵隐—上天竺—九曲亭—竹竿山—严家山—丁家山—大青谷。

游船

旅游服务 TRAVEL SERVICE

西湖博物馆：

　　主要向中外游客提供杭州市主要旅游咨询以及杭州周边景区的有关旅游咨询；提供

西湖博物馆

关于杭州市风景名胜书籍以及杭州特色工艺纪念品咨询；为不方便的游客提供轮椅服务并备有紧急医药箱；备有多媒体旅游信息查询系统，与杭州市旅游信息咨询中心联网，提供中外游客自助查询杭州市旅游信息相关内容；长期提供旅游景点景区相关宣传资料以及杭州旅游指南（中、英、日、韩四国语言版本）；提供杭州周边景区一日游价格以及西湖风景区主要景点价格。

　　△ 南山路89号
　　📞 电话：0571-87882390

精品线路

线路一：

　　景点构成：灵隐（飞来峰）、岳庙、万松书院、三潭印月（含游船）、城隍阁、六和塔或虎跑

　　票面价合计：170～175元

线路二：

　　景点构成（观光电瓶车）：黄龙洞、灵隐（飞来峰）、城隍阁或六和塔、虎跑

　　票面价合计：90～105元

线路三：

　　景点构成：灵隐（飞来峰）、岳庙、黄龙洞、三潭印月（含游船）

　　票面价合计：130元

线路四：

　　景点构成：灵隐（飞来峰）、岳庙、城隍阁、胡雪岩故居

　　票面价合计：130元

西湖风景名胜区收费景点一览表

公园景点名称	票价（单位：元／人次）	地址	交通（公交路线）	咨询电话（0571—）
雷峰塔	40元	南山路15号	Y1、Y2、Y3、K4、J5、Y6、Y7、Y9、K291、K504、K808、822/K822	87982111
三潭印月	20元	西湖中西南大岛	游船	87987373
城隍阁	30元	吴山路3号	38/K38、Y7、Y8、8/K8、J9、25/K25、34/K34、35/K35、40/K40、59/K59、60/K60、K284、K808、814/K814、818、K850、K206(夜班)、K208(夜班)、K216(夜班)	87035709
万松书院	10元	万松岭路76号	12/K12、809	86079490
玉皇山	10元	玉皇山路	12/K12、809	87032411
郭庄	10元	杨公堤15号	Y1、J1、Y5/Y5(区间)、Y9、K194、527/K527	
六和塔	20元	之江路16号	J1、K4、Y5/Y5(区间)、J5、K280、K291、308/K308、K504、514/K514、K519、K808	86591364
六和登塔	10元			
岳庙	25元	北山路西段北侧	J1、Y1、Y2、Y3、7/K7、Y9、27/K27、81/K81、K850	87986653
灵隐飞来峰	45元	灵隐路法云弄1号	Y1、Y2、7/K7、Y13、K807/K807(区间)、K837	56809651
黄龙洞	15元	曙光路69号	Y4、Y5/Y5(区间)、K16、23/K23、28/K28、66/K66、K307、K807、830、228（夜间）	87972469
植物园	10元	桃源岭1号	Y1、Y2、Y3、Y4/Y4(区间)、Y6、7/K7、15/K15、28/K28、82/K82、K807/K807（夜间）	87969390
木兰山茶园	4元	植物园内		
动物园	15元	虎跑路40号	J1、K4、Y5/Y5(区间)、J5、Y7、J9、K291、K504、514/K514、537/K537、K808、822/K822	87970657

灵隐飞来峰造像

灵隐寺

三潭印月

六和塔

岳庙

万松书院

曲院风荷

特色观赏和体验 UNIQUE SCENERY & FESTIVALS

赏桂

桂花是杭州市市花，是长三角地区的主要花卉之一。每年的9~10月金秋时分，街巷、花园、湖畔……一片金栗的世界，杭州满城弥漫着桂花香，让人神怡，让人心醉。历代文人墨客对杭州桂花的吟诵数不胜数，千百年来一直为人们所喜爱，在桂花时节来杭州游玩的游客无不为其倾倒，桂花香已经成为了杭州的一种标志。

金秋赏桂

传统赏桂地点：满觉陇、杭州植物园、柳浪闻莺、杭州花圃等地。

赏荷

每年的6月中下旬至八九月份是赏荷的时间，而7月中旬是荷花盛开的旺季。西湖湖面盛开的130多亩荷花主要分布在西湖北线的14块荷区里。主要品种有西湖红莲、南京玄武红莲、微山湖红莲和建德里叶戏莲等。

传统赏荷地点：湖滨一公园、断桥、湖畔居、平湖秋月、西泠桥、后孤山、杭州饭店、曲院风荷、青帘坊、竹素园、湛碧楼等水域。

夏日赏荷

宋城千古情

以数千年的吴越文明与世界文化为底蕴，以国外最优秀的拉斯维加斯"○"秀和"红磨坊"歌舞形式包装中国传统文化。以杭州的历史典故、神话传说为基点，由序《良渚之光》和《宋宫艳舞》、《金戈铁马》、《美丽的西子，美丽的传说》、《世界在这里相聚》四场组成。旅游旺季每晚两场，淡季一场。

⚑ 宋城

☎ 0571—87313101

印象·西湖

印象·西湖是具有国际一流艺术水准的大型山水实景演出，2007年3月推出。由著名导演张艺谋、王潮歌、樊跃形成的"铁三角"执导，是继《印象刘三姐》之后的又一精品力作。在西湖的山水实景中，运用晴、烟、雨、雾、声、光、电、形等诸多高科技手段，呈现梦幻西湖水墨画般的意境及古都杭州千年传说和神话。

📞 0517-87962222

印象西湖

西湖四季 SEASON

西湖地处中北亚热带过渡区，温暖湿润，四季分明，光照充足，雨量丰沛，有"春多雨、夏湿热、秋气爽、冬干冷"的气候特征。杭州西湖气候温暖湿润，四季分明，年平均气温为16.2℃，夏季平均气温28.6℃，冬季平均气温3.8℃。年平均降雨量1500毫米，平均相对湿度也比较高，为76%。每年3～4月春暖花开，气温在9～15℃之间；6月下旬至7月初是梅雨季节，天气忽晴忽雨；8月上中旬是台风多发季节，常有瓢泼大雨，气温在20～26℃以上，此时游杭州要带一把晴雨伞；9～10月天气转凉，秋高气爽，但中秋以后常有较强的冷空气活动，应多备些衣服；杭州的冬天如同江南其他地方，一样是刺骨的湿冷，即使是北方人，也需穿一些厚实保暖的衣物，如果晚上要在西湖边散步，也应多穿些防寒的衣服。

🛏 住宿 ACCOMMODATION

1．五星级：

杭州香格里拉饭店	北山路78号	0571-87977951
杭州凯悦酒店	湖滨路28号	0571-87791234
杭州西湖国宾馆	杨公堤18号	0571-87979889
杭州索菲特西湖大酒店	西湖大道333号	0571-87075858
浙江宾馆	三台山路278号	0571-87170808

2．四星级
杭州海华大酒店　　⟡ 庆春路298号　　☏ 0571-87215888
杭州望湖宾馆　　　⟡ 环城西路2号　　☏ 0571-87078888
杭州黄龙饭店　　　⟡ 曙光路120号　　☏ 0571-87998833
杭州新侨饭店　　　⟡ 解放路226号　　☏ 0571-87076688
3．三星级
花港海航度假酒店　⟡ 杨公堤1号　　　☏ 0571-87998899
杭州大华饭店　　　⟡ 南山路171号　　☏ 0571-87188888
杭州金溪山庄　　　⟡ 杨公堤39号　　　☏ 0571-87992288
杭州新新饭店　　　⟡ 北山路58号　　　☏ 0571-87660000
杭州洪桥度假村　　⟡ 龙井路3号　　　☏ 0571-87987788

🍴 美食推荐 CUISINE

　1．西湖醋鱼："西湖醋鱼"是杭州名菜中的看家菜，西湖醋鱼又称"叔嫂传珍"，传说是南宋时宋五嫂为病中的小叔调胃口，烧过一碗加糖加醋的鱼而来。现以西湖鲜活草鱼烹制，融合鲜、甜、酸三味，成菜色泽红亮，肉质鲜嫩，酸甜可口，略带蟹味。

　2．东坡肉：相传为北宋文豪苏东坡任杭州太守疏浚西湖时，为犒劳民工所制，至今已有900多年的历史。其特点就是色泽红亮、味醇汁浓、酥而不碎、油而不腻。

　3．叫花童鸡：选肥嫩越鸡，用西湖荷叶等特制材料分层包裹，文火煨烤而成。肉质白嫩，酥不粘骨。

　4．龙井虾仁：相传为杭州厨师受苏东坡词《望江南》"且将新火试新茶。诗酒趁年华"的启发，选用明前龙井新茶和鲜河虾仁烹制而成。成菜虾仁白玉鲜嫩，茶叶碧绿清香，滋味独特。

　5．干炸响铃：干炸响铃用杭州地区著名特产泗乡豆腐皮制成，成菜后色泽黄亮、鲜香味美，脆如响铃因此得名。

西湖醋鱼

东坡肉　叫花童鸡

龙井虾仁

6.虾爆鳝面：将鲜活黄鳝切成鳝片，用油爆、炒、浇至鳝片黄脆，配以鲜嫩虾仁，用原汁煮面，使面条充分吸入虾、鳝的香味，汁浓面鲜。

干炸响铃

虾爆鳝面

购物指南 SHOPPING GUIDE

西湖龙井茶：西湖龙井茶位列中国十大名茶之首，茶叶"色绿、香郁、味醇、形美"，堪称"四绝"。西湖龙井茶有狮（峰）、龙（井）、云（栖）、虎（跑）、梅（家坞）五个品类，以狮峰为上品，且以"明前茶"为上乘珍品。

杭州丝绸：杭州是中国丝绸的原产地，4700多年前就开始养蚕织锦，被誉为"东方艺术之花"的杭州丝绸，不仅是朝廷贡品，而且远销海外，"海上丝绸之路"就是从这里铺设出去的。

西湖绸伞：以竹作骨，以绸张面，式样美观，素有"西湖之花"的美称。

张小泉剪刀：已有300多年历史，以镶钢均匀、磨工精细、刃口锋利而驰名中外，被誉为"中国剪刀之王"。

都锦生织锦：被誉为天上云霞、地上鲜花的杭州织锦，色彩瑰丽，工艺精湛。早在唐代就出现了杭州织锦，其中以都锦生最为著名。现今，都锦生织锦行销100多个国家和地区。

王星记扇子：在宋代已有"杭州雅扇"之称，以黑纸扇和檀香扇最为著名，出口至50多个国家和地区。

龙井茶

西湖绸伞

王星记扇子

普陀山—朱家尖（普陀山）风景名胜区

普陀山是首批国家重点风景名胜区，中国佛教四大名山之一，具有悠久的宗教文化历史和丰富的自然景观、人文景观，素以海天佛国、南海观音道场闻名于世。普陀山位于浙江杭州湾东部，是舟山群岛中的一颗明珠。景区总面积41.95平方公里，由普陀山本岛、豁沙山岛、洛迦山岛和朱家尖岛东部组成，核心景区普陀山岛面积12.5平方公里。现有常住人口1万余人。普陀山观音文化源远流长，观音道场在形成和发展过程中，历史上曾几度兴废。唐至五代，佛教初创，宋元时期，佛教事业快速发展，明代两废两兴，清代废而复兴，民国先兴后衰，改革开放后又一次大兴。兴废盛衰贯穿了普陀山发展的全过程，但独特的海天风光、广泛的观音信仰和悠久的宗教历史文化，使普陀山以独特的自然和人文双重魅力，打造了一个震古烁今的海天佛国的历史品牌。改革开放30年来，普陀山旅游得到跨越式发展，共接待海内外香客游客4100多万人次，其中境外游客63万人次，实现旅游经济总收入134.8亿元。30年来，普陀山相继获得首批国家重点风景名胜区、国家级"卫生山"、"安全山"、"文明山"，全球优秀生态旅游景区、首批国家ＡＡＡＡＡ级旅游景区、ISO14000国家示范区、首批国家旅游名片、国家重点风景名胜区综合整治先进单位等殊荣。

管理机构：舟山市普陀山风景名胜区管理委员会

地址：浙江省舟山市普陀山梅岑路115号
邮编：316107
值班电话：0580-6091414
传真：0580-6091690
门户网站：www.putuoshan.gov.cn

普陀山全景图

普陀山风景名胜区导游图　　MAP

游程参考

一日游: 紫竹林景区、普济寺景区、西天景区 (或法雨寺景区、佛顶山景区)。

二日游: 含一日游、观海上日出、梵音洞景区、洛迦山景区、南天门景区。

图例	公路
	石板、台阶道
	游步道
	寺院
	景点
	宾馆、饭店
	厕所
	水库
	停车场

交通 出行宝典
TRANSPORTATION

（一）区外交通

✈ 舟山普陀山机场地处舟山本岛东南面"沙雕故乡"朱家尖，西距著名渔港沈家门仅1.2公里，由跨海大桥连接，北邻"海天佛国"普陀山2.5公里。普陀山机场目前已开通北京、上海、晋江、厦门、广州、武夷山、福州、深圳等多条航线。并有多条航线途经普陀山机场。

普陀山售票 ☎ 0580-6091931
普陀山机场（朱家尖）☎ 0580-6260555

区域交通图

上海—定海—沈家门

售票地点	时间	咨询电话
上海南站	5：55-19：10，每隔半小时一班	021-54353535
上海南浦大桥长途旅游客运站	7：00-18：00，每隔一小时一班	021-33760978

杭州—定海—沈家门

售票地点	时间	电话
杭州南站	6：10-19：10，每隔半小时一班	0571-86064052
杭州九堡客运中心	6：10-19：10，每隔半小时一班	0571-87650681
杭州旅游集散中心黄龙体育馆内	7：30-17：40，每隔一小时一班	0571-96123
杭州吴山广场正大门6号	7：30-17：40，每隔一小时一班	0571-87917152

* 以上时刻仅作参考，具体以售票窗口为准。

	客船类型	售票地点	出发时间	电话
上海—普陀山	常规客轮	上海吴淞码头	每天20：00，次日早上到达	021-56575500
上海—普陀山	快艇	上海芦潮港码头	每天9：45	021-58283224
宁波—普陀山	快艇	宁波大榭码头	7：10-16：20，每半小时一班	0574-86762810
普陀山—上海	常规客轮	普陀山客运码头	每天16：00，次日早上抵达	0580-091121
普陀山—上海	快艇	普陀山客运码头	每天13：00，13：30	0580-091121
普陀山—宁波	快艇	普陀山客运码头	7：35-16：15，每半小时一班	0580-091121

（二）区内交通

1路、2路、3路、11路、12路、13路旅游专线车，可抵达普陀山各景点。

📞 0580-6698576/6698575

传真：0580-6698575

运行时间：每年5～9月，每天6：30-17：00；10月～次年4月，每天7：00-20：30。票价：单程每人30元，双程每人50元。

📞 0580-6093581

普陀山—沈家门，快艇，每天6：20-17：15，每隔20分钟一班。

普陀山—朱家尖，快艇，每天6：40-17：15，每隔20分钟一班。

普陀山—洛迦山，常规客轮，每天07：00-08：00；13：00。

售票地点：普陀山客运码头（去上海、宁波、沈家门、朱家尖）

📞 0580-091121

售票地点：普陀山短姑码头（去洛迦山）

📞 0580-698520

以上时刻仅作参考，具体以售票窗口为准。

旅游服务 TRAVEL SERVICE

游客中心

普陀山游客服务中心位于普济寺景区西侧，是展示普陀山旅游资源和普陀山纵横千年历史的缩影。内设中、英文介绍的普陀山沙盘模型、普陀山十二景、宗教历史文化、动植物资源、自然风光、地质景观等主题展厅和多媒体演示厅、贵宾接待室、茶室、书画室、购物商场等设施，可供海内外游客免费参观、购物、休闲。

🏠 舟山市普陀山香华街2号

📞 0580-3191919

游客中心

精品线路

西天—普济寺—南海观音—紫竹林—洛迦山—慧济寺
（佛顶山）—法雨寺

普陀以山兼海之胜，风光独特，四时景变，晨昏物异。其景点数以百计，可谓风光无限。如其他著名的风景名胜区一样，普陀山也有它的"景中之景"。游览普陀山的历代名人曾凭各自的观感，分别有"普陀八景"、"普陀十景"、"普陀十二景"、"普陀十六景"之颂赞。明代文学家屠隆有咏"普陀十二景"诗：梅湾春晓、茶山夙雾、古洞潮音、龟潭寒碧、大门清梵、千步金沙、莲洋午渡、香炉翠霭、洛迦灯火、静室茶烟、磐陀晓日、钵盂鸿灏。清代裘班所编的《普陀山志》载十二景为：短姑圣迹、佛指名山、两洞潮音、千步金沙、华顶云涛、梅岑仙井、朝阳涌日、磐陀夕照、法华灵洞、光照雪霁、宝塔闻钟、莲池夜月。

法雨寺

普济寺

佛顶山

莲洋午渡

莲洋午渡

　　莲洋就是莲花洋，处舟山本岛与普陀山之间，北接黄大洋，南为普沈水道，是登普陀山进香的必由之航路。旅客的航船行至洋上，如果赶上午潮，就能见到洋面波涛微耸，状似千万朵莲花随风起伏，令人心旷神怡，浮想联翩。如遇到大风天，这里则是波翻盈尺，惊涛骇浪，另一番极为壮观的景色。

短姑圣迹

短姑圣迹

　　进了佛国山门，往东南约300米处，便是短姑道头。滩上有"阔十余米，长百来米，小石自相零附，两侧错列巨细不一、形状各异的岩石"，有些石上镌有"短姑古迹"等字样，出没于潮汐浪涛之中，成为旧时的天然船埠。船到短姑道头边，可是靠不了岸，还得用长不过一丈、宽不过三尺的小舢板摆渡。在未建普陀山客运码头之前，凡前来普陀山参礼进香、览胜观光者，都得由此登岸。

梅湾春晓

梅湾春晓

　　梅湾春晓指普陀山的早春景色，普陀山也称梅岑，因西部山湾为梅湾，也称作前湾。据传此地多野梅，庵、篷僧众多好养梅怡性。每当早春季节，春回大地，遍山野梅，香满山谷，青山绿树，映衬着点点红斑，然是一番美景，曾被人誉为"海上罗浮"。每当晴朗无风时日，伫立西山巅，远眺莲花洋，只见渔舟竞发，鸥鸟翔集，海中波涛，粼粼闪光，山外青山，层层叠翠，美不胜收。若在月夜，则疏枝淡月，岛礁朦胧，幽香扑鼻，更加令人陶醉。

磐陀夕照

“磐陀夕照”指磐陀石一带的傍晚景色。由梅福庵西行不远处便可看到磐陀石。磐陀石由上下两石相累而成，下面一块巨石底阔上尖，周广20余米，中间凸出处将上石托住，曰磐；上面一块巨石上平底尖，高达3米，宽近7米，呈菱形，曰陀。上下两石接缝处间隙如线，睨之通明，似接未接，好似一石空悬于一石之上。每当夕阳西下，石披金装，灿然生辉，人们如能在此时登上石顶，环眺山海，则见汪洋连天，景色壮奇。“磐陀夕照”堪称普陀山一大奇观。

磐陀夕照

法华灵洞

法华灵洞奇特景观，方圆巨石自相垒架，形成洞穴数十余处：有的狭隘低迫，伛行可过；有的宽广如室，中奉石像；有的上丰下削，泉涓滴漏，自石罅流出而下注成池。普陀山洞穴虽多，层复出奇，唯此洞为最。洞外有“青大福地”、“普陀岩”、“东南大柱”等题刻。

法华灵洞

莲池夜月

“莲池夜月”指的是海印池的月夜景色。海印池在普济寺山门前，也称“放生池”、“莲花池”，原是佛家信徒在此放生之池塘，后植莲花，即称“莲花池”。“海印”为佛所得三昧之名，如大海能汇聚百川之水，佛之智海湛然，能印现宇宙万法。海印池面积约十五亩，始建于明代。池上筑有三座石桥，中间一座称平桥；北接普济寺中山门，中有八角亭，南衔御碑亭。御碑亭、八角亭、普济寺古刹建在同一条中轴线上。古石桥横卧水波，远处耸立着一座古刹，疏朗雄伟中透出股灵秀，真如人间仙境，美轮美奂。莲花池三面环山，四周古樟参天，池水为山泉所积，清莹如玉。每当盛夏之际，

莲池夜月

池中荷叶田田，莲花亭亭，映衬着古树、梵宇、拱桥、宝塔倒影，构成一幅十分美妙的图画。夏季月夜到此，或风静天高，朗月映池；或清风徐徐，荷香袭人。

古洞潮声

洞半浸海中，纵深30米左右，崖至洞底深约10余米。此处海岸曲折往复，悬崖峭壁，怪石层层叠叠。洞底通海，顶有两处缝隙，称为天窗。潮音洞口朝大海，呈张口状。日夜为海浪所击拍，潮水奔腾入洞口，势如飞龙，声若雷鸣。若遇大风，浪花飞溅，浪沫直冲"天窗"之上。如是晴天，洞内七彩虹霓幻现，叹为奇观。

古洞潮声

朝阳涌日

过仙人井，登八宝岭东望，见岗上有岩斜峙似象，伸鼻举目，眺望东海，此即为象岩。象岩上侧，尚有驯服似兔的兔岩。象岩以东临海处，复道转折，层梯而下，有一天然洞窟，广不逾丈，却幽邃窈冥。洞外巨石参差，积叠入海。洞口面朝东洋，左右挽百步沙与千步沙。每当晴日，清晨在此看日出，观海景，景色壮丽，叹为观止。旭日"巨若车轮，赤若丹砂，忽从海底涌起，赭光万道，散射海水，千鲜相增，光耀心目"。所以人们给它起名为"朝阳洞"，并把"朝阳涌日"列为普陀十二

朝阳涌日

景之一。在普陀山见日出，以朝阳洞为先。朝阳洞也是听潮音的好去处。朝阳洞上原有朝阳庵，根据书载，身处此庵，浪涛轰鸣其下，如千百种乐交响迭奏，别有情趣。

摩霞亭又称朝阳亭，建在朝阳洞左平台上，近崖濒海，每当旭日东升，霞光辉映，景色奇丽。

茶山夙雾

茶山位于佛顶山后，自北而西，蜿蜒绵亘。山势空旷，中多溪涧。而每在日出之前，茶树林夙雾缭绕，时而如丝似缕，时而氤氲弥漫。此时此刻，如若身处其间，如梦如幻，令人遐思无限。

茶山夙雾

佛选名山

唐咸通四年（863年），日本高僧慧锷从五台山请得观音像回国，途经普陀山莲花洋遇大风浪，舟不能行，触新罗礁，漂至潮音洞附近，乃置观音像供奉，称"不肯去观音"。后梁贞明二年（916），建"不肯去观音院"，史称"佛选名山"。

佛选名山

光熙雪霁

　　光熙峰在佛顶山东南，一名"莲石花"，又名"石屋"。从远处望去，翠绿丛中，峰石耸秀，似莲花，如白雪积峰。"光熙雪霁"指的是光熙峰的雪后景色，为普陀十二大景观之一。普陀山难得下雪，冬天显得宁静而奇妙。但如果你运气好，赶上一场大雪，登上佛顶山，俯瞰光熙峰，犹如碧玉塑就，银装素裹，千树万树梨花开，山色混一，海天低与冻云齐平。此时此景，你会觉得心清虑净，犹如身临洁白无垢的佛国净土，舒畅无比。

光熙雪霁

普陀鹅耳枥

　　树龄250年，系濒危树种，位于佛顶山慧济寺西侧坡下。

鹅耳枥

千步金沙

　　千步金沙，沙色如金，纯净松软，宽坦柔美，犹如锦茵设席，人行其上，不濡不陷。此处海浪日夜拍岸，涛声不绝。浪潮嬉沙，来如飞瀑，止如曳练。每遇大风激浪，则又轰雷成雪，骇人心魄。悠忽之际，诡异非常，奇特景观，不可名状。千步沙沙坡平缓，海面宽阔，且水中无乱石暗礁，常为游泳健儿所青睐。如在夏日来的游客，千万不要错过这一景观，或在游山之后，赤足漫步其上，让海浪亲抚你的脚面，有趣有味；或者静静地在沙滩上坐上一会儿，听听潮声；或者干脆换上泳装跃入佛海波涛，它会给你带来无限凉爽。千步金沙并不只是白天很美，每临月夜，婵娟缓移，清风习习，涛声

千步金沙

时发，其清穆景色更为诗意盎然。故有人曾将其与壮丽的朝阳涌日，合称普陀山绝观。到普陀山，晚上能听到千步沙那里的海潮声，声若雷轰，震耳欲聋，好似万马奔腾。

特色观赏和体验 UNIQUE SCENERY & FESTIVALS

普陀山南海观音文化节

中国普陀山南海观音文化节是以普陀山深厚的观音文化底蕴为依托，以弘扬观音文化、打造文化名山为内涵的佛教旅游盛会。期间有大型法会、佛教音乐会、众信朝圣、莲花灯会、文化研讨会、佛教文化旅游品展览会等一系列活动，吸引众多海内外观音弟子、佛教信徒、香客游客聚缘"佛国"。

时间：每年公历11月中旬

观音三大香会节

普陀山观音香会节起源于观音应化诞生或成道等日。每年农历二月十九观音圣诞日、六月十九观音成道日、九月十九观音出家日，海内外佛门弟子，不论远近纷纷从四面八方云集普陀山敬香朝拜和参加法会。十八日晚、十九日凌晨达到高潮，上万信众摩肩接踵，三步一拜齐登佛顶山，场面蔚为壮观。全山彻夜灯烛辉煌，讲经诵佛之声通宵达旦，呈现出佛国盛会庄严虔诚的节庆氛围。

时间：每年农历二月十九日、六月十九日、九月十九日

"普陀山之春"旅游节

"普陀山之春"是融群众娱乐、游客参与为一体的互动性大型旅游娱乐文化活动。于1990年首创，每年举办一届。其内容丰富多彩，包括声乐、舞蹈、戏剧、书画、摄影、灯谜、幸运抽奖、佛国茶道、旅游义工活动等。

时间：每年公历3～4月

注：普陀山管委会节庆办公室电话：0580-6093267/6091124

普陀山南海观音文化节

普陀山四季 SEASON

　　普陀山冬暖夏凉，冬无严寒，夏无酷暑，年平均气温16.1℃，最热8月份，平均气温27℃，最冷1月份，平均气温5.5℃。

🛏 住宿 ACCOMMODATION

普陀山祥生大酒店（五星级）	◇ 舟山市普陀山合兴西苑	☎ 0580－6696666
普陀山雷迪森庄园（准五星）	◇ 舟山市普陀山法雨路115号	☎ 0580－6690666
普陀山息耒小庄（四星级）	◇ 舟山市普陀山香华街1号	☎ 0580－6091512
普陀山大酒店（四星级）	◇ 舟山市普陀山梅岑路93号	☎ 0580－6092828
普陀山中信大酒店（三星级）	◇ 舟山市普陀山金沙路22号	☎ 0580－6698222
普陀山庄（三星级）	◇ 舟山市普陀山妙庄严路103号	☎ 0580－6091666
普陀山三圣堂饭店（二星级）	◇ 舟山市普陀山妙庄严路121号	☎ 0580－6093218

🍴 美食推荐 CUISINE

普陀山海鲜、普陀山素斋。

海鲜

🛍 购物指南 SHOPPING GUIDE

普陀山"观音素"系列食品——观音饼、观音酥、观音果等；
普陀山干海产品；
普陀山工艺品；
普陀山佛茶。

工艺品—观音像

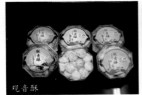

观音酥　　*观音饼*　　*普陀山佛茶*

普陀山—朱家尖（朱家尖） 风景名胜区

朱家尖景区位于千岛之城舟山市的东南部，面积74平方公里，是普陀山-朱家尖国家重点风景名胜区的组成部分，为国家AAAA级旅游景区。

岛上金沙绵亘，碧波荡漾，奇石峻拔，林木葱郁，潮音不绝，空气清新。现已开发国际沙雕艺术广场（南沙浴场）、乌石塘景点、白山景点、大青山国家公园、情人岛五大景点以及阿德哥休闲渔庄和海洋科技馆。朱家尖南沙景点每年举办的中国舟山国际沙雕节，融合了丰富的海洋资源与西方现代艺术，充分展现了朱家尖神奇独特的魅力。

朱家尖旖旎的自然海岛风光、浓郁的海洋文化气息惹人留恋，已经成为长三角地区最具吸引力的滨海休闲旅游度假胜地之一。

管理机构：朱家尖风景旅游管理委员会
地址：舟山市普陀区朱家尖福兴路1号
邮编：316111
电话（传真）：0580—6032968
网址：http://www.zhujiajian.com

朱家尖景区——大青山国家公园

朱家尖景区导游图　MAP

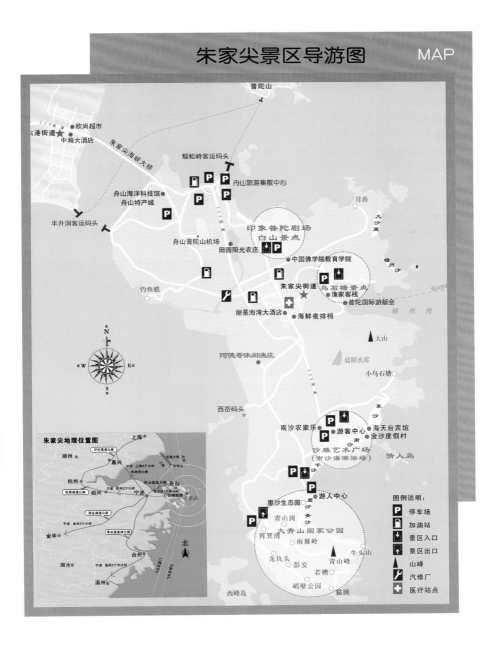

交通 出行宝典
TRANSPORTATION

（一）区外交通

✈

机场位置：舟山普陀山机场坐落在国家AAAA级风景区朱家尖。📞0580-6260555

普陀山机场已开通舟山至北京、上海、晋江、厦门、广州等航线。同时提供舟山飞上海中转至全国各地的优惠联程机票。（具体航班时刻、票价以售票处为准）

（1）定海—朱家尖（25路），有售票员，票价2.5～5.5元。（始发站：舟山医院住院部；终点站：朱家尖大洞岙。每隔15分钟一班）

（2）沈家门—朱家尖专线，有售票员，票价2.5～5.5元。（始发站：沈家门汽车站；终点站：朱家尖大洞岙、南沙。每隔5～10分钟一班）

普陀客运中心、定海客运中心有开往宁波、杭州、上海等地的长途班车。

从朱家尖蜈蚣峙码头可以乘坐快艇6分钟或常规船15分钟到达普陀山。从普陀山码头坐船可以前往宁波、上海等地。

朱家尖蜈蚣峙码头客运时刻表

航线	船型	时间	票价（元/人）
朱家尖—普陀山	快艇	6：50-16：35（每十分钟一班）	18
朱家尖—普陀山	常规船	18：00，20：20，21：50（每晚三班）	20

注：开船时间只做参考，若遇天气变化或特殊原因，以客运公司当天通告为准。

咨询电话：0580-6639224

（二）区内交通

在朱家尖大洞岙车站有前往南沙和情人岛的公交专线，有售票员，票价2元；另有前往各景区的出租车和面的。

旅游服务 TRAVEL SERVICE

1. 沙雕艺术广场游客服务中心

沙雕艺术广场（南沙）游客服务中心位于南沙景点主入口西侧，位置优越、环境幽雅。设有供免费参观、查询的的多媒体影视播放系统和电子触摸屏；为游客免费提供朱家尖相关宣传资料和常用药、针线包、小件行李寄存、残疾人轮椅等；免费提供朱家尖旅游信息资讯服务；免费提供朱家尖旅游节

沙雕艺术广场游客服务中心

目预告及旅游线路介绍；提供朱家尖景区年卡及VIP卡办理。

旅游咨询 📞 0580－6032989
旅游投诉 📞 0580－6031933
紧急救援 📞 0580－6632545

2. 大青山国家公园游人服务中心

该游人中心总建筑面积2200平方米，集售检票、导游服务、旅游咨询投诉、茶饮、咖啡、酒吧、简餐、商务会议等功能于一体。

旅游服务 📞 0580－6631881

大青山国家公园道路安全提示

大青山国家公园全程约18公里环岛旅游道路，因海岛山地环境造成园区内气候多变，晴雾短时交替现象普遍，且园区路况复杂，道路多连续S形弯道、陡坡等。考虑安全问题，景区内实行单向行驶交通管制，并对部分景点做临时开关调整。游客入园时请关注景区公告。

大青山国家公园游人服务中心

精品线路 *a*

朱家尖一日游

A：早餐后游览白山景点，观69米高的观音壁画，赏奇峰怪石、千岩竞秀；至乌石塘景点乘小舟、观海景，感受浓郁的渔家风情。下午赴国际沙雕艺术广场（南沙海滨浴场），观摩沙雕作品，领略碧海金沙，体验海味海韵。

B：早餐后游览大青山国家公园，登青山峰观日出、赏五沙连环，参加自助拓展项目。下午赴国际沙雕艺术广场（南沙海滨浴场），观摩沙雕作品，享受阳光沙滩，体验海味海韵；至乌石塘景点乘小舟、观海景，劈波斩浪，体验渔家乐，感受浓郁的渔家风情。

精品线路 6

朱家尖二日游

D1：早发车赴舟山群岛，至朱家尖国际沙雕艺术广场（南沙海滨浴场），观摩沙雕作品，嬉水踏浪，参与沙滩、水上娱乐项目，体验海味海韵。

D2：早餐后游览白山景点，观69米高的观音壁画，过"苗条三关"，赏奇峰怪石；至乌石塘景点乘小舟、观海景、体验渔家乐，玩转水上乐园，挑战自我。下午游览大青山国家公园，登青山峰观日出、赏五沙连环，参加自助拓展项目，体验原生态海岛风情。

沙雕艺术广场（南沙海滨浴场）

金沙绵亘，滩平宽广，阳光充裕，海水清凉，美丽的南沙不仅是天然的海滨浴场，更是游客开展各类海上、沙滩运动的理想场所。每当炎炎夏日，人们来到南沙嬉水踏浪，驾着摩托艇在碧波中风驰电掣；在沙滩上放飞青春的梦想，驾着沙滩跑车挥洒浪漫激情，紧张的现代生活节奏之余，这里是人们休闲度假的最佳处所。

迷人的南沙

大青山国家公园

观千岛海景、看青山醉雾、玩十里金沙、览海岛峭壁。大青山国家公园以朱家尖最高峰——青山峰为主体，区域面积约10平方公里，千沙、里沙、青沙，环环相扣，峭壁公园集奇、险、峻于一体，依山而建的环岛一线上形成牛头看沙、箬槽观海、猫跳品礁、彭安赏石等各不相同的观景带。这里更是滑翔、攀岩、滑索、山地车等户外探险运动的理想场所。

峭壁公园

白山

白山这是一方美在自然、奇在山峰，既邈远又神圣的旅游胜地。以峰、崖、岩、洞、缝为奇景，有八戒望海、仙女断跳、天缝台、罗汉峰等自然奇石景观。114.9米高的千丈崖上彩绘了一尊高69米的观音壁画，在这里可以一边朝拜观音，一边游览奇峰怪石，感受"海上莫高窟"的雄伟与庄严。

白山

禅静空明的世界

阿德哥休闲渔庄

阿德哥休闲渔庄位于朱家尖西岙渔业村北侧，背靠浙江省最大的万亩梭子蟹养殖观光基地，可赏渔乡风光，品渔家菜肴，是一个休闲度假的理想场所。

阿德哥休闲渔庄

乌石砾滩

长500米的鹅卵石滩，犹如一条巨龙静卧在碧波恬静的漳州湾。坐小舟撒网捕鱼，体验一回当渔民的乐趣；荡绳飞渡、挑战自我，玩转水上乐园；赏花品果、聆听乌塘潮音、享受足底按摩，领略神奇的海蚀奇观、感受浓郁的渔家风情，依山傍海的乌塘风情渔家客栈更是你远离城市喧嚣与烦恼的世外桃源。

熠熠生辉的乌石

提蟹笼

乌石砾滩

情人岛

情人岛景区内具有独特的海蚀奇观，蛟龙出海、龙洞探幽、情人隧道等景点，处处引人入胜。岛上温馨浪漫的情人桥、情人路、鸳鸯林，让心心相印的人们在此留下永恒的盟誓。

情人岛

特色观赏和体验 UNIQUE SCENERY & FESTIVALS

特色景观

十里金沙：在朱家尖岛的东南部沿海，蜿蜒伸展着东沙、南沙、千沙、里沙、青沙五个金色绸缎般的沙滩，全长五千多米，号称"十里金沙"。沙滩有岬角卫护，独立成景，站在山顶鸟瞰，五大沙滩环环相扣，组成一个庞大的链状沙滩群。

最佳观赏点：青山峰牛头山岗

十里金沙

鸳鸯礁：里沙与千沙的岬角卫护处，向外突兀着十几块连盘而生的礁岩，大小不等，错落有致。礁岩随潮涨潮落，出没于海面，犹似对对在碧波中追逐嬉戏的鸳鸯。礁脊野松满布，宛若绣球，倒映海中，随波荡漾，故又有"海上盆景"之美称。

最佳观赏点：里沙望海平台

鸳鸯礁

青山醉雾：大青山耸立于朱家尖岛南端，海拔378.6米，三面环海，岗峦依海就势，峰峦绵亘十余里，因特殊的地理位置，山上常年云雾缭绕，成为一大美景。

最佳观赏点：千沙姆岭山岗墩

青山醉雾

青沙烟涛：青沙东临大海，背倚大青山，因地势作用，东风起时，可见波涛汹涌间翻动扑向沙垄，喷发出阵阵神奇的浪花烟雾，有时可高达数米，烟雾在波涛间翻动，或如嫦娥舒广袖，或似倩女飘秀发。要是遇上东南风，这烟雾又若似轻纱羽衣，飘舞在滩上岙间，此时青沙便成水雾弥漫一片，游人若置身其间，竟有不辨东南西北，朦胧若腾云驾雾，作羽化神仙之游的感觉。

最佳观景点：青沙沙滩

青沙烟涛

乌塘潮音：在朱家尖漳州湾西岸，有一条长500多米、宽近百米、高约5米的乌石砾滩，它是由无数块乌黑发亮的卵石自然倚坡斜垒而成。这条气势恢宏、蔚为壮观的自然海塘，每逢月夜，滩边潮音奏响，堪称一绝。

最佳观赏点：乌石砾滩

乌塘潮音

节庆及表演

舟山国际沙雕节：1999年金秋季节，首届中国舟山国际沙雕节在朱家尖南沙举行。此后每年的9月至10月间，国内外沙雕艺术家们汇聚一堂一展身手，用心雕琢精美的沙雕作品。沙雕已成为朱家尖与世界各国人民相互了解，增进友谊的桥梁，融合了丰富的海洋资源与现代艺术，充分展现了朱家尖神奇独特的魅力。

沙雕创作

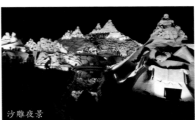
沙雕夜景

国际沙雕节

"印象普陀"大型实景文艺演出：印象系列大型实景演出之六——《印象普陀》，是由著名导演张艺谋任艺术顾问，著名导演王潮歌、樊跃为总导演，于2010年12月31日以辞旧迎新的祈福仪式揭开全球首演的帷幕。《印象普陀》的演出地位于朱家尖白山观音文化苑，它是一部独特的山水实景力作，完美结合了普陀的地域特性，将场景、声光与表演融为一体，饱满的表演情绪使得演出效果令人惊艳。

印象普陀

朱家尖四季 SEASON

朱家尖地处浙北沿海，属亚热带季风气候区，气候温和湿润，冬夏季风交替明显，冬季盛行北风，夏季盛行偏南风。由于濒临大海，因此朱家尖四季温和，冷暖少变，呈现冬无严寒、夏无酷暑、秋季温和、春季凉爽的宜人气候特点。

据测定，朱家尖月平均气温最高值出现在8月，为27.2～27.4℃，年平均气温16.4℃，最冷月为一月份，平均气温5.6℃。

🛏 住宿 ACCOMMODATION

1.宾馆、酒店

名　称	地　址	星级	电话（0580—）
海天台宾馆	朱家尖南沙度假村路	四	6031168
淡风林宾馆	朱家尖南沙度假村路7号	三	6631228
金沙度假村	朱家尖南沙度假村路	三	6631118
丽景海湾大酒店	朱家尖大洞岙金沙路62号	准三	6035555

2.特色渔农家乐

名　称	地　址	价　格（元）	电话（0580—）
阿德哥渔庄	朱家尖龙岩嘴头	150—600	6034488
乌石塘渔家客栈	朱家尖乌石塘	150—400	6032091
南沙农家乐	朱家尖南沙	150—400	6632851

注：淡旺季差价比较明显，价格以实际为准

🍴 美食推荐 CUISINE

白切章鱼、雪汁扁螺、比目鱼、茶香对虾、葱油泥螺、椒盐富贵虾、辣螺、梅童鱼。

白切章鱼　　　　葱油泥螺　　　　富贵虾　　　　梅童鱼

购物指南 SHOPPING GUIDE

沙雕工艺品：手绘沙画、渔板沙画、平面沙雕作品、立体沙雕。

螺贝工艺品：朱家尖物产丰富，盛产各

沙雕工艺品

种海螺和贝类，用螺贝制成的旅游工艺品色彩斑斓、琳琅满目，具有浓郁的海岛和地方特色，主要产品有贝壳小挂件、造型螺壳和吉祥贝搭等。

三疣梭子蟹：朱家尖是浙江省的"梭子蟹之乡"，梭子蟹养殖已形成规模化产业，产品远销韩国、日本等国家和地区，"舟王"牌三疣梭子蟹被评为浙江国际农业博览会金奖。

三疣梭子蟹

朱家尖佛瓜：风味独特，具有果形饱满匀称，果肉脆嫩，甘甜多汁等优点，是盛夏季节清爽解渴的佳果。2007年被农业部

朱家尖佛瓜

认定为无公害农产品，是朱家尖特色优质农产品。

"牛角湾"柑橘：产品风味独特，具有果形端正，果色橙黄亮丽，果皮薄，果肉细，果味甜，果汁多而爽口等优点。2006年被农业部认定为无公害农产品，是朱家尖特色优质农产品。

贝类工艺品

牛角湾柑橘

富春江—新安江（千岛湖）风景名胜区

千岛湖位于浙江省杭州西部的淳安县境内，东距杭州129公里，西距黄山149公里，是中国首批国家级风景名胜区之一，也是中国面积最大的森林公园，是"杭州—千岛湖—黄山"名山名水名城黄金旅游线上的一颗璀璨明珠。2002年被评为全国保护旅游消费者权益示范景区和浙江青年文明号示范景区。2010年又被评为国家ＡＡＡＡＡ级旅游区。千岛湖年接待游客500多万人次，被台湾游客和媒体评为台湾市民赴大陆旅游的三大热点之一，与北京、长江三峡齐名。

千岛湖风景名胜区面积982平方公里，湖区面积573平方公里，因湖中1078个苍苍翠岛而得名。178亿立方米清澄碧透的水体，是太湖的4倍，杭州西湖的3000倍，水体能见度常年保持在9～12米，属国家一级水体，未经处理就可直接饮用，被誉为"天下第一秀水"。形态各异的千余座岛屿犹如碧玉翡翠散落玉盘，构成了岛在湖中、湖在岛中的天下奇观，旖旎迷离，变化万千。

千岛湖所在的县城——千岛湖镇是一个充满浙西风情的滨湖旅游小镇，曾相继获得"国际花园城市"和"中国最佳自然生态名镇"的桂冠。此外，千岛湖底还保存有两座1800多年历史的古城，期待世人去揭开她神秘的面纱。

管理机构：浙江省淳安县千岛湖风景旅游局

地址：淳安县千岛湖镇排岭南路32号

邮编：311700

旅游咨询电话：4008-811-988

网址：www.qiandaohu.cc

门票：旺季：150元/张，儿童票75元/张（3月1日至11月30日）；

淡季：120元/张，儿童票60元/张（12月1日至次年2月底）。

山环水绕千岛湖

千岛湖风景名胜区导游图 MAP

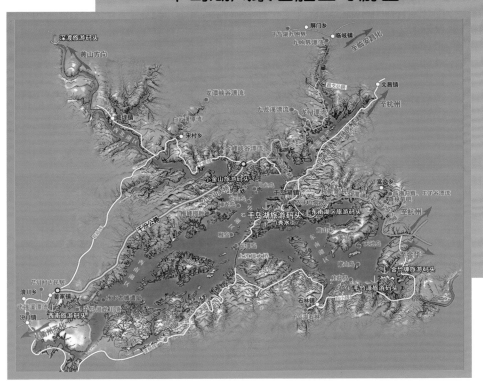

交通 出行宝典
TRANSPORTATION

（一）区外交通

✈

　　杭州萧山国际机场：位于杭州萧山，距千岛湖150公里。

　　衢州机场：位于金华衢州市，距千岛湖71公里。

🚌 杭州—千岛湖

　　杭州—杭州南枢纽（袁浦）—（杭新景（杭千）高速）—千岛湖，全程129公里；

上海—千岛湖

　　上海（沪杭高速）—杭州北（沈士枢

纽）—（绕城高速）—杭州南枢纽（袁浦）—（杭新景（杭千）高速）—千岛湖，全程317公里；

南京—千岛湖

　　南京（杭宁高速）—杭州北（南庄兜）—（绕城高速）—杭州南（袁浦）—（杭新景（杭千）高速）—千岛湖，全程436公里；

黄山—千岛湖

　　黄山汤口（合铜黄高速45公里）—黄山屯溪（黄（塔）桃高速30公里）—桃林（205国道约5公里）—霞山（淳开公路约20公

里）—汾口（千汾线约75公里）—千岛湖，全程约175公里。

三清山—千岛湖

（1）三清山—（48公里）玉山（杭金衢高速129公里）—龙游（杭新景高速51公里）—洋溪（杭千高速22公里）—千岛湖，全程约250公里；

（2）三清山—（90公里）开化（淳开线35公里）—汾口（千汾线75公里）—千岛湖，全程约200公里。

婺源—千岛湖

婺源（黄婺高速约40公里）—小贺（黄（塔）桃高速20公里）—桃林（205国道5公里）—霞山（淳开公路20公里）—汾口（千汾线75公里）—千岛湖，全程约160公里。

义乌—千岛湖

义乌（杭金衢高速）—龙游（杭新景高速）—经洋溪互通进入杭州—千岛湖高速（杭千支线）直达千岛湖风景区，全程约200公里。

（二）区内交通

游览千岛湖可根据需要可以选择乘坐豪华游船或者是游艇。

游船：宽敞、舒适，有空调也有包厢，适合休闲放松，且价格实惠。

游艇：速度快，省时间，适合释放激情且线路方便灵活，但价格稍高。

游船票价：45元/人。

游艇票价：110～150元/人（根据游艇规格不同而定。注：以6人为基数，6人以上按实际人数购票）

湖区线路及游船、游艇咨询电话：

中心湖区旅游码头 ☎ 0571-64816244

东南湖区旅游码头 ☎ 0571-64881959

精品线路 *a*　　一日游

中心湖区：

A线：梅峰览胜—猴岛—三潭岛（售票时间：旺季7：30—8：30，淡季8：00—9：00）

B线：月光岛—龙山岛—神龙岛（售票时间：12：00—13：00）

东南湖区：

C线：黄山尖—天池—蜜山岛（采用公交游船形式，上午8：20首发，9：00至下午13：00，每间隔20分钟发船）

精品线路 *b*　　三日游

D1：抵千岛湖镇，游览中心湖区：梅峰览胜、猴岛、三潭岛等景点或月光岛、神龙岛等景点，住千岛湖镇；

D2：乘船游览东南湖区景点：黄山尖、蜜山朝圣、桂岛探幽等，住千岛湖镇；

D3：乘车赴千岛湖石林或森林氧吧等景点游览后返回。

梅峰览胜

位于千岛湖中心湖区西端的状元半岛上，距千岛湖镇12公里。它以群岛星罗棋布、港湾纵横交错、生态环境绝佳而被确定为千岛湖的一级景点。登上梅峰观景台，可以纵览300余座大小岛屿，是目前千岛湖登高览胜的最佳处。"不上梅峰观群岛，不识千岛真面目"，这是到过梅峰的中外游客对其群岛风光的一致赞誉。

梅峰观景台

梅峰览胜

月光岛

月光岛是千岛湖中心湖区一个最具诗意浪漫和独特韵味的景点，五岛相拥，由情园、逸园、系园、心园、梦园组成，以锁文化为主题的情园展示了大量奇珍异宝，让你在锁文化的世界里大开眼界，朋友之间、恋人之间还可以同挂一把锁；逸园是一个豪华休闲园区，在桂宫赏月品茗，放飞云游不亦乐乎；系园是一个著名的婚纱摄影基地，诸多精美小品，是你拍摄婚纱的最好场所；心园是表达父母对子女望子成龙，望女成凤的美好祝愿的一个场所；梦园由状元群雕、状元祠、状元博物馆等组成，展示中国丰富的状元文化，让大家了解更多的历史文化。

整个月光岛以情为线、以景为依托，是千岛湖的精品景点。

龙山岛

半亩方塘、石峡书院、海瑞遗风等人文古迹凸显千岛湖深厚的新安文化底蕴。

天池岛

以石文化为特色，由天池观鱼、四叠瀑布、石文化展示区、百龙碑长廊等景观组成。

蜜山岛

相传"三个和尚没水喝"的故事就出自此，千年古刹蜜山禅寺是"浙西名胜"之一。

黄山尖

感受千岛湖群岛风光的绝佳位置。登黄山尖，观"天下为公"奇观，感受造物主的神奇。

黄山尖

神龙岛、猴岛、三潭岛

相当于千岛湖的动物世界，非常有意思。

桂花岛

因岛上野桂遍地而得名，是一处典型的喀斯特地貌景观。桂花岛桂花飘香，怪石林立，曲径通幽，有"嫦娥奔月"、"后羿射日"、"桂林戏兔"、"千岛湖雾森"等参与性项目，特色鲜明。

特色观赏和体验 UNIQUE SCENERY & FESTIVALS

住滨湖酒店

依山傍湖而建的度假酒店尽显低调奢华，推窗就是满目青山和一湖秀水；没有污浊，没有喧嚣，只有那灿烂的星斗，悄悄伴你入眠。

品有机鱼头

取自于千岛湖的天然无污染有机鱼，经名厨主理烹饪而成的有机鱼头风味独特，口感绝美，不仅畅销全国，甚至走上了国宴的餐桌。

坐豪华游艇

在这里，游艇带给您的不仅是速度和激情，更多的是温馨与浪漫；和爱人相拥，与家人同行，在清澈的湖水上，尽享醉人的风景。

开元游艇俱乐部：
📞 0571-65018888
千岛湖游艇假日俱乐部：
📞 0571-64821888
千岛湖恒通游船艇股份有限公司：
📞 0571-64882717

泡天然氧吧

在这个国家级森林公园、国家级生态示范区内98%的植被覆盖率，不仅让绿淹没了你的眼睛，更让无数的负氧离子浸润了你的肺和你的整个身心，是"天然氧吧、绿色王国"。

观巨网捕鱼

在千岛湖巨网捕鱼是生态渔业观光中的一绝，那鱼跃人欢、群鱼狂舞的壮观动人景象，气势恢弘，强烈撞击着每一位游客的心扉。曾经单网最高产量30.5万公斤，捕获最大个体146斤。

📞 0571-64828518

览秀水千岛

奇秀的山水，多姿的岛屿，让一切洗去心灵的尘埃，给你的心放一个假。

曼哈顿号

巨网捕鱼

千岛湖四季 SEASON

千岛湖地处亚热带季风气候区的北缘，由于森林覆盖率高，以及千岛湖水面的调节作用，故气候温暖湿润，一年四季分明，它的年平均气温为17℃，气温的年较差和日较差小，年平均降水量为1430毫米，雨日为155天。

千岛湖美景

🛏 住宿 ACCOMMODATION

开元度假村

杭州千岛湖开元度假村
📍 淳安千岛湖镇麒麟半岛　📞 0571-65018888

浙旅杭州千岛湖温馨岛度假村
📍 淳安千岛湖镇温馨岛　📞 0571-65012888

绿城千岛湖喜来登度假酒店
📍 淳安千岛湖镇新安北路　📞 0571-64888888

千岛湖洲际度假酒店
📍 淳安县千岛湖镇羡山半岛　📞 0571-88818888

杭州千岛龙庭开元大酒店
📍 淳安县千岛湖环湖南路1号　📞 0571-65068888

千岛湖海外海假日酒店
📍 淳安县千岛湖镇南山开发路1号　📞 0571-64880888

🍴 美食推荐 CUISINE

千岛湖的数万亩森林盛产山珍野味，573平方公里的水域有94种淡水鱼，千岛湖人凭借这一流的生态资源，做足美食文章，展示千岛湖地方特色的各式菜肴。都是城里人平时吃不到的美味佳肴，如清蒸桂鱼、银鱼羹、千岛玉鳖、野香菇、石鸡等。大街小巷的许多小吃店、大排档烧制的菜肴亦具有地方特色，风味俱佳，价格低廉。

千岛湖水上鱼排档是千岛湖上一道独特

特制鱼头王

秀水鱼头皇（白汤）

的休闲美食风景线。沿着湖岸线，几十家风格各异的水上鱼排档巧妙地将千岛湖渔家风情、山水风光与船屋建筑风格紧密结合，倡导新式的"休闲餐饮"，融垂钓、划艇、聊天、打牌、喝茶、赏景、观鱼、美食于一体。

🛍 购物指南 SHOPPING GUIDE

1.工艺品

青溪龙砚、山越麻绣、木制品、茶园石制品。

2.土特产品

鱼干、高山绿茶、山核桃、猕猴桃、唐村无核柿、红枣皮、野生藕粉、茶园豆腐干、木瓜、蜜枣、甜玉米。

富春江—新安江 风景名胜区

富春江—新安江风景名胜区位于中国东部浙江省境内，是1982年国务院确定的第一批国家级风景名胜区。富春江—新安江风景区起至富阳东洲沙，止于淳安千岛湖，沿钱塘江流域中上游绵延200余公里，范围涉及富阳、桐庐、建德、淳安等行政区域。整个风景区面积1423平方公里，其中水域面积586平方公里。

富春江—新安江是杭州西湖—黄山"黄金旅游线"上的一条风景长廊，区位优势明显，风景区依托杭州大都市区，紧靠以上海为龙头的长江三角洲都市群落，距上海、宁波等周边大都市都在2小时车程之内，交通十分便捷。

富春江—新安江具有独树一帜的自然山水人文景观，富春江、新安江、千岛湖奇山异水，独步天下，在风景区范围内形成了各具特色的山水景观。

富春江中下游平丘景区段江宽流缓，两岸山峦起伏、层次分明，沃野平丘、绿荫成林，村舍农家、点缀其间。七里泷峡谷两山夹峙，一江如练，一派峡川风光，人称"富春江小三峡"。千岛湖区水域面积573平方公里，共有1078个岛屿。湖中岛屿、半岛，周边群山经多年的封山育林、人工造林，形成了大面积良好的森林植被景观，湖区水体能见度达7～15米，水质达到国家一类地面水标准，以"天下第一秀水"著称。

富春江—新安江具有悠久的历史和丰富的文化积淀。区域历史上名人辈出，古代的桐君老人，三国时代的孙权、晋代的严光，宋代的方腊，元代的黄公望绘就著名的《富春山居图》，清代的宰相董浩父子，近代的郁达夫、叶浅予等不胜枚举。他们留下了无数的遗迹、书画诗词、传说、典故。

富春江—新安江还有许多现代科技工程为其增彩添色，如新中国第一座自行设计、自行建造的大型水电站新安江大坝，下游的富春江大坝，具有重要地理学意义的大源整数位经纬度相交点标志塔等。

管理机构：富春江—新安江风景名胜区管理委员会办公室
地址：杭州市延安路228号210室
邮编：310001

画舫畅游富春江

1.新沙岛

新沙岛,距富阳市区约1公里,杭州城区约30公里。新沙岛面积4.12平方公里,是富春江江心一个四面环水的岛屿。岛上河流密布,桑林成荫,金沙铺地,处处鸟啼蝉鸣,古式村落白墙青瓦,四周奇花异草,田园风光迷人,乡土气息浓郁,是中国最早的"农家乐"发源地,有浓厚的江南水乡气息。新沙岛拥有华东地区最大的天然淡水游泳场,沙滩面积达3万余平方米,一到夏季,游泳戏水者蜂拥而至。利用新沙岛天然资源的优势,逐步构筑成以农业观光、农事体验、运动休闲、商务度假于一体的国家AAAA级旅游度假岛屿和按四星级标准建造的新沙温泉度假村。目前富春江上已推出了富春山居游,可乘坐画舫欣赏两岸秀丽的山水风光。

新沙岛旅游度假区是一片飘在富春江上的绿叶,是您放松心情、回归自然的心灵栖息处。

管理机构名称:杭州新沙岛旅游开发有限公司

地址:杭州富阳市东洲街道新沙岛

邮编:311401

值班电话:0571-63322505

传真:0571-63401798

电子邮箱:1067189659qq.com

门户网站:www.china-xsd.com

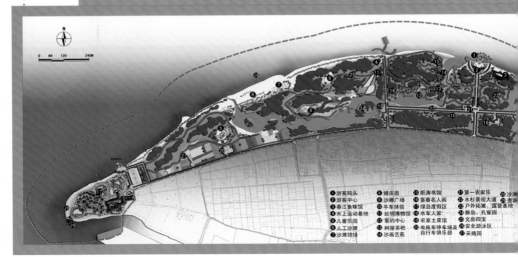

新沙岛风景名胜区导游图

区域交通图

交通 出行宝典
TRANSPORTATION

区外交通

　　新沙岛位于富阳市东洲街道，富春江—新安江风景名胜区内，富春江上第一大岛，距离富阳市区约1公里，杭州城区约30公里。依托杭富沿江公路、320国道、杭新景高速等高等级公路对外连接。景区周边加油站、维修点、农家乐都很便捷。

自驾游线路

　　宁波方向：上杭甬高速到杭州，走杭金衢高速（也是杭州绕城高速）向南，走杭州绕城高速向西，绕城高速转塘口下，G320至富阳，沿迎宾路直走至富春路左转至鹿山游船码头。

　　上海方向：沪杭高速到杭州，杭州绕城高速北线向西，走杭州绕城高速西线，然后绕城高速转塘口下，G320至富阳，沿迎宾路直走至富春路左转至鹿山游船码头。

　　南京方向：杭宁高速到杭州，杭州绕城高速北线向西，走杭州绕城高速西线，然后绕城高速转塘口下，G320至富阳，沿迎宾路直走至富春路左转至鹿山游船码头。

区内交通

　　新沙岛旅游度假区提供画舫、快艇、摇橹船、电瓶车、休闲自行车、牛车、步行等交通方式。景区内有风情水杉道，两边是枕木路，中间是沙子路；有两条自行车骑游道路，一条公路赛道5公里，一条湿地赛道8公里。沿江还有景观道路。

画舫畅游富春江：60元／位

电瓶车：150元／辆（13座）

自行车：30元／辆／小时（2—3座）；
　　　　50元／辆／小时（4—6座）

牛车：10元／人

📞 0571—63322505

观光电瓶车

旅游服务 TRAVEL SERVICE

游客中心

游客中心位于新沙岛北，可以提供度假区的宣传资料、当地特色旅游纪念品、门票和游览项目的明码标价、多媒体展示、供游人查询、信息咨询、医疗救助、供游人休息和用餐、及时处理投诉和订餐订房电话等信息。

投诉 📞 0571—63322505

精品线路

在鹿山游船码头可以乘坐画舫（快艇），画舫上配备导游讲解，有古筝等乐器表演，游客可边听音乐，边喝茶，享受天下佳山水，古今推富春的意境。置身画舫之中，泛舟江上，欣赏着蓝天碧水、波光潋滟的富春江美景，耳畔又响起幽幽乐曲声，相信是件很愉悦的事。

在富春江上泛舟一小时后，登上新沙岛。游客们最先感受到的是扑面而来的绿色。在游客中心稍稍休憩后，来到第一农家乐，它是一幢集展览、科教、购物于一体的农业特色馆，前国务院副总理谷牧在

水杉林

1987年视察富阳，参观了新沙岛后的题词"农家乐，旅游者也乐也"。

出了第一农家乐，游客可以乘坐牛车，感受两旁水杉林带来的绿绿浓荫，沿途可以参观花果长廊的奇异瓜果，去参与水系里的摇橹船、皮划艇、乘坐电瓶车、休闲自行车环岛骑游等休闲运动。景区内可以野外烧烤、野炊、露营、拓展cs、沙滩排球；一年四季可以参与瓜果采摘，体验一下放慢生活的脚步，亲近大自然的美妙情趣。

也可以入住新沙温泉度假村，享受乡村特色、原汁原味的餐饮。届时可以参与篝火晚会、少数民族歌舞表演、温泉沐浴等娱乐活动。

盛开的向日葵

住宿 ACCOMMODATION

新沙温泉度假村	☎ 0571-63516188
茗悦农家酒楼	☎ 15957177769
露营联系电话	☎ 0571-63322505

新沙温泉度假村

美食推荐 CUISINE

新沙五宝、新沙土鸡煲、地锅杂鱼、干锅驴排、浓汤鲑鱼煲、沙岛蔬菜。

新沙土鸡煲

新沙五宝

浓汤鲑鱼煲

地锅杂鱼

2. 龙门古镇

杭州龙门古镇为三国东吴大帝孙权故里，位于杭州市近郊的富阳市境内，离杭州市区38公里，地处秀丽的富春江南岸，环境优美，交通区位优势明显。龙门古镇历史悠久，文化积淀深厚，留存着浓郁的宗族氛围和独特的民俗风情，至今完好地保存着宏大的明清古建筑群，为国内所罕见。古建筑种类包括祠堂、厅堂、民宅、古塔、石桥、牌楼等。"三国龙门，古镇迷魂"，古镇内地形非常复杂，厅堂相连，小巷相通，街巷纵横交错，游客进入古镇如入迷宫。我国著名学者、杂文家何满子这样评价龙门："此地为吴大帝子孙千年繁衍之地，积淀了中华民族丰厚的历史文化，仔细省察，可读懂中国。"

龙门古镇景区面积2平方公里，镇上有7000多人口，其中90％以上的居民姓孙，为孙权后裔的最大聚居地。古镇北依剡溪，龙门溪与剡溪呈丁字相交穿越古镇，周围峰峦四起，围出一带绿野田园。古镇以防御性极强的发散状街巷为骨架，以宗祠、厅堂为中心筑成迷宫般的传统民居聚落，各处精美的古塔、古桥、牌坊、寺庙等具有较高的价值。古镇民风淳朴，风俗独特，是体现中国传统宗族传承体系的典型山乡古镇。

龙门古镇全景图

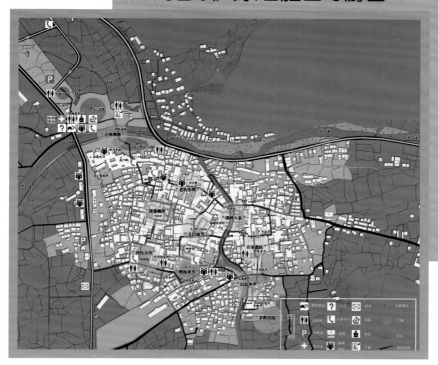

龙门古镇风景名胜区导游图　MAP

交通 出行宝典
TRANSPORTATION

区外交通

🚗 宁波方向：杭甬高速至杭州绕城高速转杭千高速至中埠出口或至转塘转320国道西行至中埠出口，沿19省道行5公里即达。

上海方向：沪杭高速至杭州绕城高速转杭千高速至中埠出口或至转塘转320国道西行至中埠出口，沿19省道行5公里即达。

南京方向：宁杭高速至杭州绕城高速转杭千高速至中埠出口或至转塘转320国道西行至中埠出口，沿19省道行5公里即达。

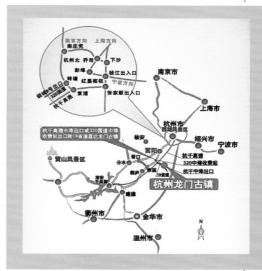

区域交通图

杭州方向：杭千高速至中埠出口或320国道西行至中埠出口，沿19省道行5公里即达。

🚌 杭州：杭州龙翔桥（乘514路公交车）—富阳综合市场—富阳汽车西站—龙门古镇。

富阳：从富阳市区到孙权故里仅20公里车程，每天有数十班中巴往返，全程票价5元。

※特别提示

⛽ 景区周边加油站：场口加油站、中埠加油站、环山加油站。

汽车维修点：富阳城区。

区内交通

景区内地面全部由鹅卵石铺成，路面宽度两米多。

旅游服务 TRAVEL SERVICE

游客中心

龙门古镇游客中心可供游客休息、阅览相关景区宣传资料，提供触摸屏多媒体游览

游客中心

信息查询台。

景区为了应对紧急情况特组建了游客专用医务室，并有专业的医护人员对伤者进行初步和最及时的处置。

龙门古镇开放时间：8：00-17：00

门票价格：全价68元／人，儿童1.2米以下免票，1.2米～1.5米门票35元／人

联系电话 📞 0571-63506192

游客投诉 📞 0571-63507877

精品线路

游客中心—龙门校场—跃龙桥—思源堂—老街—工部—诚德堂—陈篪堂—义门—明哲堂—砚池—孙氏宗祠—老东西博物馆、何满子陈列馆—天子堂—余荫堂

溪畔人家

穿村而过的龙门溪濡养着千年古镇。村民傍溪而筑，滨溪而居，民风质朴淳厚，邻里和睦可亲，世袭耕读传家遗风。

溪畔人家

老街乡情

　　繁嚣、热闹是老街的主题。这条长近三里、宽三米许的街市历来繁华，尤其是明嘉靖至清康乾盛世间，龙门孙氏"半列儒林，咸饶富有"，更使老街成为商贾云集、店铺林立之地。

老街乡情

乡野田园

　　青山环抱，溪流浅唱，村中酒香浓郁、风情宜人，村外稻花飘香、鸟语传情。区别于水乡风光，不同于园林景致，龙门自有一番别样的乡野风情，农人、农具、农田，谱写出一首浑厚、悠扬的田园牧歌。

乡野田园

百步遗踪

　　以脚步来丈量厅堂的长度，百步；用时间来丈量厅堂的长度，百年。百年的历史让厅堂中的脚步，走得蹒跚。百步厅长廊独特的建筑构造依在，恢弘大气的建筑面貌依存。

百步遗踪

山色水声

龙门之美浓缩在青山绿水间。古镇背靠龙门山，山势巍峨雄浑，树木葱郁茂盛。发源于龙门山瀑布的龙门溪，穿村而过，淙淙汩汩，汇入剡溪，潆流廿里进富春江。

山色水声

义门流芳

义门牌楼上漫漶的图案，斑驳的雕饰，演绎出一个鲜活的"义"字，死板的封建族训得以贴近生活的展示，生发出流传至今的动人故事。

义门流芳

砚池夜月

一泓清水，轻风拂动，泛起层层涟漪，水草、鸟禽点缀其间，更富灵性。月上枝头，倒映出的依然是那轮千年前的明月，空灵、清幽。宛若一方大砚台的池水，昭示着读书乃是家族的最大希冀所在，没有比高中状元，考取功名更能光耀门楣的了。

砚池夜月

孙氏大宗

孙氏一门自古多豪杰，吴大帝孙权驰骋疆场、平定江南、经略台湾，成就一代霸业。上溯春秋时，写就《孙子兵法》的兵圣孙武，至近代伟大的革命先行者孙中山，都与龙门孙氏有着割不断的血脉亲情。

孙氏大宗

深巷幽居

深长的弄巷，幽静的庭院，构成了龙门的基本单元。数百幢明清古建筑密匝匝地树立于古镇，由一条条鹅卵石铺就的巷道串联着，宛若迷宫。

深巷幽居

古镇溯源

三国吴大帝孙权后裔们以勤奋、智慧，秉承着先祖开拓进取、励精图治的精神，把龙门打造成为了孙氏家族的"世外桃源"。

古镇溯源

特色观赏和体验 UNIQUE SCENERY & FESTIVALS

跳魁星

跳魁星

龙门古镇魁星是文魁，称文曲星下凡。龙门古镇早先在同兴塔建有魁星殿，专供读书人朝拜。跳魁星时配有七星灯，代表北斗星之一，还有"状元及第"牌灯数面。每逢春节、孙氏大型活动都要跳魁星。魁星右手拿状元笔，左手拿砚台，随着阵阵鼓乐摆出点状元的架势，把福祉带给人间，跳魁星是集祈福和娱乐于一身的文化节目。

演出时间：每天上午和下午场次。

庙会

每年农历九月初一是古镇传统庙会。庙会从八月三十至九月初三，延续四天。旧时，村中多处祠堂、庙宇日夜演戏，人们拜菩萨，拜祖宗，大办宴席，大做善事；族人邀请亲朋好友，倾其所有，热情招待；方圆百里，甚至上海、杭州等地商贩纷纷前来赶会。古镇街道人山人海，水泄不通。春江两岸，以此为最。时至今日，虽形式略有不同，但盛况犹胜当年。

元宵灯节

舞狮

龙门古镇"闹元宵"有着自己不同的特色，从正月十三开始上灯，到正月十八落灯，在古镇的祠堂和所有的厅堂里都挂上有传统特色的各种花灯和红纱灯。此外，还有不同色彩的传统戏灯。元宵佳节历时五天热闹非常，戏灯、花灯、锣鼓、鞭炮、铳声、舞狮等，把龙门古镇卷入在一片欢乐声中。

舞龙灯有规定的时间：正月十三开始，先到祠堂、庙宇、烈士墓舞；正月十五则在周边村庄和古街商店串走，正月十六至十八在单位企业和村内各座厅堂举行。

跳战马

跳战马也称跳竹马，是龙门的一大传统表演。马分头尾两部分，用竹制成，外面糊上彩纸。跳竹马时将马头马尾放置在人的前后，人在中间如骑在马上一般。龙门的竹马和别地的不同之处，在于它由传统战马沿袭而来，跳时呈作战阵势，一般有八匹马组成一支队伍，令旗带路，逐对的上阵和下阵。正月十五夜里表演时增加两匹大红马，称"扫马"，跳演节目都是三国里的故

跳战马

事。据说当年孙权还曾经用过这个方式模拟战争，操练兵士，试验孙子兵法。

住宿 ACCOMMODATION

1. 价位在300元以上的宾馆酒店：

南国大酒店

　　🏠 杭州富阳市馆驿里8号　　📞 0571-63138888　　预订价格：510起

国际贸易大酒店

　　🏠 富阳市江滨西大道56号　　📞 0571-23238888　　预订价格：528起

龙山饭店

　　🏠 浙江省富阳市龙山路126号　　📞 400-650-1219　　预订价格：338起

2. 价位在150～300元的宾馆酒店：

新宇假日大酒店

　　🏠 杭州市富阳市孙权路146号　　📞 0571-63379999　　预订价格：248起

富阳宾馆

　　🏠 浙江省富阳市受降镇馆驿里18号　📞 0571-63331888　　预订价格：250起

半岛会所大酒店

　　🏠 富阳孙权路179号　　📞 0571-23211000　　预订价格：218起

3. 价位在150元以下的"农家乐"、客栈、家庭旅馆：

龙门宾馆、

　　🏠 富阳市龙门镇　　📞 0571-63506699　　预订价格：70元

富阳莫泰168连锁酒店（孙权路店）

　　🏠 富阳市秋月路129号　　📞 400-650-1123　　预订价格：128起

中港大酒店

　　🏠 浙江省富阳市孙权路8号　　📞 0571-63138888　　预订价格：130起

（价格以实际为准）

龙门古镇四季 SEASON

龙门古镇属于中亚热带季风气候区，温暖湿润，四季分明。光照充足，气候宜人，古镇四面环山，周边水系发达，雨量充沛。月气温平均值16.1℃。

美食推荐 CUISINE

龙门面筋　　　神仙鸡

龙门面筋、孙权家酒、龙门高山云雾茶、古镇米花糕、古镇霉干菜、龙门桑果汁、龙门笋干、龙门馄饨、龙门炖牛肉、客栈神仙鸡。
孙权家菜馆订餐电话
📞 0571—63506098／15857183668
知鱼轩订餐电话
📞 0571—63506977／13588392091
德全记订餐电话
📞 0571—63506239／13868188208

购物指南 SHOPPING GUIDE

龙门根雕、竹雕、孙氏草编、手工球拍、蓝印花布介绍、龙门山石。

手工球拍

龙门根雕　　　　　孙氏草编　　　　蓝印花布

3.桐庐

桐庐县自古以"山清、水秀、史悠、境幽"闻名于世，素有"奇山异水，天下独绝"之美称，为历代文人墨客遨游之地。据不完全统计，自南北朝至今，有一千多名文人雅士在桐庐留下了三千多首吟咏富春江的诗词名篇。而元代大画家黄公望的传世画卷《富春山居图》，更是富春江绘形绘色的写真。相传，黄公望为创作《富春山居图》，多次到桐庐游历、写生，还曾在钓台所在地富春山对面的严陵坞村搭草棚居住。经

过十多年的观察写生，完成了传世名作《富春山居图》，至今已有600多年的历史，它用长卷的形式，描绘了富春江两岸初秋的秀丽景色，把浩渺连绵的江南山水表现得淋漓尽致，达到了"山川浑厚，草木华滋"的境界。遗憾的是，这幅画于清代顺治年间遭遇火焚，断为两段。前半卷被另行装裱，重新定名为剩山图，长50多厘米，现藏在浙江省博物馆，后半卷《富春山居图》无用师卷，长600多厘米，现藏在台北故宫博物院。

桐庐风景名胜区导游图 MAP

交通 出行宝典
TRANSPORTATION

游客可从杭州乘坐长途汽车至桐庐县。

杭州—桐庐 班车时间：

西站 6：50—18：10

南站 6：30—19：30

桐庐—杭州 班车时间：

5：20—18：10（快客）

🚗 上海方向：从莘庄入沪杭高速，到杭州北出口后直接上绕城高速（注意不要进杭州城

区）至转塘出口下，沿320国道往富阳、桐庐方向行驶，并在桐庐出口离开国道。

宁波、温州方向：沿杭甬、上三高速至杭金衢高速沿富阳方向上杭州绕城高速向南到富阳出口下直达桐庐（320国道）。

金华、衢州方向：沿杭金衢高速富阳方向上杭州绕城高速向南到富阳出口下直达桐庐（320国道）。

旅游服务 TRAVEL SERVICE

名称	电话（0571）	名称	电话（0571）
桐庐旅游集散中心	69968000	春光旅行社	69960919
桐庐中国旅行社	64601888	天天假期旅行社	64248251
风华旅行社	64632177	大众旅行社	64637033
星晨旅行社	69962199	自由人旅行社	64372688
中侨旅行社	64218733	富春江旅行社	64622381
蜂之语旅行社	64222267	桐庐中青旅	64223389
富春江假日旅行社	64636333	建设国旅桐庐门市部	69908798
巾帼旅行社	64222627	银洲旅行社	64649333
富春江潇洒旅行社	64602399	缤纷假日旅行社	69901811
省中旅社桐庐门市部	64286999		

精品线路

经典山水二日游

D1：瑶琳仙境—天目溪漂流—大奇山国家森林公园
D2：垂云通天河—严子陵钓台富春江小三峡—白云源

文化休闲二日游

D1：桐君山—圆通禅寺—琴溪香谷
D2：深澳古镇—叶浅予纪念馆（剪纸艺术馆）—天子地

瑶琳仙境

　　景区面积达48万平方米，洞内纵深1.5公里，钟乳累累，瑰丽多姿，享有"全国诸洞冠"之美誉，是"中国旅游胜地四十佳"、"浙江省十大旅游胜地"之一。

　　📞 0571－64361118

　　门票价格：　100元／人

瑶琳仙境

严子陵钓台·富春江小三峡

　　严子陵钓台为东汉名士严子陵隐居垂钓之处，濒临富春江，风景秀丽，是中国十大钓台古迹之一。富春江小三峡是《富春山居图》实景中富春江水色最佳、风光最美的一段，有"船在水中行，人在画中游"之意境。

　　📞 0571－64651646

　　门票价格：100元／人

严子陵钓台

垂云通天河

　　是一处以水景著称的地下溶洞，4.5公里的地下岩溶暗河被世人誉为"地下第一长河"，是"浙江省十大最具吸引力旅游景区（点）"之一。

　　📞 0571－64371377

　　门票价格：85元／人

白云源

　　山峦层层、涧水潺潺、瀑飞泉涌，被誉为"江南九寨沟"，是观光度假避暑胜地。

　　📞 0571-64668587

　　门票价格：65元/人

瑶琳国家森林公园

　　是综合性休闲度假森林氧吧公园。景区内8公里长的"天漏地斗"被誉为"华东第一奇观"，天峒石云为"浙西一绝"。

　　📞 0571-64622997

　　门票价格：65元/人

大奇山国家森林公园

　　大奇山史称"江南第一名山"，可穿林海、踏幽谷、攀栈道、渡索桥，别有风味。

　　📞 0571-64241159

　　门票价格：50元/人

印象富春江

　　从富春江大坝下游起，沿富春江漂流而下，至有"十里梅花香海雪"之称的梅蓉附近。游客可赏两岸如画风光，也可品茗聊天听曲打牌。坐冲锋舟，则风驰电掣，激情四射，又是一番别样风情。

　　📞 0571-69918266

　　门票价格：100元/人

天目溪漂流

　　天目溪素有"溪有十八滩，一滩高一滩"之说，在天目溪漂流可观赏鱼鹰捕鱼，感受生态野趣。

　　📞 0571-64376173

　　门票价格：50元/人

琴溪香谷

　　唐状元、开发澎湖列岛第一人施肩吾早年就读处，又称"状元谷"，峡谷内山崖峭立、古藤缠绕、琴溪流淌、冬暖夏凉。

　　📞 0571-64378618

　　门票价格：40元/人

天龙九瀑

　　景区内林木苍翠，涧水顺山势飞泻而下，形成九潭九瀑，为境内第一瀑布群。

　　📞 0571-64257588

　　门票价格：48元/人

浪石金滩

　　长达2公里的江面上开辟了龙舟风情游，或稳坐竹椅、悠然举桨、随波漂流，细品山水真趣；或敲锣打鼓、竞舟争雄，浪击金滩，豪情洒向山水间。

　　📞 0571-64692999

　　门票价格：50元/人

天子地生态景区

南北朝刘裕皇帝出生地，集山、水、林、洞于一体的生态旅游景区，具有"秀、雄、奇、险"的山岳风貌。

📞 0571-64603032

门票价格：65元/人

圆通禅寺

中国最早的四大观音古道场之一，素有"浙西普陀"之称。

📞 0571-64603203

门票价格：38元/人

莪山畲乡山寨

为杭州市唯一的少数民族乡，浙江省星级乡村旅游点。山林风光秀美，畲乡风情多彩多姿，每年举办三月三畲族文化节。

📞 0571-646486018

深澳古镇

全国历史文化名村，建于南宋，保留有明清、民国时期古建筑200余处及明代古水系等古迹。

📞 13362130978

红灯笼小木屋

住宿 ACCOMMODATION

浙江红楼国际饭店	📞 0571-69878888
开元名都大酒店	📞 0571-69818888
岚庭度假酒店	📞 0571-69916666
巴比松米勒庄园	📞 0571-64608666
红灯笼小木屋	📞 0571-64371329

美食推荐 CUISINE

学圣路特色餐饮街区，是一条以桐庐特色菜为主的美食街，集中了福鼎天、通宝楼、吕府渔舱等大批特色餐馆，为广大游客和市民提供桐庐特色餐饮美味。

购物指南 SHOPPING GUIDE

中杭路旅游特色购物街，是在县城新区品茗、西餐、购物、休闲的特色街区，有天茶地酒、新茗茶馆、千尊比萨等休闲场所和众多土特产品、服饰商店。

金都旅游特色购物街，是县城老城区汇集各类品牌服饰、地方风味美食、休闲娱乐和综合购物的商业街区，其中部分为步行区。

4.建德新安江

中国优秀旅游城市—建德（新安江），地处杭州—富春江—黄山黄金旅游线的中段，整个城市依江而建，有"奇山异水，天下独绝"之称，是国务院首批公布的国家级重点风景名胜区。

新安江城区是"一流山水旅游城市"，永远17℃的一江碧水穿城而过。东线以富春江七里扬帆小三峡的秀丽著称。南线以名寺、名洞、名村、名园为主，大慈岩、灵栖洞、绿荷塘古楠木林，均具有极高的休闲旅游价值。在中国东南部最典型的农耕文化村落——新叶村，可以寻找"露天的明清建筑博物馆"遗留的历史痕迹。西线则以新安江水电站、新安江龙舟漂游等景点广受青睐。

管理机构：浙江省建德市旅游商贸局
旅游咨询电话：0571-64780658
网址：www.xajly.com.cn

龙舟漂游—美丽新安江

新安江风景名胜区导游图　MAP

交通 出行宝典
TRANSPORTATION

　　建德地处浙江省西部，钱塘江上游，隶属杭州地区，是浙西旅游集散中心，浙西交通枢纽。距省会杭州市108公里，距上海市258公里。

✈ 市内有建德千岛湖通用机场，周边有杭州萧山国际机场、衢州机场、温州机场、上海浦东国际机场，飞行出游进出方便。

🚆 市内有建德站，周边有金华火车站，义乌火车站，铁路线路辐射全国。

🚌 320、330国道从建德境内横穿而过，杭金衢、杭新景、杭徽高速网覆盖，杭新景高速在建德境内安仁、乾潭、杨村桥、新安江、寿昌、航头、大店口出口，其中新安江出口可直达新安江城。

※特别提示

汽车维修站：

建德市发达进口汽车修理有限公司

🏠 建德市新衢路　　📞 0571-64702186

建德市汽车修配厂

🏠 建德市新衢路　　📞 0571-64701315

紧急救援点：

建德市杭新景高速公路施救有限公司

🏠 建德市洋溪下塘科技工业园

📞 0571-64742897

🔋 加油站点

　　城东加油站：距城区1公里（新安江体育馆斜对面）

　　城南加油站：距城区1.5公里（新安江汽车南站旁）

大慈岩

大慈岩是一处佛教文化与山水风光融为一体的旅游胜地。拥有被誉为"中华第一天然立佛"的大慈岩主峰、"江南第一悬空寺"、清音阁、双面佛、天香悬廊、天香园等景点。

慈岩悬楼

新安江水电站

新中国第一座自行设计、制造设备、自行建造的水电站。

电站泄洪全景

七里扬帆

乘船游览七里扬帆,感受李白诗中"人行明镜中、鸟度屏风里"的意境。

七里扬帆

新叶古村

新叶古村至今已近千年，古巷、古祠、古塔、古庙、古书院依旧保存完好，被誉为"中国最大明清古民居建筑露天博物馆"。

新安江上龙舟漂游

乘新安江龙舟漂游，让17℃的新安江水划过你的肌肤，感受冰爽一"夏"的惬意。

新叶古村

新安江温泉

新安江温泉是目前浙江省首个天然高品质硫化物温泉，水量充沛、水质清澈。温泉水中含硫化氢、氡以及其他多种微量元素，有较高的医疗价值。

新安江温泉

5.千岛湖（详见前面介绍）

千岛湖黄山尖

6.大明山

　　大明山风景名胜区，位于近在杭州咫尺的临安市，是一个方圆30平方公里的美妙自然世界。游客自综合服务区乘车而上，即可畅游"玉龙溪谷"、"龙门峡谷"、"云中秘园"、"云湖乐园"四大主题旅游片区，尽享自然奇幻、田园美食、激情冒险的高山云湖度假别墅。

　　领略高山景，心中天地宽。在这片海拔800米之上的云中乐土上，大明山旅游区以"向上，享有新世界"为核心理念，实现了奇特景观、冒险娱乐、科普教育、文化度假的创新结合，让游客走进自然、亲近自然、探索自然、享受自然，既享受攀登的快乐、探险的野趣、征服的喜悦和远眺的从容，又在清新雅静中远离城市喧嚣，汲取自然能量，滋养身心。

高空栈道

草甸涌波

冬季滑雪

大明山风光

雁荡山（北雁荡山） 风景名胜区

雁荡山（北雁荡）位于浙江省温州市东北部海滨，距杭州300公里，距温州70公里。山水奇秀，天开图画，是中国十大名山之一。雁荡山为首批国家重点风景名胜区，首批国家AAAAA级旅游景区，世界地质公园。

雁荡山，开山凿胜始于南北朝，兴于唐，盛于宋。梁昭明太子在芙蓉峰下建寺造塔，为雁荡山开山之始；唐西域高僧诺讵那因仰慕雁荡山"花村鸟山"之美名，率弟子三百来雁荡山弘扬佛教，被奉为雁荡山开山鼻祖；至宋，雁荡山开发规模逐渐增大，共建有十八寺、十院、十六亭，为雁荡山发展鼎盛时期。当代，党和国家领导人邓小平、江泽民、李鹏、乔石、李瑞环等都视察过雁荡山。历代文人墨客，纷至沓来。谢灵运、贯休、沈括、徐霞客、康有为、张大千、沙孟海、潘天寿、郁达夫、郭沫若、邓拓、舒婷等都留下了不朽的诗篇和墨迹。

雁荡山，形成于一亿二千万年以前，是环太平洋大陆边缘火山带中一座最具完整性、典型性的白垩纪流纹质破火山，被中外地质学家称为"地质天然博物馆"。雁荡山早在北宋时期，就已引起著名科学家沈括的浓厚考察兴趣。自20世纪80年代以来，英国、美国、南非、丹麦等中外地质学家相继来雁荡山考察。1996年雁荡山被列为第30届国际地质大会科学考察点。雁荡山历经四期火山喷发，其喷发年代比环太平洋安第斯火山带、美国西部火山带、俄罗斯远东火山带更古老。火山爆发造化了雁荡山雄奇壮丽的景观，其遗迹还将成为探索亚洲大陆边缘构造岩浆作用与深部地质的天然窗口，使雁荡山成为世界上独一无二的集山水美学、历史文化、自然科学于一体的华夏名山。

管理机构：温州市雁荡山风景旅游管理局
地址：浙江省乐清市雁荡镇雁山路88号
邮编：325614
值班电话：0577-62178888
传真：0577-62243284
门户网站：www.wzyds.com

雁荡山灵峰景区北斗洞

雁荡山（北雁荡山）风景名胜区导游图 MAP

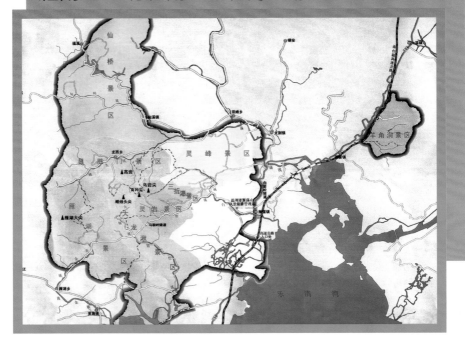

交通 出行宝典
TRANSPORTATION

（一）区外交通

✈ 雁荡山距温州机场80公里，距路桥机场50公里。

🚆 甬台温铁路可直达。

🚌 104国道、甬台温高速公路可直达。

🚗 温州市区—甬台温高速（经温州东收费站，朝宁波乐清方向行驶）—G104（从雁荡出口离开）—朝雁荡方向行驶约10公里抵达雁荡山风景名胜区。

（二）区内交通

1. 主景区之间有小巴平均每半小时一趟；

2. 风景区内有游步道，干净、安全、顺畅。

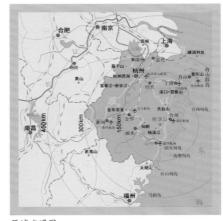

区域交通图

旅游服务 TRAVEL SERVICE

游客中心

雁荡山游客集散中心

◇ 雁荡镇雁山路 📞 0577-62241549
游客投诉 📞 0577-62243651

门票中心 📞 0577-62242071

※重要提示：景区内均有适当提示，夏季台风天气较多，注意野猪、蛇等野生动物。

精品线路 *a*

雁荡山一日游

灵峰景区、三折瀑景区、灵岩景区、大龙湫景区、灵峰夜景

精品线路 *b*

雁荡山二日游

D1：灵峰景区、三折瀑景区、灵峰夜景
D2：大龙湫景区、方洞、灵岩景区

精品线路 *c*

特色线路游

地质科考游：距今1.2亿年前多次喷溢出的熔岩（灵峰景区的朝阳嶂、天冠峰）—三次火山喷溢的岩流（三折瀑景区的上、中、下折瀑）—涌流（灵岩景区的小龙湫岩壁）—四期火山喷发岩层（方洞附近的观音峰），火山喷溢熔岩流（方洞金腰带）—球泡流纹（大龙湫景区路边的岩壁），柱状节理（大龙湫景区的剪刀峰）

灵峰景区

灵峰景区是雁荡山精华，方圆46平方公里，有大小景点161处，以奇峰怪石、古洞畸穴称著。峰石高低参差，千姿百态如鬼斧神工，如汉墨丹青。其中合掌峰是灵峰景区的主题，也是雁荡山的代表，它如观音的巨手合掌，高入云天。在灵峰的周围，犀牛峰、金鸡峰、骆驼峰、五老峰、斗鸡峰、碧霄峰等奇峰自然组合在一起，不仅惟妙惟肖，而且与山涧碧水相映成趣，使灵峰灵气万千。

灵峰夜景，朦胧而不失逼真，冷艳又充满温情，夜景中还有牧童、婆婆、犀牛等形象生动的景观，有机地组合成一个神话，更使灵峰夜景蕴藏着无限的情趣。

接客僧

照胆潭

果盒三景

三折瀑景区

三折瀑景区由两条溪谷组成，三瀑深藏在悬崖峡谷之间，因山谷内藏有下折瀑、中折瀑、上折瀑而得名。

三折瀑

中折瀑

灵岩景区

　　雁荡三绝，灵岩居其中，人视之为雁荡山的明庭。它不仅有惟妙惟肖、千形万状的各种奇峰怪石，更有一种雁荡山少有的整体氛围和宗教肃穆。

灵岩寺

天柱峰

小剪刀峰

大龙湫景区

　　大龙湫瀑布高197米，单级落差为全国之最。它从高高的悬崖飞流而下，似天外飞来的一条巨龙，腾空翻飞，时而轰然直捣潭底，时而婀娜旋舞。若遇暴雨过后，更是撼天动地。峡谷四周，是雁荡山所特有的巨嶂绝壁，人在谷底，闻瀑雷之声，观水之飞至，感山之高深，大自然的山水神韵尽在其中。

龙湫飞瀑

雁湖景区

　　被徐霞客称为"鸿雁之家"的雁湖，登岗可览云海日出。烟雨飘散的梅雨瀑，酷似绸带的罗带瀑，幽奇神秘的西石梁大瀑，奇险深邃的梯云谷，皆为胜景。

西石梁大瀑

显胜门景区

　　素有"天下第一门"之称的显胜门，两壁陡立，直上云霄，气势峭拔雄伟。

沓屏峰

显胜门

仙桥景区

　　相传仙人王子晋骑鹤飞临的仙桥，山水间也无不弥漫着清新的仙气，都会使游客流连忘返。

仙溪

仙桥

羊角洞景区

　　雁荡山最具道教文化气息的羊角洞，深吞海口，潮声蜃影，疑是天上宫阙。

羊角洞

特色观赏和体验 UNIQUE SCENERY & FESTIVALS

雁荡山飞渡表演

灵岩高空飞渡，脱胎于已有百年历史的高崖绝壁采草药。表演时，当地山民在相距约256米的天柱峰和展旗峰的峰顶拉起一根绳子，在260多米的高空表演各种惊险节目。

地点：灵岩景区

时间：每天两场，无需另购票

雁荡山夫妻节

地点：灵峰景区

雁荡山夫妻节

雁荡山四季 SEASON

雁荡山属亚热带海洋性气候，雨量充沛，气候温暖。年平均气温16℃，年平均相对湿度为77%。

🛏 住宿 ACCOMMODATION

300元以上

雁荡山山庄	🔷 雁荡山霄霞路8号	📞 0577-62245333
朝阳山庄	🔷 雁荡山朝阳路58号	📞 0577-62245999
温州银苑饭店	🔷 雁荡山雁山路迎宾桥	📞 0577-62245000
灵岩山庄	🔷 雁荡山下灵岩路32号	📞 0577-62246888

150～300元之间

雁荡山假日大酒店	🔷 雁荡山霄霞路6号	📞 0577-62246000
雁荡山芙蓉宾馆	🔷 雁荡山霄霞路2号	📞 0577-62246999
银鹰山庄	🔷 雁荡山霄霞路7号	📞 0577-62246679

150元以下

雁荡山金来登宾馆	📞 0577-62243610
雁山宾馆	📞 0577-62242288
江雁宾馆	📞 0577-62242866

🍴 美食推荐 CUISINE

雁荡山方圆450平方公里，山势连绵起伏，植被茂密葱郁。山珍海味应有尽有。东临海洋牧场乐清湾，海涂广阔各类鱼鲜水产

鱼鲜水产品

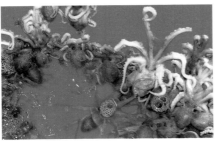

鱼鲜水产品

品富足。山里藏珍宝，林中有野味，海涂出贝壳，造就了雁荡山独有的饮食资源。

🛍 购物指南 SHOPPING GUIDE

夫妻饼、茶叶、黄杨木雕、海鲜干等。

黄杨木雕　　　夫妻饼

雁荡山（中雁荡山） 风景名胜区

雁荡山（中雁荡山）风景名胜区地处乐清市西南10公里，距温州市区20公里，北邻北雁荡山风景区，西倚楠溪江风景区。中雁荡山原名白石山，道书称"白石洞天"，唐天宝初曾改名为"五色山"，宋时称为"白石岩"或"道士岩"，又雅称"玉甑"。据清人施元孚《白石山志》载："山在温州乐清之茗屿乡，以其石色皆白，故名之。"宋李少和开山后，太宗曾书"第一山"三大字赐之，今玉虹洞口摩崖字迹犹存。1989年中雁荡山被批准为国家级风景名胜区，2007年评为国家ＡＡＡＡ级旅游区。2008年被评为首批浙江省文明风景旅游区。2009年入选浙江省三十大生态旅游名景。

中雁荡山总面积为93.44平方公里，景点300余处，辖玉甑、西漈、三湖、东漈、凤凰山、杨八洞、刘公谷等七大景区，以及茗山、高友玑墓、真如寺三大外围景点。境内以峰雄嶂险、飞瀑流泉、洞幽寺古、湖光山色、潭碧林翠著称。历代文人雅士慕名而来，留下大量珍贵的墨迹，为山色增添光彩。南朝谢灵运诗云："千顷带远堤，万里泻长汀。"宋朝王十朋也写道："十里湖山翠黛横，两溪寒玉斗琼峥。"

中雁荡山民风淳朴，有传统的盛大集市"三月初十"，还有独特的自然条件，炎夏清凉，隆冬煦温，林果海鲜四时丰饶，成为观光旅游、会议、度假休闲之胜地。

管理机构：乐清市中雁荡山风景旅游管理委员会

地址：浙江省乐清市白石镇玉虹北路

邮编：325604

电话：0577-62680472

传真：0577-62680471

值班电话：0577-62682786

邮箱：zy62680472@126.com

网址：www.zy34.com

中雁荡山玉甑峰远景

雁荡山（中雁荡山）风景名胜区导游图 MAP

交通 出行宝典
TRANSPORTATION

（一）区外交通

中雁荡山地处乐清市西南10公里，距温州市区20公里，南靠瓯江七里港口，北邻北雁荡山景区，西倚楠溪江风景名胜区。风景区距温州永强机场28公里，温州火车站22公里。

104国道和甬台温（G15）高速公路从其南缘经过，高速公路乐清出口及温州大桥北出口离景区均只有10公里。沪福高速铁路乐清站就坐落于景区内（从上海到景区只要4小时），交通十分便利。

备注：到景区公路均为国道线，加油站每隔二三公里就一个，十分方便。景区周边10公里以内就有北白象镇、柳市镇、乐成镇（均为温州市十大经济强镇）汽车维修站，宾馆很多。

（二）区内交通

1.风景名胜区山脚下有中雁荡山车站，站内有直发玉甑景区及西漈景区的旅游中巴车，30分钟一班车。票价为每人5元。

2.中雁荡山两大景区均可以骑自行车到达。道路均为二级公路。西漈景区龙街段也可以骑自行车游玩，景区其他地段均不能骑车游玩。

旅游服务 TRAVEL SERVICE

游客中心

中雁荡山风景区游客中心坐落于景区的入口大道边，提供有关中雁荡山风景区游客查询、信息咨询、景区宣传资料、旅游纪念品销售、医疗救助、门票及游客休息和餐饮、游客投诉及订餐电话等信息服务。中心大厅面积有四百多平方米，分为两部分，一部分为中心的接待、休息部分，另一部分为旅游工艺品的销售处。

游客中心

门票

中雁荡山风景名胜区辖玉甑、西漈、三湖、东漈、凤凰山、杨八洞、刘公谷等七

大景区，目前正式对外收取门票的只有玉甑、西漈两个景区，西漈门票20元／人，玉甑门票30元／人。

玉甑索道上山：40元／人，下山：35元／人

精品线路

中雁荡山游客中心—玉甑景区（屑玉泉、云游关、玉虹洞、云街、玉甑极顶）—西漈景区（龙山湖、八折瀑、悬关、龙街、中龙湫、水帘洞、浴牛潭）

玉甑峰

　　玉甑峰是中雁荡山的图腾。中雁荡山最早的山志就叫《玉甑峰志》，可见玉甑峰在中雁七大景区中的地位之重。"路从飞岛头上过，人在白云深处行"，玉甑峰高耸云天，一峰独出，万峰伏首。唯这种孤高才使登临者产生"目空一切"的震撼，玉甑峰也当之无愧地成为中雁荡山的主心骨，而中雁的一切峰谷云水有它来结构，方不至于散漫无归。高还罢了，这峰的上半截又有一个美轮美奂、畅旷无伦、洞中套洞的玉虹洞，而峰的极顶更有一个岗峦起伏的山水小世界，如此鬼斧神工，真深不可测！

玉甑宵悬

玉甑景区玉虹洞

层云飞渡——玉甑峰顶

西漈

　　西漈是中雁的一个华彩乐章。以奇峰怪石为主的众多景点沿涧对列，东西绵亘达五里之长，令人目不暇接，堪称天然画屏。西漈的峰岩姿态万千，肖物拟人栩栩如生，可媲美北雁，而水木清华气韵静穆亦为他处所少见，因而在审美上具有很强的包容性，可谓雅俗共赏。西漈结构之美也令人叹止：自东向西，八折瀑起笔遒劲，足称"凤头"；西龙街至浴牛潭一段为主体，内容丰富，神气饱满，不愧"猪肚"；眼看山穷水尽之际，却见峰回路转，把一个桃花源般的石门胜境突然推到你面前，看这最后的一笔"豹尾"来得多绝！

西漈秋日

龙街

龙游瀑

三湖（白石湖、钟前湖、龙山湖）

三湖是中雁的骄傲。有了这三个湖，中雁在和别的名山比美时才显得底气十足。湖山如画，最平常的山和湖搁在一起时都会顿然容光焕发，何况是中雁那种翠黛般的山和碧玉样的湖！三湖的柔美，湖畔诸峰的秀美，势拔五岳的玉甑峰的壮美，这众美荟萃交融的湖山胜概，人间能得几回见？作为一项水利工程，这三个人工湖把当年谢灵运"千顷带运堤，万里泄长汀"的梦想变成了现实，妙在这种包含功利目的人巧，竟能和天工完美地熔于一炉。三湖可谓天人同构山水之美的一个范例。

水墨泼成——钟前湖

白湖晨韵

中雁云烟——龙山湖

特色观赏和体验 UNIQUE SCENERY & FESTIVALS

特色观赏

中雁荡山旅游资源丰富。自然景观以峰、岩、洞、潭、瀑、湖为胜，人文景观以洞府道观、摩崖石刻为奇，尤以山湖相映而独具特色。中雁荡山与北雁、南雁同属一个国家重点风景名胜区，古称"北雁好峰、南雁好洞"，而中雁山水结合之巧妙，可谓"中雁好山水"。中雁荡山风景名胜区的风景名胜特色可以用"古、奇、秀、幽"四字来概括。

特色之一　峰雄漈幽

北雁好峰，南雁好洞，中雁则峰奇洞幽。中雁荡山奇在流纹岩特有的造型上，奇在峰、嶂、洞、门的奇特形态及其有机组合，构成变幻无穷，气势逼人的景观形象，给人以强烈的美感和灵感。玉甑峰壁立千仞，气势摄人心魄；天柱峰高出云表，如巨柱擎天；杨八洞造型奇特，变幻莫测；众多峰岩拟人尚物，惟妙惟肖，栩栩如生；茗山之巅风景如画；杨八洞修竹掩蔽，怪岩散峙，岩洞各具特色，是人们寻微探幽之胜地。西漈、东漈两侧山峰对峙形成幽谷，修竹茂林，气象万千。

风雪拔萃

特色之二　湖光山影

中雁风景区山青水秀，湖山如画，尤以湖、瀑、潭之秀丽而闻名。整个风景区山水结合，植被苍翠，东、西两漈或水流平铺石上，漈漈然且流且鸣，状若织锦，响如摇琴，迂回蜿蜒而至；或岩石堆塞，悬瀑洒珠，映日如虹，碧潭深透层层涟漪。而白石、钟前、龙山三湖嵌于东、西两漈之间，倒影重重，秀色可餐，在浙南诸风景区中确系罕见。

湖光山色

特色之三　洞府道观

　　洞府道观突出一个"古"字。早在南北朝时期，永嘉太守谢灵运在中雁下马岭村为民行田，距今已有一千多年历史。宋朝开山祖师李少和定居玉虹洞修炼，宋太宗亲书"第一山"。集云道观始建于唐龙纪年间，高蔓巨槛，

水帘洞

金碧辉煌。重石真如寺，唐文德元年（888年）僧肇法师建。中雁开发于宋，至明朝最为旺盛。从历代留下的大量诗文看来，千百年来游人不绝，香客不断。

美景渔家乐

特色体验

　　美景渔家乐：早上游览玉甑景区或西漈景区，下午出海打鱼，体验一把做渔夫的感觉。

节庆

　　三月初十会市：中雁荡山一年一度的农历三月初十大会市，历史久远，相传早在宋末元初，集市就已形成。会市历时一周，农历三月初十为高峰期，规模宏大，万商云集，百业兴隆。集市中心场地"马道滩"，滩内棚架摊位星罗棋布，交易的商品、农副产品、山地货种类繁多。

三月初十会市

雁荡山（中雁荡山）四季 SEASON

中雁荡山为中亚热带季风气候区，冬夏季风交替显著，温度适中，四季分明，雨量充沛。年平均气温17.3～19.4℃，1月份平均气温4.9～9.9℃，7月份平均气温26.7～29.6℃。冬无严寒，夏无酷暑。年降水量在1113～2494毫米之间。春夏之交有梅雨，7～9月间有热带气旋，无霜期为241～326天。全年日照数在1442～2264小时之间。

景区月气温及游客穿衣提示表

月份	平均气温（℃）	雨水量（毫米）	穿衣情况
一月	7.6	41.7	厚大衣
二月	12.3	15.4	厚毛衣
三月	12.3	173	厚毛衣
四月	17.5	132.8	外套
五月	22	83.7	长袖
六月	25.9	140.4	短袖
七月	28.7	120.5	短袖
八月	29.1	447.4	短袖
九月	27.3	186.9	短袖
十月	22.7	125.1	短袖
十一月	15.7	91	外套
十二月	10	36.2	厚大衣

🛏 住宿 ACCOMMODATION

1. 乐清天豪君澜大酒店（五星标准）

🏠 乐清市乐成镇千帆东路277号（距景区13公里）

📞 0577-61199999

房价：600元左右

2. 乐清新世纪大酒店（四星级）

🏠 乐清市宁康东路150号（距景区15公里）

📞 0577-62582222

房价：400元左右

3. 柳市沪川大酒店（三星级）

🏠 乐清市柳市镇中国电器城7号楼（距景区12

中雁农家乐

公里）

📞 0577-62758888

房价：300元左右

4. 柳市夏威夷大酒店（三星标准）

🏠 柳市镇车站路343号（距景区8公里）

📞 0577-61788888

房价：300元左右

5.乐清云都假日大酒店（三星标准）

🔷乐清市乐成镇清远路315号（距景区13公里）

📞 0577-62593888

房价：200元左右

6.喜庆大酒店（二星标准）

🔷乐清市白石镇玉虹北路（景区内）

📞 0577-62686677

房价：150元左右

7.白象君悦宾馆（二星标准）

🔷北白象镇象南西路62-68号（距景区10公里）

📞 0577-62960088

房价：180元左右

8.中雁旅馆（家庭旅馆）

🔷乐清市白石镇

📞 0577-62687677

房价：100元左右

9.中雁翠谷闻溪宾馆（家庭旅馆）

🔷乐清市白石镇中石门村（景区内）

📞 13706776975

房价：100元左右

10.中石门休闲旅馆（家庭旅馆）

🔷乐清市白石镇中石门村（景区内）

📞 0577-62685008

房价：100元左右

11.农家乐园（家庭旅馆）

🔷乐清市白石镇中石门村（景区内）

📞 0577-62685488

房价：100元左右

（以上价格以实际为准）

美食推荐 CUISINE

温州鱼饼、灯盏糕、白象松糕、温州鱼丸、江蟹生。

温州鱼饼

阳光山庄：温州市三星级特色农家乐，菜肴在浙江省农家乐菜肴大赛获过二金四银三铜的好成绩。最大的特色是所烧菜肴均为温州地区地道的小吃、点心、海鲜，是游客品尝温州菜的所选农家乐之地。

江蟹生

阳光山庄

🛍 购物指南 SHOPPING GUIDE

海鲜干货、铁皮石斛、冬米糖、番薯条、杨梅酒。

雁荡山（南雁荡山） 风景名胜区

　　国家级风景名胜区、国家ＡＡＡＡ级旅游景区南雁荡山位于浙江省平阳县西部，距温州市区70公里，总面积169.27平方公里，分东西洞、顺溪、明王峰、碧海天城、腾蛟—赤岩山五大景区。南雁荡山因山顶有荡，秋雁栖之而得名，是我国东南沿海名山之一，素有"东南胜境、浙江圣地"之美称。境内峰峦叠嶂，溪壑交错，幽洞密布，怒瀑飞奔，更兼文物胜迹众多，民俗风情独特。景区自然景观以山得势，因水成景，山因水活，水随山转，以水光山色相映成趣为主要特色，以秀溪、幽洞、奇峰、景岩、银瀑、石堑等自然风光六胜而闻名遐迩。中国佛教协会前会长赵朴初先生曾题联赞誉："秋色平分南北雁，高风遥接东西林。"

　　南雁荡山开发始于唐代中期，盛于五代、两宋。人云"北雁好峰，南雁好洞"。实际上，就自然景观而言，有"六胜"；就人文景观而言，有宗教文化、名人文化、古屋文化。特别是东西洞景区，在0.5平方公里的范围内，儒家会文书院、佛教观音洞与道教仙姑洞，三教荟萃，国内罕见。

　　"三教荟萃分南戒，九水争流天际来。洞壑奇峰观不尽，人间雁荡胜蓬莱。"南雁荡山是以山水、文化、民俗为主要特色，集观光度假、文化休闲为一体的风景旅游胜地。

　　管理机构：浙江省温州市平阳县风景旅游管理局
　　地址：浙江省温州市平阳县昆阳镇平阳大厦6楼
　　邮编：325400
　　电话：0577-63739060
　　传真：0577-63739307
　　门户网站：www.you8.com

云关秋意浓

南雁荡山风景名胜区导游图　MAP

交通 出行宝典
TRANSPORTATION

（一）区外交通

✈ 温州永强机场

🚆 温福铁路鳌江

🚌 甬台温高速肖江出口（左转）—104国道—57省道—水南公路—南雁荡山

（二）区内交通

到达雁荡村后，游客可自主选择竹排或缆车进入景区。

区域交通图

旅游服务 TRAVEL SERVICE

游客中心

　　游客中心位于南雁荡山东西洞管理处。它提供自然和文化遗产资源多媒体展示，景区宣传资料，是集查询、综合信息咨询、救助等多功能于一体的综合性服务站。

精品线路 *a*

　　碧溪渡乘竹排在景区门票站购票后游览东南屏障、云关、仙姑洞、怡心院、梅雨瀑、碧湖皇岛、会文书院、观音洞、一线天、化龙岩。乘坐索道返回停车场。（约需1天）

精品线路 *b*

　　乘坐索道在景区门票站购票后游览化龙岩、会文书院、观音洞、一线天、碧湖皇岛、梅雨瀑、怡心院、仙姑洞、云关、东南屏障。乘竹排返回停车场。（约需1天）

精品线路 *c*

　　游东西洞景区东南屏障、云关、仙姑洞、怡心院、梅雨瀑、碧湖皇岛、会文书院、观音洞、一线天、化龙岩（约需1天）；第二天游顺溪知音涧景区（约需半天）、古屋（约需1小时）；或红色景区浙南抗日根据地旧址（约需半天）。

会文书院

　　会文书院位于南雁荡山东西洞景区，原是北宋时陈经正、陈经邦兄弟读书处，后朱熹曾率弟子多人在此讲学。清光绪重建。晚清学者孙衣言题额与对联："伊洛微言持敬始，永嘉前辈读书多。"

会文书院

碧溪渡

　　碧溪渡口在嶙峋的岩石群前，潭深莫测，碧波粼粼。顺溪、畴溪在南雁镇东门交汇成雁溪后，倏然而下，被岩群挡住去路。转而九十度急转弯，旋涡重重，形成深潭。潭深水清，所产香鱼格外腴美。

碧溪晨霭

顺溪古屋

　　顺溪古屋建于乾隆年间，系陈氏兄弟7人聚居之处。共有大型住房7幢，12000平方米，其中老三居住的为最大，有天井6个，占面地积4000平方米，建筑面积2500平方米。古屋是浙南温州古代民居建筑体系的重要类型之一，素有"浙南清中晚期民居博物馆"的美誉。

顺溪古屋

云关

　　云关由一片悬岩与山体峭壁夹峙而成，上方横架一条天然大石梁，犹如一道险关，大有"一夫当关，万夫莫开"之势。每当山雨欲来，西洞的浮云翻滚着从中喷涌而出，连绵不绝，蔚为壮观，这便是云关之名的由来。而岚气弥漫、雾霭缭绕的时候，则又使之增添了几分神秘色彩，令人充满遐想。云关宜雨亦宜晴，当红日西坠，一缕斜晖穿洞而过时，更是另有一番风味。

特色观赏和体验 UNIQUE SCENERY & FESTIVALS

青街竹林

　　青街畲族乡位于平阳县的西南部山区，南与玉苍山景区为界，西连顺溪镇，北接南雁风景区，地理位置处于平阳西部风景旅游线的金三角。青街是久负盛名的"毛竹之乡"，种植毛竹已有三百多年的历史，竹林面积1.2万多亩，四季产笋，是平阳主要产笋地。青街也是平阳县唯一的民族乡，具有丰富的民族文化和民俗风情。

　　在青街畲族自治乡，主街初建于元至正十八年（1358年）。青溪的两条支流在此合流，昔日有"一天两潮水，一年四季笋"之说。这里山水环抱，景色幽美。主街长210米，宽约3米，全部由青石板铺就。街呈弧线，部分面溪见山，呈半边街形。建筑物多为清末民初遗风，一二层楼房出挑，出檐深远，两

青街竹林

旁屋檐相距仅1米余。富有畲乡风格的古廊桥和桥旁直径达1.5米的樟抱梅古树，更为小街添景生色。小溪流经村中、村东，水清见底，游鱼可数。村西有跨度31.9米的单拱青石桥，造型古朴优美，邻近还分布有约10棵古老香樟。畲族自治乡村落最具特色的是竹林，一片连着一片，宛如绿色海洋。

南雁荡山四季 SEASON

　　南雁荡山属亚热带海洋性季风气候，气候温和，雨量充沛，四季分明。特别是顺溪景区负氧离子浓度高达6044个/立方厘米，达到世界卫生组织"清新空气"标准的6倍。

🛏 住宿 ACCOMMODATION

南雁饭店（二星级）　　　◇ 平阳县南雁镇吴山村　　　📞 0577-63838888
天马大酒店（二星级）　　◇ 平阳县水头镇二种北路108号　📞 0577-63861666
虎豪大酒店（三星级）　　◇ 平阳县水头镇泾川中路112号　📞 0577-63871990
平阳国际大酒店（三星级）◇ 平阳县鳌江镇市府路　　　📞 0577-63618888
平阳世贸富豪大酒店（三星级）◇ 平阳县鳌江镇环镇北路　📞 0577-63112222

🍴 美食推荐 CUISINE

腾蛟五香干　　酱紫色，清香而不油腻。其香味犹如天生，恰到好处，沁人心脾。

怀溪番鸭　以怀溪本地番鸭、红酒、生姜为原料，经独特的方法烹调而成，风味不同寻常。

五十丈粉干　　五十丈粉干制作工艺精致，以"细"、"韧"出名，历史悠久，可追溯到300多年前。

山门葵花盘瓜子　原材料从种植到生产要经过三十几道工序，八次筛选，三道出厂检测。

顺溪黄年糕　顺溪黄年糕有独特的嚼劲和淡淡的草灰味道。其颜色不是色素，而用山上的一种柴烧纸加工而成。

马蹄笋　马蹄笋为平阳县传统名优特产，它细腻清脆、鲜甜可口、营养丰富，是实用笋家族中的上乘品种。马蹄笋产于6~10

腾蛟五香干　　　　　　五十丈粉干

马蹄笋

月，填补了夏秋季节鲜竹笋供应的空白，是暑令时节不可多得的清爽可口蔬菜。

🛍 购物指南 SHOPPING GUIDE

华东农贸综合市场（参茸类）
◇ 104国道旁（甬台温高速肖江出口50米处）
📞 0577-63077588
殿南礼品城
◇ 平阳县鳌江镇岱头104国道旁

📞 0577-63683333
郑楼礼品城
◇ 平阳县郑楼镇振兴东路
📞 0577-63782460

嵊泗列岛 风景名胜区

素有"海上仙山"、"东海鱼仓"之称的嵊泗列岛位于长江口与杭州湾汇合处的东海之中。东邻日本长崎300海里，南与祖国宝岛台湾一水相连，西接东海大桥直达国际大都市——上海，北濒黄海，堪称中国18000公里海岸线上一颗璀璨的明珠。嵊泗是浙江省最东部、舟山市最北部，由404个岛屿组成的海岛县。全县陆海总面积为8824平方公里，其中陆域面积86平方公里，全县总人口约8万。

嵊泗列岛以其秀丽的海岛风光，浓郁的渔乡风情，宜人的海洋性气候，具备了得天独厚的旅游条件。有自然景源74处，人文景源28处，共102处，其中特级景源1处，一级景源9处，二级景源31处，三级景源61处，由泗礁、花鸟绿华、嵊山枸杞、洋山四大景区组成，风光旖旎，环境幽雅，海洋生态神韵天赐。朝迎东海日出，夕赏西岸晚霞；日游绿山碧水，夜观渔火银花；品尝顶级海鲜，领略铁板金沙，远离凡间尘嚣，畅享仙境精华。

1988年8月经国务院批准，嵊泗列岛被列为国家级重点风景名胜区。2007年被浙江省政府、浙江省旅游局评为浙江省最值得去的50个景区之一，2008年被评为"长三角世博主题体验之旅示范点"。

管理机构：嵊泗列岛风景名胜管理局
地址：浙江省舟山市嵊泗县云龙路6号
邮编：202450

嵊泗列岛姐妹沙滩

嵊泗列岛风景名胜区导游图 MAP

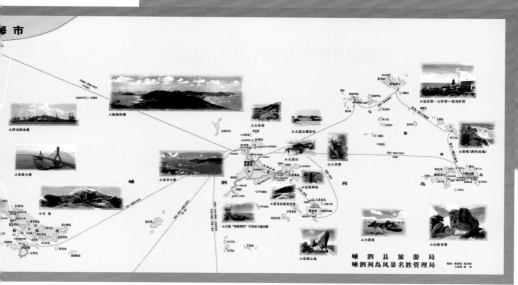

交通
出行宝典
TRANSPORTATION

　　嵊泗有海、陆、空设备齐全的现代立体交通网络，基本实现了传统客运交通向现代旅游交通的转变。

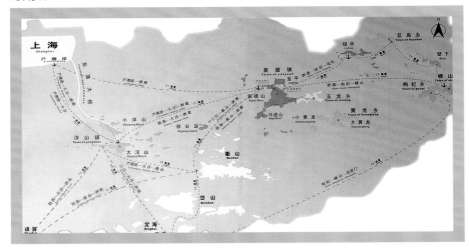

（一）海上交通

航　线	班次	营运客轮	南浦发船时间	小洋开	芦潮港开	三江开	镇海开	泗礁开
泗礁—小洋	1	碧海2号	7：50	9：50	—	—	—	8：20
	2	碧海3号	9：15	11：15	—	—	—	9：40
	3	嵊鹰3号	11：30	13：30	—	—	—	11：30
	4	碧海1号	12：30	14：20	—	—	—	13：00
	5	茂盛2号	8：40	10：40	—	—	—	13：30
	6	碧海3号	13：50	15：50	—	—	—	14：30
泗礁—芦潮港	1	舟桥2号	9：00	—	11：00	—	—	7：45
泗礁—三江	1	碧海1号	—	—	—	10：30	—	7：50
	2	嵊鹰2号	—	—	—	14：00	—	8：35
	3	碧海2号	—	—	—	15：10	—	12：00
	4	飞舟12号	—	—	—	08：30	—	15：00
泗礁—镇海	1	有财2号	—	—	—	—	13：00	7：25
	2	嵊鹰1号	—	—	—	—	12：30	8：05
	3	威远2号	—	—	—	—	9：00	13：30

注：以上为正常航班，旅游旺季有多航次加班。

船期咨询 ☎
南浦大桥 ☎ 021-33760978　小洋山 ☎ 021-68287095　嵊泗 ☎ 021-5258580

（二）陆上交通

有旅游包车、一日游旅游车、观光中巴多种方式并举、快捷方便的旅游交通网络。

旅游服务 TRAVEL SERVICE

1.游客中心

嵊泗县旅游咨询服务中心可为游客提供旅游景区（点）分布情况介绍、旅游线路指南、交通票务、住宿接待、导游组团、旅游商品展示等全方位服务，免费提供详细的饭店住宿信息和最优惠房价，并向游客展示嵊泗县富有海洋海岛特色的旅游商品。

⌂ 菜园镇东海路358号
☎ 0580－5070706

2．主要景区门票价格

大悲山景区
20元／人　☎ 15268021797
嵊泗原生态蓝色海岸休闲旅游度假节
　　　　　　——六井潭景区、和尚套景区
100元／人　☎ 15005800723
基湖海滨浴场
40元／人　☎ 0580－5586198
海景湾游乐中心
25元／人　☎ 0580－5586576

精品线路 *a*　泗礁本岛海洋生态两日游

A线（传统线路）
D1：李柱山码头乘船，环岛观光（包括大悲山、鉴真东渡泊舟处、六井潭、东海渔村），基湖海滨浴场。
D2：上午"渔家乐"活动，游览海洋之心购物中心，午餐后返回。

B线（海上生活游）
D1：李柱山码头乘船，参观青沙民俗文化园、马迹山港区，基湖海滨浴场海浴。
D2：田岙"渔家乐"活动，东海渔村体验渔家生活，大悲山极顶观光、禅寺礼佛。

C线（海钓游）
起早，六井潭观东海日出，北朝阳海钓基地进行海钓活动。

精品线路 *b*　　港岛休闲三日游

D1：上午小洋山接团（沿途观赏东海大桥），览小洋景区胜景（港区、石景等），船赴大洋山。餐后游览小梅山景区，远观深水港全景，观中国海拔最低佛教旅游点圣姑庙，乘船至泗礁本岛。

D2：环岛观光（包括大悲山观光平台、六井潭景区、和尚套景区）。下午，观光马迹山港区、基湖海滨浴场海浴。

D3："渔家乐"活动、游览东海渔村或青沙民俗文化园。

精品线路 *c*　　五龙蓝色海岸生态一日游

泗礁本岛城区出发，六井潭景区观东海日出，北朝阳海钓基地进行海钓活动，下午灵音禅寺礼佛、大悲山极顶观光。

精品线路 *d*　黄龙岛一日游（半日游）

泗礁本岛城区出发。乘船抵黄龙岛，"东海云龙"游览，赏"一指泉"，游悠然村、天后宫。渔家午餐，餐后返回。

精品线路 *e*　　花鸟岛两日游

泗礁本岛城区出发。乘船抵花鸟岛，游舟山市唯一国家级文物保护单位、远东第一大灯塔花鸟国际灯塔，渔家餐，海岛石景、沙滩戏水踏浪。次日返回。

精品线路 *f*　贻贝之乡枸杞岛三日游

D1：泗礁岛李柱山码头乘船，环岛观光，基湖海滨浴场海浴，小木屋海鲜排档晚餐。

D2：小菜园码头出发至枸杞岛。枸杞码头乘车至"山海奇观"景点参观。下午赴贻贝加工企业参观贻贝生产流水线、军民文化中心。转赴枸杞三大王沙滩，进行沙滩排球、踏浪、挖沙蟹、拾贝等活动。

D3：参观海上牧场，乘渔船体验收割贻贝。

花鸟灯塔

花鸟灯塔位于花鸟岛西北端，立于高峻海岸之上，由英国人建于清同治九年（1870年），塔身呈圆柱形，高16.5米，整体占地面积约2.2万平方米，内分四层，上部为黑色，下部为白色，建筑和装饰均属欧式风格，现立为特级景源。

灯塔的导航方式齐全，有光波、电波和声波，还装有我国传音最远的气雾喇叭，可为不同距离的船只提供不同的导航手段。灯塔顶层的聚光灯每分钟转动一次，其射出的四道光线射程可达24海里，为茫茫大海中的船只指引航向。

花鸟灯塔以其规模大、功能齐全、设备先进、历史悠久，享有"远东第一大灯塔"之誉。2001年6月被国务院批准为全国重点文物保护单位。

基湖沙滩

基湖沙滩位于泗礁山中部北岸，菜园镇基湖村，全长2200米，南北宽300多米，面积约60万平方米，可容数万余人同戏碧波，共浴日光，是华东地区最大的沙滩，有"南方北戴河"之称。这里曾成功举办了首届全国航海运动大赛和全国沙滩排球冠军赛。

沙滩坡度平坦、沙质细净、海水澄碧、微波荡漾、绿树成荫，四季景色各异，可春赏雾、夏游水、秋观潮、冬听涛，让您置身

基湖海滨浴场

于大自然的怀抱，享受阳光、沙滩、海浪带给您的快意，体验大海的脉脉深情。

景区内娱乐休闲设施齐全，有帆板、冲浪、海浴、赛车、跑马、摩托艇、快艇牵引伞等活动项目，又可进行沙滩排球、沙滩足球、挖沙蟹、拾海贝等活动，是夏日休闲度假、海上娱乐的最佳场所。

南长涂沙滩

南长涂沙滩位于泗礁本岛南侧中部，与基湖沙滩并称"姐妹沙滩"。全长2750米，宽200米，由南长涂、高场湾和石柱3个沙滩构成，滩中有小屿，滩面洁净柔软，呈金色，莹莹如新月嵌在碧海青岗之间，漫步其间，如履金毯。周围的松林、悬崖、奇石、孤屿与澄澈的海水融为一体。夏日，清风习习，排浪阵阵，波涛翻卷，绵绵不绝。傍晚，绛霞满天，映红水面，峰峦吐幻，静沙浮玉，如置锦绣之中，此景名曰"长涂落日"。如诗如画，令人流连忘返。

景区内环境优美，海水澄碧，拥有冲浪、帆板、划艇、水橇、射击等多种休闲娱乐项目，是沙浴与海上休闲的好去处。

大悲山

　　大悲山位于五龙乡田岙村。由灵音寺、鉴真东渡泊舟处、大悲山观景台等组成。大悲山以佛教观音文化中的大慈大悲而得名。后晋天福八年（943年），有僧人在山上建资福院，清同治十一年（1872年）改为灵音寺，光绪二十六年（1900年）再次扩建，又于2009年大规模扩建，寺院现建有天王殿、圆通宝殿、大雄宝殿、罗汉堂、观音堂等诸多建筑，常年香客络绎，香火甚盛。

　　唐代高僧鉴真六渡扶桑，据考证，曾两次途经泗礁洋面，因风大浪急，靠泊大悲山山脚，风止起锚，完成东渡大愿。为纪念鉴真传播中华佛教文化作出的伟大贡献，故在此地兴建"鉴真东渡泊舟处"，供后人敬仰。

　　大悲山山顶观景台是登高览胜的最佳点，可俯视基湖、南长涂两大形状相似的沙滩（姐妹沙滩），又可远眺千岛景色，观潮来潮往，望云卷云舒，几分豪情，几分淡定。

六井潭

六井潭

　　六井潭位于五龙乡会城岙村，泗礁本岛最东端，因通海的六个深潭而得名，故称"六井潭"，又名"陆尽头"，意为泗礁本岛陆地由此而尽。这里怪石嶙峋，崖壁陡峭，惊涛拍岸，面临茫茫东海，是观海上日出、看千舟竞发的最佳之处。

　　清晨，站在六井潭边缘，迎着凉爽的海风，呼吸着清新的空气，静静地等待东方发白，一轮红日破海而出。光芒四射，海面上数千艘渔船迎着朝辉驶向蔚为壮观的东海。此时，沿着木梯盘旋而下，观悬崖峭壁，闻涛声四起，凭栏临风，感受大海万般神奇变幻。

元宝石

　　元宝石位于黄龙乡峙岙村，其由大小两块形似元宝状的石头组成，大元宝石高约6米，重约百吨，叠立于悬崖陡壁之上，从东望之，如一把打开的巨大折扇，小元宝石则依偎其西，长4米，重约5吨，两头翘起，中间凹下，底弧形。圆转光洁，似神来之石，搁置在倾斜向下的崖顶，看似一触即落。俗传，两人牵线，一根细绳能从石底拉过。轻撼之左晃右动，站立其上，蹬之，则上下颠簸，摇摇欲坠，发出"嘟嘟"之声，此石虽危，但十二级以上台风却无奈于它，可谓天下一大奇观。大元宝石上镌有"东海云龙"四个大字，为光绪三十四年四明张传隆巡海时所题。

洋山现代海港

洋山现代海港位于小洋山，其由东海大桥和洋山深水港组成，大桥直达南汇临港新城，全长32.5千米，桥宽31.5米，双向六车道，是中国第一座跨海大桥。深水港港岸线长达30公里，可建五十多个超巴拿马型集装箱泊位，年吞吐量可达2000多万标准箱，已建成16个深水泊位、11个工程运输泊位，逐渐展现了东方大港的雄伟气势。港、桥总投资400多亿元。

东海大桥如苍龙飞腾，飘逸流畅；深水港似长虹入海，气势磅礴，是目前我国乃至世界现代化港口建设的重要成就与典型标志。

双龙石

双龙石位于小洋山东北部大城子山中。两条巨龙上下相叠，背黑腹白，头西尾东，长约116.5米，身围16米，气势庞大，横卧于山岗之上，是小洋山石景中的一大奇观，颔边龙须飘拂，龙嘴中咬有一蛤蟆欲吞之，故称"双龙吞蟆"。头颠有一小潭终年不涸，俗称"龙井"。尾端有一洞直通大岙洋山庙后殿，又称"龙洞"。石龙雄踞高岗，纳天地之精华，吸山海之灵气，是大自然的鬼斧神工之作。

小蓬莱

山海奇观

山海奇观位于枸杞乡。高9米，宽7.3米，巨碑凌空、傲然而立，其上镌有"山海奇观"四个大字，气势磅礴、笔力雄健，是明万历十八年（1590年）浙直总兵都督侯继高督汛登高时，为岛上的绿峰叠翠、灵礁吐雾、雪浪涛天、海天一色的壮观奇景而陶醉，欣然挥毫所题，迄今已有390多年历史。

站在巨碑前极目远眺，碧海蓝天、海上牧场、金色沙滩尽收眼底。岛礁远近耸峙茫茫碧海蓝天间，云雾涌动，游人有恍然置身蓬莱仙境之感。

东崖绝壁

东崖绝壁位于嵊山镇最东端的鳗嘴头与后头湾之间，连绵3000米，气势庞大，直伸入海。崖形蜿蜒起伏，高耸入云，崖面如剑削、刀劈、斧剁，崖底狂风骇浪，惊涛拍岸，溅起千堆雪，大有"飞鸟不敢渡，猿猴愁攀登"的意境，望之令人生畏。

东崖绝壁以崖险、壁陡、石奇而闻名天下。崖顶又是观日出、览海景、望渔舟晚归的最佳点，还可泛舟海面看渔夫打鱼、渔嫂拾贝，海娃攻贻采螺，一派丰收景象。

特色观赏和体验 UNIQUE SCENERY & FESTIVALS

海钓旅游活动

　　海钓活动，是一种新兴的时尚旅游活动，被誉为"海上高尔夫"。嵊泗列岛独特的地理气候条件及水文的多变性决定了其海钓资源的丰富性，是海钓爱好者的最佳去处。

　　1994年7月，经中国钓协同意，在嵊泗列岛成立了中国钓协嵊泗列岛试验基地，并先后成功举办了东亚地区钓鱼邀请赛暨嵊泗首届国际海钓邀请赛、舟山市与嘉兴市海钓赛、全国海钓锦标赛等具有较大规模和影响力的赛事活动，把嵊泗的海钓资源优势推介到了国内外，成为嵊泗海洋旅游的一个新的亮点。

海钓企业：
嵊泗海钓旅游开发服务有限公司：☎13732526168
大自然海钓经营部：☎13868203969

渔家乐

　　以"做一天渔民、吃一顿鱼宴、住一回渔家"为主题的休闲渔业渔家乐旅游项目是嵊泗列岛旅游的一大特色，坐小木渔船（仿古帆船）进行渔网捕鱼、捕虾、海上垂钓、蟹笼捕蟹、荒岛探险、拾海螺、捡海贝、观石景等多项海上旅游活动，为长期生活在拥挤、喧嚣环境中的都市人提供了一个优良的放松身心、休闲疗养的场所。

票价：80元／人，可以游玩撒网捕鱼、岛礁拾贝、碧海垂钓、滩上捞鱼等。

田岙渔家乐：☎0580-5101053	东海渔村：☎15958061777
五龙龙翔渔家乐：☎0580-5101121	石柱村渔家乐：☎13867214105
海景湾渔家乐：☎0580-5586576	海景湾游乐中心：☎0580-5586576
石柱村渔家乐：☎0580-5861131	金鸡山生态旅游中心：☎13868201663
金鸡村渔家乐：☎0580-5231051	金瑞渔家乐有限公司：☎15958061777
海上人家：☎0580-5087718	黄沙村渔家乐：☎0580-5101051

嵊泗列岛四季 SEASON

嵊泗列岛属亚热带海洋性季风气候，冬无严寒，夏无酷暑，春温低于秋温，冬夏长，春秋短，光线充足。气温日较差和年较差小；季节出现时间落后于大陆；相对湿度大，无霜期长，雾日较多，常有大风、台风；降水量一般春夏多于秋冬。

住宿 ACCOMMODATION

嵊泗县共有星级宾馆6家，其中三星级饭店1家，按四星级标准建设的饭店1家，还有社会旅馆、家庭旅馆等各类宾馆、饭店近200多家，总床位达8000张以上，分布合理、功能齐全、设施完善，可提供住宿、餐饮（中西式）、会务、娱乐、桑拿、健身等多种服务。

丰华大酒店

宾馆名称	地　　址	电话	等级
嵊泗丰华国际大酒店	菜园镇云龙路89号	0580-5181818	四星标准
嵊泗华侨饭店	菜园镇东海路166号	0580-5181666	★★★
洋山泽城大酒店	洋山镇共建路77号	0580-5055188	★★★
嵊泗万宝大酒店	菜园镇海滨路59号	0580-5086888	★★
嵊泗天缘宾馆	菜园镇东海路158号	0580-5182788	★★
嵊泗县嵊山镇鑫隆大酒店	陈钱山路1号	0580-5021188	★★

美食推荐 CUISINE

海鲜大排档

渔家宴

咸菜大汤黄鱼、咸鲞汤、酒淘黄鱼、油焖墨鱼、糟带鱼、风鳗、荷包鲫鱼、三刨鲫鱼、虎头鱼豆腐汤、石斑鱼烧芋艿、呛蟹、清蒸牡蛎、水煮贻贝、清煮藤壶、水煮佛手、清煮沙蛏、水煮壁足、螺浆、海葵羹。

🛍️ 购物指南 SHOPPING GUIDE

水产品

嵊泗水产品加工久负盛名，历史悠久，宋时已有"海族则鲞酱独珍"之誉。嵊泗三矾海蜇，黄龙金钩、银钩（虾米），洋山鳗鲞，嵊山螺浆，嵊泗蟹糊等，以品质名特见长，深受国内外顾客青睐。嵊泗列岛海产品市场、海产品商店为您提供海八鲜礼包、深海大黄鱼、卤制贻贝、野生红膏蟹糊、野生螺浆等品目众多、包装精美的东海特产海鲜高档礼品，是您走亲访友、馈赠佳朋的理想选择。

渔民画

渔民画是祖祖辈辈居住在喜怒无常的大海边、惯看暴啸的海浪、听狂吼的海风的渔家姑娘和小伙子对生命的深刻诠释。嵊泗渔民画曾成功地在北京中国美术馆，上海美术馆以及香港、日本、法国、德国等地展览。目前，嵊泗渔画已经成为人们喜爱的旅游纪念品。

嵊泗海洋之心旅游购物中心是一家大型旅游购物场所，是旅游商品定点单位，主要经营各类高中档海鲜礼包、贝类、海参系列及各种海产品，以纯正、鲜美为最大特色，其原料均源于东海海域。购物中心还有渔民画等各类艺术品及百余种琳琅满目的贝壳工艺品，足以满足广大游客的需求，也是您馈赠亲友、商务往来的上佳选择。

⬥ 菜园镇东市街51号

📞 0580-5071122

嵊泗特产

楠溪江 风景名胜区

石桅岩小三峡

楠溪江位于浙江东南的温州永嘉境内，与雁荡山风景区毗邻，是国家级风景名胜区、世界地质公园、国家AAAA级旅游区。

楠溪江风景名胜区总面积671平方公里，分为大楠溪、大若岩、石桅岩、珍溪、太平岩、岩坦溪、源头、四海山八大景区，景点八百多个。悠悠三百里楠溪江融天然风光与人文景观于一体，以水美、岩奇、瀑多、林秀、村古而闻名遐迩，是我国国家级风景区当中唯一以田园山水风光见长的景区。

三百里楠溪江，蜿蜒曲折，有36湾、72滩。楠溪江的美，山水是表征，文化是内涵，诗意是灵魂。楠溪江美在原始古朴、野趣天然；楠溪江，美在纯净柔和、绝无污染，被名家誉为"天下第一水"。溪流急缓，秀丽多姿；两岸群山，随江倒影；游

鱼卵石，历历在目。如日间泛舟坐筏漂游江上，远眺绵绵青山，近看郁郁滩林，俯赏碧蓝江水，饱览溪光山色，令人心旷神怡，宠辱皆忘；如夜间游江，见渔火点点，闻渔舟唱晚，受江风柔拂，聆淙淙流水，足以尽抒幽情逸致；如歇息滩林，横河上蔽，草坪如茵，白昼如昏，朦胧幽静，促膝谈心，诗意盎然，此乐何及。

累了，去楠溪江吧！

管理机构：楠溪江风景旅游管理局

地址：温州市永嘉县上塘镇94号县前路94号县府大院

邮编：325100

网址：www.nxj.cn

楠溪江风景名胜区导游图

交通 出行宝典
TRANSPORTATION

✈ 全国有64个大中城市（包括香港、澳门）和温州通航。温州永强机场离温州市区20公里，可以乘坐出租或机场大巴直达市区，再进入永嘉。

🚆 金温铁路、温福铁路、甬台温铁路贯穿温州，可到达温州火车站再转去楠溪江。其中温福、甬台温高铁可直达永嘉火车站。温州火车站乘出租车去安澜亭码头，再进入

永嘉，时间10分钟，票价约16元，或乘坐60路、50路公交车直达永嘉县城上塘镇，再转车进入楠溪江景区。若从永嘉火车站下，则有车直达景区。

🚗 温州境内有G010、G104、G303三条国道及九条省道经过，还有甬台温高速公路、金丽温高速公路、诸永高速公路等经过温州。其中41省道与诸永高速贯穿永嘉全境。

旅游服务 TRAVEL SERVICE

1. 楠溪江游客服务中心服务热线：400-826-9978
2. 旅行社信息

游客服务中心

名称	地址	电话（0577）
永嘉县旅游公司	瓯北镇楠江中路299-308号	67324228
楠溪江旅行社	上塘镇县前路勘测大楼一楼	67234518
楠溪江青年旅行社	上塘镇大自然住宅区	67993887
楠溪江风光旅游有限公司	上塘镇环城西路555号	67225555
楠溪江交通旅游公司	瓯北轮船码头	67322782
永嘉县邮电旅游有限公司	上塘镇镇西街523号	67221111
金潮旅行社	瓯北镇罗浮大街290号	67328736
温州市祺丰国际旅行社有限公司	上塘镇望江路29号	66970655

精品线路 α 一日游

山水人文一日游　石桅岩（地质奇观）—苍坡、芙蓉、丽水街（耕读文化）—狮子岩中心区漂流（流淌着的风景）。

美丽乡村一日游　茗岙梯田（摄影家的天堂）—大若岩埭头村（青少年民俗体验基地）。

精品线路 6　　　二日游

A线：D1：石桅岩景区、苍坡古村、狮子岩，宿岩头镇。
　　　D2：崖下库、陶公洞、十二峰、小楠溪江竹筏漂流。
B线：D1：崖下库、陶公洞、十二峰、石门台，宿大若岩镇。
　　　D2：石桅岩、苍坡古村、竹筏漂流生态游。

精品线路 c　　　二日游

D1：石桅岩、林坑古村、宿林坑村。
D2：苍坡村、芙蓉村、丽水街、竹筏漂流、狮子岩、宿大若岩镇。
D3：陶公洞、十二峰、石门台、百丈瀑、崖下库。

大楠溪景区

位于楠溪江干流中游的岩头镇，整个楠溪江风景名胜区的中心。以"水美"、"村古"、"林秀"著称。江水清澈，滩林众多，自然风光绝佳，人文景观丰富。

主要景点：大楠溪、狮子岩、溪南滩林、苍坡村、芙蓉村、丽水街。

交通线路：从温州出发，到瓯北坐公交班车到岩头镇

📞 0577—67151232

狮子岩

楠溪江中的两座小型岩岛，其一如狮，另一似球，有"狮子戏球"之意。狮子岩周围河床开阔，水流深浅适宜，滩林幽美，风景如画。

门票：免费

芙蓉村

芙蓉村位于楠溪江中游西岸，北离岩头镇约1公里。始建于宋。始祖陈拱为避乱世从瑞安长桥北徙，沿楠溪江到深山坳里，至芙蓉峰下，在此筑屋定居。因村西南有三崖摩天，赤白相映，宛若芙蓉，遂以芙蓉为村名。村里有"十八金带"，以"七星八斗"著名。

门票：20元／人

龙瀑仙洞

龙瀑仙洞位于岩头镇岙底村，由水帘洞、龙宫、飞龙瀑、天池、观景亭为主体组成。这里奇峰耸翠、怪石峥嵘、古洞幽深、涧瀑飞泻、环境清幽、景色宜人，是一处理想的消夏纳凉、旅游观光胜地。

门票：25元／人

芙蓉古村

苍坡村

苍坡村为李姓聚居之地。始建于955年，原名苍墩。现存的苍坡村是南宋淳熙五年（1178年）九世祖李嵩邀请国师李时日设计的，至今已有八百多年历史，村庄以"文房四宝"来进行布局，独具匠心。

门票：10元／人

苍坡溪门

丽水街

丽水街全长300多米，有90多间店面，每间面宽约3米，进深10米，为两层楼建筑。成列的商店前，空出2～2.5米宽的道路。有屋檐披盖，以利于行人遮阳避雨。蓄水堤建于明嘉靖年间，当时地方宗族规定堤上只许莳花种树与建亭，不准筑屋经商。到了清代，岩头村长堤成了担盐客的必经之路。清末之际，长堤发展成为初具规模的商业街。

门票：15元／人

丽水街

大若岩景区

位于小楠溪中游的大若岩镇，是以宗教旅游和自然山水风光旅游为主的景区，总面积85平方公里。从九丈大桥沿永缙公路西行约14公里，即可抵达该景区中心——大若岩陶公洞。景区以飞瀑、奇峰、幽洞、秀水和宗教文化浓厚见长。

主要景点：陶公洞、十二峰、石门台九漈瀑、崖下库、埭头村。

交通线路：从温州出发，到瓯北坐公交班车到大若岩镇

☎ 0577-67121181

陶公洞

陶公洞被道家誉为"天下第十二福地"，位于大若岩山脚下，是一大型天然岩洞。洞高56米，宽76米，深79米，是浙南最大的石室。

门票：10元／人

陶公洞

十二峰

十二峰是一组流纹岩因节理风化和流水侵蚀，地壳抬升而成的峰群。一群峰峦如柱石一般拔地而起，峰峰相挤，错落有致，环列在一座饭甑形的半圆的山上，群峰嵯峨、峭拔，气势磅礴，奇峰怪石，各有所似，形象逼真。

门票：30元／人

十二峰

石门台九漈瀑

位于陶公洞北约三公里处，因一溪谷有九瀑而出名。九漈之奇，奇在瀑有九级。九漈不是一瀑九级，而是九条瀑布。九漈源流，当是一脉，然一瀑一形，一瀑一景，层次分明，自成首尾。对于观瀑者来讲，像这样在不到三公里的一条溪涧中，能见到姿态多变、景色各异的九级瀑布，实为世上罕见。

门票：30元／人

崖下库

崖下库位于陶公洞附近。只见1公里长的山涧两侧是高达300多米的陡崖，仅露一线蓝天。在崖下库的陡壁上凿有20米高的石级，勇敢者可扶栏攀上山崖左侧的一个缺口，可见一巨瀑扑面而来，暴风裹雨，凉气袭人。

门票：15元／人

埭头村

埭头村古称埭川或者埭谷，其地形如船，人称船型之地。建于元代后期，背依九螺山，面对梧山，为陈姓血缘聚居之村落。埭头古村以陈氏大宗到卧龙岗为中心区，分布着陈氏宗祠、积翠祠、墨沼池、墨沼生香、裕后祠、屈庐等古建筑。尤以鲁班祠与松风水月最为著名。对面梧山上有大片森林，人称鸟播林，传说埭头先人，为美化秃山施饭招鸟，留下含有树籽的鸟粪发育而成。

门票：10元／人

📞 0577—67125019

埭头村

水仙洞与麒麟峰

石桅岩景区

位于鹤盛乡境内，兼具雄、奇、险、秀、幽、奥等特点。集峭壁危岩、奇峰险峡、急流深潭、沙滩草地于一体，景色清幽迷人。

主要景点：石桅岩、龙湾潭、小三峡、水仙洞、麒麟峰、将军岩、公鸡岩、大象岩、水响岩等。

交通线路：从温州出发，到瓯北坐公交班车到鹤盛乡

📞 0577—67198085

石桅岩

位于鹤盛乡下岙村的峡谷中，内有海拔306米巨峰，形似船桅，故名石桅岩。石桅岩擎天拔地，有"浙南天柱"之誉。

门票：50元／人

石桅岩

七折瀑

龙湾潭森林公园

区内层林尽翠，四季常青，奇峰异岩，飞瀑碧潭，到处可见，山石林立，重峦叠嶂，溪流纷争，是一幅富有生机和活力的山水画卷。主要景点有七折瀑、五连瀑、骆驼峰、三曲瀑、石柱岩、孔雀拜仙、石墙等。

门票：50元／人

源头景区

源头瀑布

源头——黄南天柱峰

太平岩景区

　　楠溪江风景区的入口景区，由古庙溪游憩服务区、九丈至潮祭楠溪江下游曲流景观区和太平岩宗教旅游区组成。景区入口处有我国已故的书法泰斗沙孟海先生题写的"渐入佳境"四个笔力遒劲的大字。

　　主要景点：太平岩，梧田滩林，九丈滩林，圣湖宫，凤凰寨，鹤巢洞，雷山洞，虹岩禅寺，塘湾，陡门古村等。

　⌂ 沙头镇太平岩

　　交通线路：从温州出发，到瓯北坐公交班车到沙头镇

　☏ 0577—67903882

太平岩

　　太平岩位于沙头镇内，前临清江，后依绝壁，古木参天，怪石峥嵘，造型别致的胡公殿掩映在浓荫密林中，是宗教旅游地绝好去处。胡公殿，也叫渔田寮，始建于明朝天启年间（1621-1627年），现存的建筑为清光绪十八年（1892年）修建。

　　门票：10元/人

太平岩

四海山景区

四海山

　　四海山位于永嘉县北部，张溪乡境内，系括苍山余脉，雁荡山支脉的延伸，因这儿林如海、花如海、雾如海、雪如海，故称"四海"。

　　主要景点：四海尖、三叉松、圆岩、蛙蟆岩、天柱岩、十五坑瀑布、水龟、七星望月、焦岩峰、浙江水青冈群落等。

　　◇ 永嘉县北部，张溪乡西部

　　门票：10元／人

　　☏ 0577—67188000

林坑村

林坑村

　　林坑村依山傍水，是"天人合一"的和谐统一体，是楠溪江古村落中一颗"明珠"。其村古、水美、山秀，被誉为淹没深山中的璞玉。这里山势峻峭壁奇，奇峰怪石，竹海苍苍茫茫，峡谷瀑布飞泻，溪瀑环环相扣，碧水潺潺长流，构成了独具特色的生态旅游景观，更是避暑寻奇猎胜访幽探古的好去处。

　　◇ 永嘉县黄南乡

　　交通线路：温州—永嘉41省道—黄南乡—林坑村，在瓯北坐中巴直达

　　☏ 0577—67189320

茗岙梯田风光

茗岙

　　茗岙生态风光优美，梯田风情浓郁，人文历史底蕴深厚，是中国摄影家协会梯田摄影创作基地，每年的农历五月是"茗岙"的梯田最美的时期。每当茂密的林木间升起缕缕炊烟，层层蓄水的梯田如一面面明镜，远处重峦叠嶂，烟雾缥缈，浓淡相宜，虚实得当，好一幅绝妙的风景画。

　　⟡ 永嘉县茗岙乡

　　交通线路：永嘉—碧莲—茗岙乡，瓯北坐中巴直达

　　☎ 0577—67116243

岭上人家

　　岭上人家距今已有400多年的历史。它背山面溪，四周山色青翠欲滴，空气清新，有"天然氧吧"之称，自然环境得天独厚。

　　地址：鹤盛乡岭上村

　　交通线路：从温州出发，到瓯北坐公交班车到鹤盛乡

　　☎ 0577—67198580　13968995068

岭上人家

暨家寨

　　暨家寨位于楠溪江源头景区入口处，这里山高林密，瀑多谷深，古木多样，翠竹幽深，海拔较高，是一处天然氧吧，炎夏避暑的好地方。村内保存了大量与自然生态高度和谐的山地林区建筑，是十分难得的保存完整的山地林区村落建筑。

　　 黄南乡深龙暨家寨

　　交通线路：温州—永嘉—黄南乡—暨家寨

　　📞 13968978357

特色观赏和体验 UNIQUE SCENERY & FESTIVALS

漂流

　　楠溪江的美，美在形体，水长三百里，有36湾72滩；美在本质，水清、水纯，符合国家一级水标准；美在和谐，以清流碧水为中心的滩林、远山、蓝天、白云、远村等多层次的丰富景观，给人以"世外桃源"般感受。

　　游人坐上竹筏后，赏两岸奇山、滩林、古村风光，戏清澈秀水，与周围自然同置于天地间，完全享受天人合一的境界。

　　永嘉县岩头镇

　　📞 0577—67171717

狮子岩漂流

乡村旅游时令活动

春季赏花、采草莓：茗岙的油菜花在3月正是最茂盛的时节，遍地黄灿灿的油菜花与远处的梯田、山峦遥相呼应，一幅美妙的山野图呈现眼前。快门的感觉油然而生。

三四月份，正是采摘草莓的好季节，周末，带上亲友，到楠溪江啤酒厂旁边采摘草莓，畅游绿的海洋，品尝甜美的果实，呼吸清新的空气。

夏季摘杨梅：杨梅园依山傍水，游客们采累了，可以欣赏楠溪江美丽的风光，可以品尝楠溪江的农家菜，还可以直接到杨梅园前面的楠园休闲山庄喝茶。

秋季摘柿子：在温州，说起采摘柿子，自然免不了提起永嘉县东皋乡，这里素有"柿乡"之称。每逢金秋季节，柿子熟了，前山后坡，柿林密布，红柿垂枝，如霞似火，悬金挂彩，令人陶醉。

冬季过新年：冬季精致旅游品牌，活动分两条线路进行。线路一：早上去大若岩新年祈福，下午前往芙蓉古村体验年俗活动；线路二：早上去石桅岩游览，下午前往芙蓉古村。两条线路最后都安排游客在芙蓉古村的迎宾鞭炮中过传统新年。活动的主会场设在芙蓉古村，除了捣糖糕、磨豆腐、磨三合粉、做米酒、打爆米花、做米花糖、猜灯谜、写春联等传统过年项目外，还将"童年回忆"也设计进来。在古村里，游客们可以玩很多儿时玩过的游戏——滚铁环、滚铜钱、弹弹子、掰手腕、推掌、打木桥、跳背、摸珠儿、跳绳等。晚餐就摆在芙蓉古村民宿露天的道坦里，让游客吃上一顿楠溪味十足的年夜饭。饭后，游客还可带回一包传统过年礼品——纸蓬包。

永昆

楠溪江四季 SEASON

永嘉属于亚热季风气候，四季温和，雨量充沛，年均气温为18.2℃，年均降水量为1702.2毫米。

🛏 住宿 ACCOMMODATION

名称	地址	电话(0577)
梦江大酒店★★★★	瓯北镇阳光大道	67979999
人人大酒店	瓯北镇双塔路	67328881
桥头饭店★★★	桥头镇桥东大街2号	67453888
钱塘世纪大酒店★★★	上塘镇县前路西段	67268888
皇都宾馆★★	瓯北江北街南段	67985888
宏泰大酒店★★	瓯北镇楠江中路313号	67325888
阳光大酒店★★	瓯北镇双塔路1121号	67355518
金泰大酒店★★	岩头镇	67156996
芙蓉山庄★★	岩头镇芙蓉村	87151051
九丈甸园	渠口乡	67903990
麒麟山庄	岩头镇下日川村	67177888
楠溪江假日大酒店	岩头镇	67159999
桅峰山庄	鹤盛乡下岙村	67198111
欧雅尔山庄	大若岩	67120777
统干大酒店	岩头镇枫林路	67155887
四海山庄	四海山林场	67188003
龙湾潭山庄	正江山林场	67191688

🍴 美食推荐 CUISINE

楠溪江具有非常特色的当地美食，食材就地取材，原汁原味。沿江一带均属山区乡村，主要以"野味"、"土家菜"著称，两者都可称得上是美味而又有特色的"绿色食品"。当地营养丰富的本地土鸡、野甲鱼深受游客喜爱。

餐饮名店

名称	地址	电话（0577）
嘉庭大酒店	嘉庭大酒店	67256666
楠溪江大酒店	瓯北镇阳光大道楠江大道	67369111
东海渔村大酒店	瓯北镇阳光大道	67360888
王府大酒店	瓯北镇阳光大道	67369898

农家乐名店

名称	地址	电话（0577）
山里人之居(烤全羊)	鹤盛乡岭上村	67198024
白云客栈(烤全羊)	鹤盛乡岭上村	67198580
四海山庄(全牛宴)	四海山林场	67188003
青龙湖(烤全猪)	鲤溪乡深固村	67187888
满香楼	岩头镇下日川村	13968961188
楠溪码头	岩头镇下日川村	13806830779
楠风楼	大若岩镇埭头村	13706692269
太和堂(烤全兔)	黄南乡林坑村	67189320

🛍 购物指南 SHOPPING GUIDE

楠溪江山灵水秀，出产也清新自然。楠溪香鱼、沙岗粉干、永嘉田鱼、早香柚、东皋红柿、乌牛早茶等都是这里的名产。

天台山 风景名胜区

　　天台山地处浙江省中东部，素以"佛宗道源、山水神秀"著称于海内外，是国家级风景名胜区、国家级森林公园。又是中国佛教天台宗和道教南宗的发祥地，活佛济公的故里，五百罗汉的总道场，徐霞客游记的开篇地，是"唐诗之路"的目的地。

　　天台山风景区总面积268.87平方公里，主峰华顶海拔1110米，风景旅游资源十分丰富，其最大特点是古、幽、清、奇。拥有全国重点文物保护单位和日本、韩国佛教天台宗祖庭国清寺、天下奇观石梁飞瀑、琼台仙谷等10个景区（点）。奇山异水孕育了深厚的天台山文化，李白、王羲之、孟浩然、徐霞客、郭沫若等名士硕儒都在天台山留下了深深的足迹。高山峡谷，深藏古刹，飞瀑流泉，美不胜收，构成了宗教朝觐、养生休闲、度假避暑和户外运动的极佳胜地。

管理机构：浙江天台山风景旅游区管委会
地址：天台县始丰新城汇泉西街一号二楼
邮编：317200
值班电话：0576-83901313
传真：0576-83901329
电子邮箱：ttstour@163.com
门户网站：www.tts.gov.cn

天台山华顶景区

天台山风景名胜区导游图 MAP

交通 出行宝典
TRANSPORTATION

（一）区外交通

萧山机场距天台山166公里
宁波机场距天台山141公里
路桥机场距天台山97公里
温州机场距天台山186公里

杭州—天台	182公里
金华—天台	202公里
宁波—天台	143公里
椒江—天台	80公里
温州—天台	180公里

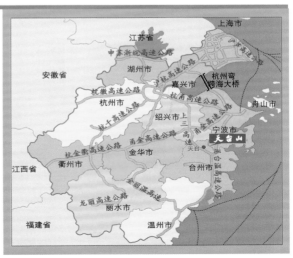

景区区域交通图

（二）区内交通

石梁景区、华顶景区：在天台北门车站有旅游中巴直达。

票价：10元/人

国清景区、赤城景区、琼台景区、天湖景区：在天台客运站有公交车直达。

票价：1.5-8元/人

特别提示：县城四周入口附近均有加油站和汽车维修点。

旅游服务 TRAVEL SERVICE

游客中心

天台山游客中心位于国清景区木鱼山停车场内，是游客进入天台山的第一站，提供景区宣传资料，有多媒体展示查询、综合信息查询；旅游纪念品、土特产等销售；并有医疗求助等综合服务设施。

游客投诉 ☎ 0576—83901321

门票价格

天台山进山券 10元/人　国清寺　　5元/人
石梁景区　60元/人　赤城山济公院 15元/人
琼台仙谷　65元/人　华顶景区　50元/人
龙穿峡　　65元/人　天湖景区　45元/人
济公故居　30元/人

精品线路

天台山三日游：D1：国清景区—石梁飞瀑—华顶森林公园
　　　　　　　D2：赤城山济公院/琼台仙谷/济公故居
　　　　　　　D3：天湖景区/龙穿峡景区

国清寺

国清寺

国清寺始建于开皇十八年（598年），是中国汉化佛教第一宗天台宗祖庭。也是日、韩天台宗祖庭，国清寺建筑面积2万多平方米，环境清幽，古物众多，是全国重点文物保护单位。

玉京洞

赤城景区

赤城是典型的丹霞地貌景区，是佛、道双栖之地，有道教第六大洞天玉京洞，晋敦煌高僧昙猷所建的中岩寺即紫云洞，是著名的尼姑庵。济公院有东西二院，是活佛济公少年读书处。整个建筑依山就势，融济公精神和形象于一身。

济公院

琼台仙谷

石梁飞瀑

琼台仙谷景区

　　景区内有道教南宗祖庭桐柏宫，有道教第十七洞天金庭洞，是一处道教圣地，是东晋孙绰"掷地有声"的《游天台山赋》中所誉的"仙都"，景区环境秀丽，水清石奇。

石梁飞瀑景区

　　景区内有罕见的花岗岩天生桥与瀑布结合的"上梁下瀑"景观，被誉为"第一奇观"，高山峡谷，飞瀑流泉，美不胜收。另外还有佛教五百罗汉道场方广寺。

特色观赏和体验 UNIQUE SCENERY & FESTIVALS

华顶雾凇

　　在天台山华顶景区，有一种特殊的气候气象景观，因气温低，大气中的雾在树梢上冷却结晶，形成晶莹剔透、美不胜收的雾凇景观。在江南地区，如华顶雾凇此类景观尤为少见。

华顶杜鹃

华顶云锦杜鹃林面积约300亩，树龄大多在200年以上，如此大面积，成片成林的唯华顶所独有，每到5月，花开似海，犹如仙境。

花期：华顶云锦杜鹃花期在20天左右，最佳赏花时节在5月中下旬。

观赏须知：做好保暖工作，华顶国家森林公园海拔在一千米左右，气温比县城低5℃~6℃。

华顶杜鹃

天台山四季 SEASON

天台山属亚热带湿润气候，年平均温度16.8℃，一月份平均5.1℃，七月份平均28.5℃，极端最低-9℃，极端最高41.7℃，无霜期平均232天，每年平均降水量1320毫米，四季分明，热量充足，雨量较多，光能充裕。

🛏 住宿 ACCOMMODATION

天台山拥有各种档次的住宿宾馆上百家，从四星级宾馆到农家旅馆，一应俱全，洁净卫生，温馨如家。

天台宾馆
⌖ 天台县国清寺旁
☎ 0576-83988999
价格：320元

天台卧龙山庄
⌖ 天台县国清木鱼山
☎ 0576-83958999
价格：260元

天台唐诗之路宾馆
⌖ 天台县飞鹤路355号
☎ 0576-83876666
价格：168元

天台山花麦地商务酒店
⌖ 天台县国清木鱼山停车场
☎ 0576-83958988
价格：160元

天台石梁农家山庄
⌖ 天台县石梁方广寺
☎ 0576-83091015
价格：80-100元

（以上价格以实际为准）

🍴 美食推荐 CUISINE

天台的饮食既有北方的粗犷又有南方的精细，同时又因其是仙境佛地，也有佛道文化的影子，可以说别具一致。天台的传统小吃极为丰富，有饺饼筒、水晶蛋糕、麦饼、扁食等。

萝卜丝饭

饺饼筒

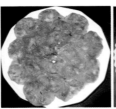
扁食

粉丝糯米圆

🛍 购物指南 SHOPPING GUIDE

天台山物华天宝，工艺品有天台佛雕、天台玻雕等，土特产有天台山云雾茶、铁皮枫斗晶、天台乌药、天台山珍、豆腐皮、笋茄等。

天台山云雾茶

笋茄

天台乌药

铁皮枫斗晶

莫干山 风景名胜区

莫干山位于富饶美丽的沪、宁、杭金三角中心，地处浙江德清县境内，系国家级风景名胜区。因春秋末年，吴王派莫邪、干将夫妇在此铸成举世无双的雌雄双剑而得名，是我国著名的度假休闲旅游及避暑胜地。

莫干山山峦起伏，风景秀丽多姿，总面积43平方公里，主峰塔山海拔720米，景区绿荫如海的修竹、清澈不竭的山泉、星罗棋布的别墅、四季各异的迷人风光称秀于江南，有着"江南第一山"的美誉。并以竹、云、泉"三胜"和清、静、凉、绿"四优"的独有特色而驰名中外。

莫干山景点众多，有风景秀丽的芦花荡公园，清幽雅静的武陵村，荡气回肠的剑池飞瀑，史料翔实的毛泽东下榻处、蒋介石官邸、白云山馆（国共谈判会址），野味浓郁的怪石角公园，以及旭光台、名家碑林、滴翠潭、天池寺遗踪、莫干湖、碧坞龙潭等百余处，令人流连忘返。

一千多年的开发史，使莫干山形成了丰富的人文景观。众多的历史名人，既为莫干山赢得了巨大的名人效应，更为莫干山留下了难以计数的诗文、石刻、事迹以及二百多幢式样各异、形状美观的名人别墅。这些别墅遍布于风景区每个山头，掩映于茂林修竹之中，建筑美与自然美融为一体，美不胜收。二百多幢别墅，无一相同，因此莫干山又有"世界近代建筑博物馆"之称，极富观赏价值。

无限美景和丰富的文化内涵将使您尽情享受无穷乐趣，带您回到真正的美丽的大自然中。

管理机构：浙江省省级机关事务管理局莫干山管理局

地址：浙江省德清县莫干山风景区97号
邮编：313202
值班电话：0572-8033308
传真：0572-8033276
门户网站：http://www.mogan-mountain.com

莫干山远眺

莫干山风景名胜区导游图　MA

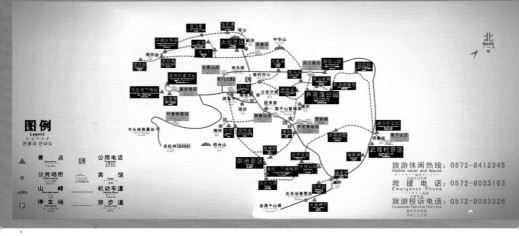

图例　Legend　レジェンド　관람지 안내도

▲ 景点　Attractions

● 公共场所　Public places

⛰ 山峰　Mountain peak

🅿 停车场　Parking lot

📞 公用电话　Public phones

🚌 宾馆　Hotel

━━ 机动车道　Vehicle Road

⋯⋯ 游步道　Tourist Trail

旅游休闲热线：0572-8412345
Hotline travel and leisure

救援电话：0572-8033103
Emergency Phone

旅游投诉电话：0572-8033326
Customer Service Hot Line

交通 出行宝典
TRANSPORTATION

（一）区外交通

✈ 杭州萧山国际机场：机场位于钱塘江南岸，距德清县89公里，距莫干山98公里。

🚂 宣杭铁路莫干山站位于德清县城武康镇，距莫干山30分钟车程。

🚗 可走沪杭高速至杭州转杭宁高速到德清出口后通过两条莫干山旅游专线抵达：

（1）德清（沿S304省道）—筏头—莫干山

（2）德清（沿104国道）—三桥—庾村—莫干山

※特别提示：

加油站：104国道三桥中石油加油站
　　　　 S304省道筏头中石化加油站

维修点：104国道德清大众特约维修
　　　　 通用雪佛兰特约维修

（二）区内交通

旅游观光车：每天上午8：30—16：30
　　　　　　 票价：7元／人

旅游服务 TRAVEL SERVICE

　　莫干山风景名胜区游客中心位于莫干山荫山街，是游客进入莫干山的第一站，集旅游管理、自然和人文历史多媒体展示、投诉、救护、查询、综合信息咨询、旅游纪念品销售、提供景区宣传资料、游客休息和餐饮于一体的多功能综合服务接待基地。

📞 0572-8012345

精品线路

银铃池—剑池—旭光台—滴翠潭—蒋介石官邸—白云山馆—大坑景区—毛泽东下榻处—芦花荡公园

滴翠潭

武陵村—发行金圆券会所

滴翠潭

凿石成潭。因莫干山遍山翠竹，著名书法家钱君匋为此题定了"翠"字，镌刻于崖壁上，潭也因此得名。"翠"字高约10米，气势雄伟，神韵飘逸，被誉为"江南第一擘窠大字"。雨季山泉顺高崖而下，呈水珠状，故名明珠瀑，崖面上还镌刻了许多名家书法，是莫干山的代表性景观。

剑池景区

剑池为"山中第一名胜"。史载春秋末年，干将莫邪奉吴王阖闾之命铸剑于此，莫干山也因此而得名。今尚有剑池、磨剑处、试剑石等遗迹。飞瀑危崖是剑池自然景观的精华，四叠飞瀑各有特色。主要景点还有银

武陵村

武陵村位于莫干山东北之金家山顶（俗称屋脊头），地势轩爽，环境幽静，自成天地，犹如世外桃源，20世纪30年代，陈叔通（著名民主人士，新中国成立后曾任全国人大常委会副委员长）等人在此营造别墅后即取名武陵村。其中550号别墅在1948年7月曾作为临时总统官邸，因蒋介石召集了"币制改革会议"而载入史册。武陵村也是观赏莫干山大竹海的绝佳处。

铃池、潘家花园、连理枝和甲寿岩等。剑池景区也是莫干山摩崖题刻最集中的地方，尤其是一些近现代名人，如抗日名将马占山等的题刻，借景抒怀，充满了爱国激情。

莫邪干将

银铃池

旭光台

大坑景区

芦花荡公园

旭光台景区

旭光台建于山势如半岛的馒头山顶，是莫干山观日出、赏山景的最佳处。登上旭光台可观莫干山全景，只见参差楼台，竹海别墅，构成了一幅巨大的天然图画，令人叹为观止。

大坑景区

大坑景区位于莫干山西北部，景区内峰峦峻峭，怪石林立，自古以来即为登高望远、攀岩赏石，观夕照、望明月之佳境。以雄、奇、险为特色，有古地质奇观——滚石瀑、天门、怪石角、石屏崖、小石林和鸢飞亭、流云桥等美景。大坑景区四季景象各具特色，春天映山红临崖怒放，盛夏浓荫蔽天，冬日白雪皑皑，而尤以漫山遍野的金钱松、枫香等色叶树种构成的秋色图最为著名。景区保存了良好的森林生态系统，生物多样性丰富，空气负离子、植物精气丰富，不仅是植物基因库，也是天然的森林保健中心。

芦花荡公园

芦花荡为山中最大的人工园林。相传开山老祖莫元曾携女结庐于此，培植芦苇，行医治病。清末民初，莫干山辟为我国四大避暑胜地之一，芦花荡是山中最佳的"消夏湾"之一。莫干山"三胜"中有泉一胜，芦花荡的鹤啄泉又为山中名泉之冠，志书载"地有流泉，洌而甘，西医验之无微生物，虽冷饮可无河鱼之疾"。芦花荡的主要景观有鹤啄泉、鹤池、芦荡、开山老祖塑像、花毛竹和富有民俗情趣的生肖园、集当代名家书法之大成的碑林及陈帅诗碑亭等。

特色观赏和体验 UNIQUE SCENERY & FESTIVALS

剑池飞瀑

盛夏避暑游

早在本世纪初莫干山就与庐山、北戴河、鸡公山合称为全国四大避暑胜地。7、8两月平均温度仅为24.1℃，早晚尤其凉爽，最适宜避暑，一向有"白天不用扇子，晚上不离被子"之说。

最佳时间：夏季

名人别墅游

莫干山素有"世界近代建筑博物馆"之称。重点别墅推荐：毛主席下榻处、蒋介石发行"金圆券"会址、周恩来与蒋介石第二次国共合作谈判会址、张啸林、杜月笙别墅。其他还有陈叔通、张云逸、汪精卫、马占山、丰子恺、越南劳动党主席胡志明、西哈努克亲王等中外名人上山，或建房，或休养。

最佳观赏区域：武陵村、白云山馆等

最佳观赏时间：四季皆宜

冬季观冰雪

每年冬日莫干山时有大雪，漫山琼花飞舞，银装素裹，千山雪浪腾涌，并会出现冻雨及雾松等美丽奇观。此时上山，踏雪寻梅，围炉品茗，无疑是一种充满诗情画意的浪漫之旅。

最佳观赏位置：中华山、大坑景区

最佳观赏时间：12月底—2月初

将军楼

第二次国共和谈会议旧址

莫干之秋

登高健身游

　　莫干山生态环境好，拥有95%的绿化覆盖率，中心区有1700亩竹林，多飞瀑流泉。竹林具有吸收有毒气体及粉尘、净化空气的功效；飞瀑流泉产生的负氧离子是城市的10多倍。因此莫干山实为一天然大氧吧，是难得的洗肺之所。

　　最佳时间：春、秋季

新四军浙西特委旧址

毛主席下榻处

科普教育游

　　莫干山曾发生过很多重大历史事件，如周恩来、蒋介石合作谈判、毛泽东修订第一部宪法期间曾登莫干山、蒋介石三上莫干山等，其他如洋人如何占据莫干山及如何收回主权成立莫干山管理局这段历史、新四军浙西特委旧址等都是进行爱国主义教育的好材料。此外，莫干山景区动植物资源异常丰富，是科普教育的好场所。

　　最佳观赏区域：蒋介石官邸、毛主席下榻处

　　最佳观赏时间：四季皆宜

莫干山四季 SEASON

莫干山位于北亚热带南缘，因受地理位置、地形（主要是海拔高度、山脉走向和坡向）、植被等影响，打破气候地带性分布规律，形成明显立体气候，山下至山顶，光、热、水呈显著垂直变化。七、八月盛夏时节，山下高温酷暑，山上凉爽如秋，故素有"清凉世界"之称。

莫干山的月平均气温、雨量和穿衣提示

月份	1	2	3	4	5	6	7	8	9	10	11	12
平均降水量(mm)	79.8	70.8	117.2	118.3	188.3	387.7	269.4	141.9	168.8	181.9	130.3	38.6
月平均气温(℃)	1.4	1.9	6.6	13.2	17.6	21.4	24.9	24.4	19.7	15.1	9.0	4.1
穿衣情况	羽绒服	羽绒服	厚毛衣外套	薄毛衣外套	薄羊毛衫	薄型套装	薄型套装	薄型套装	薄羊毛衫	薄毛衣外套	厚毛衣外套	羽绒服

🛏 住宿 ACCOMMODATION

莫干山风景区拥有各种档次的住宿宾馆数十家，从五星级宾馆到普通宾馆，一应俱全，清洁卫生，温暖如家。

芦花荡饭店
⚑ 莫干山风景区86号
☎ 0572-8033164
价格：680元

白云饭店
⚑ 莫干山风景区502号
☎ 0572-8033336

价格：480元

皇后饭店
⚑ 莫干山风景区上横路
☎ 0572-8033803
价格：480元

莫干山大酒店
⚑ 莫干山风景区荫山街

☎ 0572-8033588
价格：280元

荫山饭店
⚑ 莫干山风景区荫山街
☎ 0572-8033315
价格：100元

（以上价格以实际为准）

🍴 美食推荐 CUISINE

莫干山作为旅游胜地闻名遐迩，莫干山食品的风味亦是味美可口。莫干山的竹笋以质优闻名，天然笋系列食品及蕨菜、野芹菜、石鸡等山珍野味，含有丰富的蛋白质、钙等营养成分。

主要名菜有：生炒石鸡、兰花鞭笋、翠

南乳焖肉

玉扁尖、竹蛊藏腿、南乳焖肉、清蒸甲鱼、竹筒山鸡等，其中生炒石鸡最负盛名。

🛍 购物指南 SHOPPING GUIDE

名、优土特产品：
莫干黄芽、笋干、新市羊肉、清溪花鳖。

溪口—雪窦山 风景名胜区

溪口—雪窦山国家级风景名胜区地处浙东四明山麓，宁波市西部，是目前宁波市唯一的国家级风景名胜区，也是国家首批ＡＡＡＡＡ级旅游风景区。

风景名胜区总面积85.3平方公里，最高山峰为海拔为976米。景区主要由千年古镇溪口镇、幽谷飞瀑雪窦山、碧山秀水亭下湖三部分组成，形成了民国古镇（蒋氏故里）、佛教文化、山水风光、乡村休闲四大旅游线路。

民国古镇景点着重展现了一代名人蒋介石及其儿子蒋经国成长的家族历史，以及蒋介石时任期间的部分历史遗迹。

佛教文化景点融入了晋朝时期修建的千年古刹——雪窦寺、后梁时期的弥勒道场地、亚洲第一座铜铸露天弥勒大佛像等景点，介绍了中国佛教中未来佛——弥勒佛的出生、圆寂的全过程；阐述了布袋和尚成为佛教本土化的弥勒佛形象等中国佛教特色文化。

山水风光景点展现高度186米岩顶泻下成瀑、喷薄如雪崩的千丈岩瀑布；有蒋介石当年下野时携宋美龄前来休闲避暑的妙高台；有"幽险"见长、"清秀"取胜、"秀奇"双绝的三隐潭景点；有享誉"浙东第一瀑"的徐凫岩溅雪景点；有"漓江秀、黄山雄、三峡美"之称的亭下湖。

乡村休闲有宁波版刘老根之称的三石农庄、岩头古村落、高山花园村落，古村漂流、斑竹漂流、闲情逸致的农家乐；中国水蜜桃第一村——新建村等乡村旅游点。

管理机构：宁波溪口雪窦山风景名胜区管理委员会
地址：奉化市溪口镇中山路18号
邮编：315502
值班电话：0574-88850205/88862852
传真：0574-88850205/88862852
电子邮箱：xkfjqgwh@163.com

雪窦山风景名胜区武岭门

MAP

雪窦山风景名胜区导游图

交通 出行宝典
TRANSPORTATION

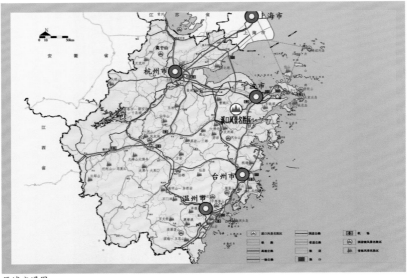

区域交通图

（一）区外交通

✈ 宁波栎社国际机场距溪口25公里，驱车二十分钟即可到达。现已开通50多条国内、

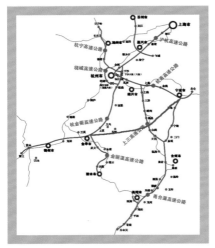

自驾游交通图

国际民用航线，可直飞台湾、香港、厦门、北京等城市。

🚆 宁波火车站至溪口35公里。可通过萧甬铁路与全国铁路联网，通过中转可直达全国各地。新建的甬台温铁路临风景区而过。沪甬城际列车、杭甬城际列车开通缩短了长三角地区游客出游时间，宁波至全国的客运线贯通各大城市。

🚗 宁波市区至溪口35公里。奉化市区距溪口镇17公里。S214甬临线、沿海大通道甬台温高速公路与溪口毗邻。S214江拔线、甬金（宁波—金华）高速公路穿境而过。溪口沿杭甬高速驱车一个半小时可达杭州，走杭州湾大桥两个半小时可抵上海。

（1）杭州市 杭甬高速—宁波市—绕城高速—甬金高速—溪口

（2）上海市 沪杭高速—乍嘉苏高速—杭州湾大桥—沈海高速—杭甬高速—绕城高速—溪口

（3）衢州市 杭金衢高速—金华市—甬金高

速—溪口

（4）温州市 甬台温高速—奉化市—三高连接线—溪口

（二）区内交通

1. 溪口风景名胜区交通统一由绿色环保观光车承担。

时间：上午8：00—下午5：30。

2. 三隐潭景点至千丈岩、妙高台景点游客可自行选择索道、高架单轨列车和游步道。

特别提示：溪口古镇有两处中石化加油站：
地址一：溪口中兴东路570号
地址二：溪口中兴西路57号

溪口风景区内部交通图

旅游服务 TRAVEL SERVICE

溪口游人咨询服务中心

溪口游人咨询服务中心是游客到达后可以在第一时间内获得景区最佳信息的游憩地。具有购买门票、信息咨询、票务预订、受理游客投诉等功能，以及最新的各景区信息资料。

雪窦山游人中心

雪窦山游人中心是为方便广大游客到该地旅游而设立的服务平台，规模最大的团队及自助旅游、旅游信息咨询、旅游集散换乘、购买门票、客房预订、票务预订等多种功能为一体的"旅游超市"。

溪口游人咨询服务中心

雪窦山游人中心

精品线路

溪口游人服务中心—小洋房—蒋氏宗祠—民国大杂院—摩诃殿—丰镐房 —玉泰盐铺—博物馆—蒋母墓道—杜鹃谷—雪窦山游客集散中心乘车—张学良幽禁处—商量岗—徐凫岩—三隐潭—妙高台—千丈岩—大佛景点—雪窦寺—御书亭

风景线A　雪窦山游客集散中心—徐凫岩—高山花园村—三隐潭—妙高台—千丈岩—大佛景区—雪窦山游客集散中心

风景线B　溪口游人服务中心—小洋房—蒋氏宗祠—民国大杂院—丰镐房—玉泰盐铺—三石农庄—妙高台

风景线C　水蜜桃第一村—世界第一桃街摘桃—岩头古村漂流—三石农庄

千丈岩

　　千丈岩是自古驰名的胜地，瀑布落差186米，以雄奇壮观而闻名，北宋真宗皇帝赵恒曾赐名为"东浙瀑布"。千丈岩的奇妙景观，引来了不少文人墨客的吟诗赞颂，其中北宋文学家王安石的《千丈岩瀑布》诗最为著名："拔地万重青嶂立，悬空千丈素流分；共看玉女机丝挂，映日还成五色文"。

千丈岩

三隐潭

　　这里的自然山水因峰奇、潭幽、瀑秀而成景。三瀑形成上中下三个风姿迥异、奇幻幽深的瀑潭而因此得名。唐宋时期许多文人墨客驻夜投宿在回归自然的行旅中，寻求心灵的超脱和智慧的闪现。当年蒋介石也曾多次携孙子蒋孝文在三隐潭的山水间留下旅行足迹。

双龙戏珠

露天弥勒大佛铜像

大佛总高度为56.74米，整座大佛用500多吨锡青铜制造，佛基与整个岩体连成一体，稳固坚实，宏伟壮观，气势非凡。是全球最高的坐姿铜制弥勒大佛铜像。奉化是传说中弥勒化身布袋和尚的成长、出家、圆寂之地，露天弥勒大佛造像就是根据布袋和尚的模样塑造的。

弥勒大佛铜像

文昌阁

文昌阁是一座飞檐翘角的两层楼阁式建筑，扼居在溪口古镇风景最优美的地方，是清代溪口十景之一。它位居武山南端，剡溪之滨，南望溪南山色，俯视三里长街。蒋介石曾把它取名为"乐亭"并作《武岭乐亭记》来描述其美景。1927年12月后，成了蒋介石和宋美龄的私人别墅。文昌阁一楼为会客室，二楼是蒋介石、宋美龄的卧室和起居室。

文昌阁

妙高台

妙高台

妙高台又名妙高峰、天柱峰，是溪口景区中的主要景观。它背靠大山，中间凸起，三面峭壁，下临深渊，地势十分险峻。妙高台周边古树茂密、翠竹蔽日，凉风习习，是一处理想的避暑胜地。妙高台的建筑是蒋介石1927年建造的私人别墅。蒋介石第三次下野，在家乡逗留了三个月零三天，妙高台成了他幕后指挥的大本营。妙高台一度取代南京，成为当时国民党临时的政治和军事中心。

特色观赏和体验 UNIQUE SCENERY & FESTIVALS

溪口古镇景区内有剡溪流动风景线和民间技艺表演。主要表演内容与场所为：

剡溪流动风景线

地点：溪口溪南路露天广场
时间：周五晚上18：30。

民俗风情表演

地点：蒋家宗祠
时间：上午10点至下午4点。
　　　每隔一小时表演一次。

民间技艺杂耍

地点：民国大杂院
时间：上午10点至下午4点。
　　　每隔一小时表演一次。

剡溪流动风景线

民间技艺

雪窦山四季 SEASON

雪窦山风景区属于亚热带季风气候区,冬夏长,春秋短,四季分明,雨量充沛,气候温和湿润。冬季天气干燥寒冷。夏季多连续晴热天气,会受台风等热带天气影响出现大的降水过程。春季由于冷暖空气在长江中下游交汇频繁,天气时冷时热,阴雨常现。秋季气候相对凉爽。

雪窦山美景

雪窦山风景名胜区月平均降雨量、平均气温和穿衣提示

月份	1	2	3	4	5	6	7	8	9	10	11	12
平均降雨量(mm)	60.5	33.3	32.7	129.3	80.3	315.2	214.4	160.6	245.6	82.0	87.2	26.5
月平均气温(℃)	1.5	2.8	9.3	14.4	19.9	23.2	30.4	27.8	24.6	19.1	11.2	4.6
穿衣情况	羽绒服	羽绒服	厚羊毛衫	薄羊毛衫	薄羊毛衫	薄型套装	衬衣	衬衣	薄型套装	薄羊毛衫	厚羊毛衫	羽绒服

🛏 住宿 ACCOMMODATION

　　雪窦山风景名胜区现拥有一星至五星级宾馆8家，经济型酒店（宾馆）数十家，家庭旅社上百家。各种档次的宾馆、旅社设施齐全、卫生干净整洁，可满足不同层次的游客需求。

银凤锦江旅游度假村

价位在300元以上：

溪口银凤锦江旅游度假村
◇ 奉化市溪口银凤山庄
📞 0574－88811111

商量岗旅游度假区
◇ 溪口镇商量岗
📞 0574－88888188

现代度假酒店
◇ 奉化溪口雪山
📞 0574－8888678

150－300元：

溪口宾馆
◇ 奉化市溪口镇中兴西路110号
📞 0574－88868888

溪口应梦园宾馆
◇ 奉化市溪口镇中兴中路117号（应梦路）
📞 0574－88865555/88850823

溪口大酒店
◇ 溪口镇武岭东路19号
📞 0574－88850738

雷孟德度假酒店
◇ 奉化溪口武岭东路1号
📞 0574－56378866

南苑e家
◇ 奉化市溪口镇中兴东路718号
📞 0574－88995678

紫荆花大酒店
◇ 奉化市溪口镇中兴东路333号
📞 0574－88872888

雷孟德度假酒店

150元以下：

如意楼宾馆
◇ 奉化市溪口镇武岭西路
📞 0574－88866665

溪口茗悦宾馆
◇ 奉化市溪口奉通北路8号
📞 0574－81867288

劲松阁客栈
◇ 奉化市溪口镇三十湾村
📞 0574－88889999

桃苑客栈
◇ 奉化市溪口镇新建村
📞 0574－88853809

农庄客栈
◇ 奉化市溪口镇三石村
📞 0574－88808977

美食推荐 CUISINE

溪口镇紧邻海边，又与宁波、上海地域相近，食俗相宜。

传统菜：剥皮大烤、臭冬瓜、芋艿两烧、雪菜黄鱼、墨鱼鲞烤茄子、彩溜黄鱼、咸米鱼炖奉芋、宁式烤菜等。

臭冬瓜

奉芋艿头两吃

购物指南 SHOPPING GUIDE

溪口地处山区，青山秀水培育了不少山珍野味。来溪口一定要体味一下"四大宝"：芋艿头、千层饼、水蜜桃和羊尾笋。

芋艿头

千层饼

羊尾笋

水蜜桃

双龙洞 风景名胜区

　　双龙洞风景名胜区位于浙江省金华市北郊的金华山麓，是一处融自然山水、溶洞群景观、科普探险、康体休闲、避暑度假、观光朝圣于一体的国家级风景名胜区。景区规划面积79.7平方公里，山顶海拔高度1312米。唐代杜光庭《洞天福地》称"第三十六洞天金华山"。双龙洞卧船、冰壶洞观瀑和黄大仙朝圣素享"天下三绝"美誉。

　　从梁武帝萧衍到明太祖朱元璋，有十六位古代帝王曾与金华山结缘。刘仲卿、李白、王安石、苏轼、陆游、徐霞客等历代文化名人也曾留下大量诗文书画和摩崖石刻。毛泽东、周恩来、朱德、朱镕基、吴邦国等党和国家领导人也都视察过双龙风景区。著名教育家叶圣陶《记金华的二个岩洞》还被载入全国语文教材，影响着一代又一代的中国人。

　　"山不在高，有仙则灵。"金华山神仙文化的兴盛使之驰名海内外。尤其是黄初平经东晋著名道教理论家葛洪写进《神仙传》之后，"叱石成羊"的故事广为传播，供奉"黄大仙"的宫观已遍布海内外。黄大仙成了著名的"侨仙"，在香港家喻户晓。

　　双龙胜景，大仙圣地，浙中凉都——双龙国家级风景名胜区欢迎您！

管理机构：双龙风景名胜区管理委员会
地址：浙江省金华市双龙风景区
邮编：321021
值班电话：0579-82590155/82598016
传真：0579-82590272
电子邮箱：479921158@qq.com
　　　　　370349858@qq.com
门户网站：www.shuanglongdong.com

双龙秋色

交通 出行宝典
TRANSPORTATION

（一）区外交通

✈ 景区距杭州萧山机场150公里，距金华义乌机场40公里。

🚆 景区距金华火车站10公里。金华站是浙赣线、金温线、金千线和甬金线的枢纽，通往各城市的班次很多，交通便利。

🚌 金丽温高速、甬金高速等在互通口转杭金衢（G60）高速，319出口下，可以直接抵达。

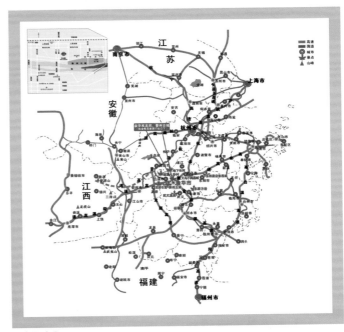

区域交通图

（二）区内交通

自驾车可以在景区内自由通行；散客可乘公交车。核心景区范围不大，游步道都可以方便通达。

旅游服务 TRAVEL SERVICE

游客中心

　　双龙风景名胜区游客中心位于双龙洞口左侧，设有多媒体展示、游客咨（查）询、提供景区宣传资料、受理游客投诉等功能。由于场地限制，售票处设在停车场，双龙洞口、仙瀑洞口和黄大仙祖宫可以补票，游人中心不能购票。

双龙风景区旅游接待中心
☎ 0579-82343576

精品线路

线路一：
　　双龙胜景—水电站纪念馆—金华观—双龙洞、冰壶洞—鹿湖风光—黄大仙祖宫—仙瀑洞
线路二：
　　黄大仙祖宫—仙瀑洞—鹿湖风光—朝真养生—金华观—双龙洞、冰壶洞—桃源洞—双龙古堡
特别线路推荐——金华山养生休闲之旅：
　　上午黄大仙祖宫与道长一起做祈福道场，听养生讲座；朝真洞养生打坐。中餐后游览金华观、双龙洞、冰壶洞等。

双龙洞

　　双龙洞因洞口两个惟妙惟肖龙头而得名，因堪称世界一绝的"双龙卧舟"而闻名。　双龙洞由外洞和内洞两个部分组成。外洞面积达1200平方米，可同时容纳千人驻足，俗称"龙厅"，主要有"三十六洞天"等历代名人留下的摩崖石刻。内洞面积约2000平方米，主要有"青蛙盗仙草"等千姿百态的钟乳石。连接内外洞的，则是"千尺横梁压水低，轻舟仰卧入回溪"、"洞中有洞洞中泉，欲觅泉源卧小船"的"双龙卧舟"。

双龙卧舟

七彩洞天

冰壶洞

冰壶洞因口小肚大形似酒壶又凉气袭人而得名，因拥有全国最大溶洞瀑布而闻名。洞体垂深70余米，洞中瀑布位于洞口向下50米处，从暗河飞泻而出，丰雨时流量达200升／秒以

冰壶飞瀑

上，落差高近20米，其势壮观无比，其声响若惊雷。郭沫若有诗赞云"银河倒泻入冰壶，道是龙宫信是诬⋯⋯"

仙瀑洞

仙瀑洞位于朝真洞东侧的山谷中，洞口海拔705米。该洞"洞中有洞，洞内有瀑，瀑下有潭"，堪称奇绝。特别是洞内落差高达73米的瀑布，为世界洞瀑之最。

仙瀑洞

黄大仙祖宫

黄大仙祖宫位于风景秀丽的鹿田湖东侧，坐北朝南，呈七进阶布局，从南向北依次为石照壁，石牌楼，灵官殿，钟楼、祭坛、鼓楼，大殿，三清殿，祈仙殿等。黄大仙祖宫枕山襟湖，气势恢宏，实为"江南道宫之冠"。

黄大仙祖宫

道教圣地

叶圣陶碑文

叶圣陶（1894—1988年），原名叶绍钧，江苏吴县人，现代著名作家、教育家。1957年4月14日叶圣陶先生慕名游历双龙风景区，后写下了一篇游记散文《记金华的两个岩洞》，当时载入了小学课本，改名为《记金华的双龙洞》。现该文章选载于人民教育出版社出版的小学教材第八册。碑文即节选自叶圣陶先生的《记金华的两个岩洞》。

叶圣陶碑文广场

鹿湖

鹿湖夕照

特色观赏和体验 UNIQUE SCENERY & FESTIVALS

双龙风景名胜区号称"浙中凉都"，夏日避暑极佳；冬季有积雪，凡是金华市下雪，风景区可以有3—5天的赏雪期。金华山顶有村庄，避暑赏雪都可以找农家接待，共度欢乐。

另外，金华婺剧是历史悠久的地方剧种，极具特色。金华市内设有中国婺剧院，可观赏婺剧表演。

大仙素裹「大仙素裹」众妙之门

节庆活动

"双龙之夏"文化旅游活动以"游双龙胜景、享清凉世界"为主题，通过开展摄影作品征集、书法比赛、洞天仙乐表演、歌咏晚会、登山比赛等一系列群众参与性较强的活动，充分展示双龙风景名胜区独特的自然风光和民俗风光。

活动时间：每年的7、8月。

浙中凉都

双龙四季 SEASON

金华属亚热带季风气候，四季分明，年温适中，有明显的干、湿季节。春早秋短，夏季长而炎热，雨量丰富，冬季光温互补。年平均气温17.3℃－18.2℃。

※特别提示：景区（特别是洞内）气温比外界一般要低5℃－8℃，请游客准备好足够的衣物。

🛏 住宿 ACCOMMODATION

景区内住宿

景区宾馆	🔼 双龙洞口区域	📞 0579－82597102
双龙工人疗养院	🔼 冰壶洞口区域	📞 0579－82598998
望湖度假村	🔼 黄大仙景区鹿湖边	📞 0579－82598888
金顶山庄	🔼 大磐天景区	📞 0579－82599588
锦华园度假村	🔼 进入景区公路边	📞 0579－82596666

※备注：旅游旺季景区住宿需提前一周预定。景区有部分农户所开的家庭旅馆，价格较为实惠。

市区内住宿

国贸宾馆	🔼 双溪西路369号	📞 0579－82056688
五星大酒店	🔼 人民西路701号	📞 0579－83706666
金华宾馆	🔼 双溪西路101号	📞 0579－82063388

🍴 美食推荐 CUISINE

浙菜是全国8大菜系之一，而金华菜（主要是以"金华火腿"为原料派生出来的系列菜品）则是浙菜的重要组成部分。

一般来说，在景区望湖度假村、鹿田山庄、双龙工疗以及市区国贸宾馆、金华宾馆、国际大酒店等规模较大、档次较高的宾馆饭店都能品尝到正宗的"金华菜"。特色菜有八宝香肚、拔丝金腿、薄片火腿、火腿荷化爪、火踵神仙鸭、火踵蹄膀、婺江春等。

如果要吃得既实惠又休闲，游客不妨到一些小去处品尝农家土菜（景区内农家小店）。金华的风味小吃以金华煲最为著名，其绝佳的风味，别致的情调闻名遐迩。此外还有金华酥饼、金华肉粽、金华汤包、磐安拉面、磐安饺饼筒、金丝蜜枣、杨梅烧酒等。

🛍 购物指南 SHOPPING GUIDE

说起金华当地土特产，以"金华火腿"和"金华酥饼"最为著名。另外还有"金华佛手"形奇果香，具有保健药用价值。景区入口处（金华山关）设有服务中心，称作"八婺珍品"的各类土特产品有售。

仙都 风景名胜区

　　仙都地处浙江省缙云县,是国家重点风景名胜区、国家首批ＡＡＡＡ级旅游区、全国重点文物保护单位、国际民俗摄影创作基地、浙江省十大最佳休闲度假胜地、浙江省十大生态旅游名景、浙江婚纱摄影首选景点。相传在唐天宝年间有许多缤纷彩云回旋于此山,山谷乐声震天,山林增辉。当时有刺史苗奉倩上报玄宗。玄宗听后惊叹地说:"这是仙人荟萃之都也!"并亲自写下"仙都"二字。仙都盛名由此传到今天。

　　仙都以峰岩奇绝、山水神秀为特色,融田园风光与人文史迹为一体,九曲练溪,十里画廊,兼有桂林之秀、黄山之奇、华山之险。"天下第一笋"鼎湖峰高达170.8米,状如春笋,拔地而起,直刺云天,相传中华民族始祖轩辕黄帝曾于此炼丹升天。号称"天下第一祠"的黄帝祠宇,与陕西黄帝陵遥相呼应,形成"北陵南祠"的格局,是中国南方黄帝祭祀中心和黄帝文化辐射中心。仙都摩崖题记是全国重点文物保护单位,品类众多,风格各异,其中唐代著名小篆书法家李阳冰的"倪翁洞"、"黄帝祠宇"篆刻真迹距今已有1300多年历史,在书法史上的地位最高。

　　大洋山是括苍山脉的最高峰,主峰有1500.6米,是国家生态示范区,山上奇峰突兀,云雾缭绕,花木繁茂,气候凉爽,可以探云海、观日出、赏杜鹃、避酷暑。黄龙山是国家ＡＡＡＡ级旅游区,风景奇特,有金猴捧桃、八窗洞、蝙蝠洞、角锥岩、飞舟等景观。河阳古民居是省级历史文化保护区,现存的古民居建筑群数量之多,规模之大,全国罕见,号称"江浙一带保存最完整的明清时期古建筑群"。

仙境

缙云仙都以其幽美、飘逸、神奇、俊秀的山水风光，备受影视界青睐，自20世纪50年代至今，已有《阿诗玛》、《八仙的传说》、《绝代双骄》、《杨门女将》、《大宋提刑官》、《汉武大帝》、《天龙八部》、《大旗英雄传》、《色戒》、《狄仁杰》等近二百部影视作品在此拍摄外景，被赞誉为"天然摄影棚"。

仙都风光，如诗如画。让我们畅游神奇山水，品味黄帝文化，欣赏民俗风情，饱览名胜古迹，亲自领略它的独特魅力。

管理机构：浙江省缙云县仙都风景旅游区管委会

地址：浙江省缙云县新区广畅大楼7～8层

邮编：321400

交通 出行宝典 TRANSPORTATION

缙云地处浙江中南部，历史悠久，人杰地灵，山川秀美，区位优越，是浙江旅游东线、西线与旅游南线的连接点，330国道、金丽温高速公路、台金高速公路、金温铁路穿境而过，距离上海391公里、杭州 226 公里、温州148公里，交通十分便捷。风景区内各景区、景点的联系，大多利用县级或乡级公路。

旅游服务 TRAVEL SERVICE

游客中心

仙都旅游咨询中心位于仙都景区初阳山脚，对外开展旅游咨询服务。

咨询电话☎ 0578-3120301

投诉电话☎ 0578-3342002

门票价格

鼎湖峰：60元/人	铁城：25元/人
朱潭山：15元/人	倪翁洞：10元/人
小赤壁：10元/人	赵侯祠：10元/人

鼎湖峰

鼎湖峰状如春笋，直刺云天，高170.8米，顶部面积为710平方米，底部面积为2468平方米，堪称"天下第一峰"、"天下第一笋"。峰巅苍松翠柏间蓄水成池，四时不竭。相传是中华民族始祖轩辕黄帝在此铸鼎炼丹，然后跨赤龙升天而去的地方。唐代大诗人白居易曾用"黄帝旌旗去不回，片云孤石独崔嵬。有时风激鼎湖浪，散作晴天雨点来"的诗句来描绘这个天下奇观。

雾锁鼎湖峰

黄帝祠宇

铁城

从鼎湖峰沿溪上行三四公里，渡溪入山谷，两侧峭壁通体漆黑，整座山体又如钢铁铸成的石城堡。越往里走，峭壁愈高，山谷愈窄。最狭处，中裂如门，仅容一人穿过，大有"一夫当关，万夫莫开"之势，故叫铁门峡。电影《阿诗玛》中，阿黑张弓穿山崖的镜头就取于此。入内又是一洞天，四周高崖围立，中间绿草成茵，叫紫芝坞，相传是东海八仙饮山泉尝紫芝之处。坞内有屋基一座，是明代四位高人结庐隐居的遗址。

铁城——孔雀浴溪

巍巍铁城

倪翁洞

又名初阳谷，位于鼎湖峰西练溪边初阳山上，相传老子学生，越国大夫范蠡的老师计倪，嫉俗遁世，隐居于此而得名。洞中留有唐、宋、元、明、清、民国和现代文人摩崖石刻达60多处，是仙都风景区摩崖石刻最集中的地方，现已被列为国家重点文物保护单位。其中倪翁洞中的"倪翁洞"三个篆字，是由时任缙云县令、著名小篆书法大家李阳冰所题。此外，还有米筛洞、问渔亭、仙女照镜、老鼠偷油、独峰书院等景观。

小赤壁

倪翁洞向东过溪，绝壁陡峭，东西横亘长数里，石壁下部呈赭红色，犹如焰火烧过，故称小赤壁。悬崖中有一天然栈道，长数百米，称龙耕路，相传是东汉光武帝刘秀驾龙耕出来的。龙耕路中有丹室、超妙轩遗址，相传是明吏部天官郑汝璧和状元张懋修（张居正三子）隐居之所。小赤壁一带，溪中有岛，岛中有湖，恰似蓬莱仙境，还有八仙亭、蓬莱阁等人文景观。

小赤壁

姑妇岩

姑妇岩也叫"婆媳岩"。姑岩略低，面朝北，酷像佝偻僵坐的老婆婆。不论从哪个方向观看，无不惟妙惟肖。妇岩与姑岩对峙，像有身躯而无头首的年轻媳妇，似穿连裙长服，婷婷玉立。

姑妇岩

凌虚洞

凌虚洞位于步虚山半山腰之上，又名隐真洞，是唐代道士许石昔、刘处静隐真修炼之所。该洞由无数个大小不等的熔岩球构筑而成，洞分上、中、下三层，彼此相通，既奇特又美观。经地质学家考评，这是一个全国罕见的火山管道口。

朱潭山

朱潭山位于仙都景区。主要景点有仙堤、晦翁岩、九龙壁、超然亭。仙堤两边杨柳婆娑，用卵石铺成的长堤既浪漫又多情，是当地恋人拍摄婚纱照的首选之地。晦翁岩高达几十米，南北延伸数百米，悬崖碧潭，古洞幽趣。古树遮天，是仙都又一寻幽探胜的好去处。九龙壁节理带处于悬崖峭壁间，凝灰岩性岩层状分明，起伏弯曲，横生凹凸，如无数条虬龙盘石潜伏。超然亭东可远眺马鞍山日出，北可近观天师洞，南可望鼎湖峰雄姿。

碧潭秋色

特色观赏和体验 UNIQUE SCENERY & FESTIVALS

缙云公祭轩辕黄帝活动

仙都鼎湖峰是黄帝炼丹觞百神飞升之地，每年在清明节和重阳节缙云都分别举行民祭和公祭黄帝典礼。活动采用"礼"（古代最高的礼祭）的规格，以传统与现代、礼与乐相结合的方式进行，极具南方祭祖的特色。设主祭、司仪、陪祭、参祭、敬上高香、敬献花篮、敬献三牲五谷、敬献美酒、恭读祭文、行鞠躬礼，行祈祝舞等，并在礼成后，举行大型民间文艺表演活动。目前，缙云的"黄帝飞升地"已与陕西黄陵的"黄帝墓葬地"、河南新郑的"黄帝出生地"一起形成"三地"共祭的格局。

龙腾仙都

仙都四季 SEASON

仙都风景名胜区属中亚热带季风气候区，年平均气温17.7℃。

仙都之春

	1月	2月	3月	4月	5月	6月	7月	8月	9月	10月	11月	12月
平均气温(℃)	4.1	11.6	11.6	17.6	22.0	25.9	29.1	27.8	25.3	19.1	11.2	7.0

🛏 住宿 ACCOMMODATION

仙都度假村
⚲丽水市缙云县仙都风景区小赤壁景点内
📞 0578-3342168

仙都假日酒店
⚲丽水市缙云县仙都风景区内
📞 0578-3343168

梦幻仙都

仙都宾馆
⚲丽水市大桥北路11号
📞 0578-3143287

🍴 美食推荐 CUISINE

缙云土面、缙云敲肉羹、翡翠羊柳卷、缙云烧饼、水晶薯条、麻糍、缸覆笋、仙乡山珍、缙云番薯、竹虫黄豆、干菜豆腐、红烧溪鱼、十月酒。

🛍 购物指南 SHOPPING GUIDE

蕃莳片

古时缙云人被称为"缙云蕃莳"，其原因有二：一是指缙云人敦厚老实，二是指缙云县是产蕃莳大县。蕃莳片

蕃莳片

由薯块经挑选、清洗、去皮、切片、煮捞、晒干而成，柔软透亮，松脆香甜可口。经炸制后极具观赏、食用特色。

黄花菜

黄花菜

俗称金针。缙云黄花菜栽培历史在600年以上，黄花菜干品为淡黄色或金黄色条状，有光泽、肉质丰厚，营养丰富，含18种氨基酸。

缙云索面

也叫缙云土面，选用当地特种麦粉、食用盐、天然泉水，沿用传统手工艺制作，没有任何添加剂。为民间传统特产中的珍品。

缙云索面

江郎山 风景名胜区

世界自然遗产地、国家级风景名胜区、AAAA级旅游区——江郎山，位于浙江省江山市西南部，浙闽赣三省交界处。是老年晚期－高位孤峰型丹霞地貌的杰出代表。主峰海拔819.1米，核心区面积610公顷，缓冲区面积571公顷。

江郎山有堪称一流的自然奇观，300多米高并且裂为三片的丹霞孤峰耸立在海拔500米的山地之巅，是全球迄今已知最高大雄伟的直立红层孤峰（石墙或石柱）和刀劈状的最深巷谷，堪称"全国丹霞第一奇峰"，素有"雄奇冠天下，秀丽甲东南"之称。地方性物种有江山鳞毛蕨、江山矮竹等。江郎山相对高差300多米的三爿石是一处令人肃然起敬的天然纪念碑、一个壮观的标志性景观、一部丹霞地貌的杰作。游客可沿着石壁的3500余级石阶，平均坡度达88°的郎峰拾级而上到达峰顶。

江郎山自古闻名遐迩，吸引了历代众多文人骚客，留下了大量的游踪遗墨。大诗人白居易"安得此身生羽翼，与君来往共烟霞"；宋代词人辛弃疾赋诗"三峰一一青如削，卓立千寻不可干。正直相扶无依傍，撑持天地与人看"，赞其雄伟壮丽；著名爱国诗人陆游面对"三峰杰力插云间"的江郎山，抒发了烈士暮年壮志不已的爱国热情。明代大地理学家徐霞客，三游江郎山，在其不朽名著《徐霞客游记》中对江郎山胜景给予很高的评价。

管理机构：江郎山风景管理局
地址：浙江省江山市石门镇
邮编：324100
景区服务热线（传真）📞 0570-4911010
票价：60元／人
网址：www.jsu.gov.cn

江郎山全貌

旅游服务 TRAVEL SERVICE

江郎山游客中心是游客进入江郎山的第一站，也是江郎山展览馆所在地，集自地质地貌、生物、文化、保护管理等图文多媒体展示，以及提供景区信息咨询、游客须知、景区宣传资料等为一体的综合服务设施。

景区内设有医务室，急救担架，备有常用药品。游客在游览时遇有特殊困难和事故

请拨打电话📞 0570-4911010／4911722 。

※特别提示：江郎山是丹霞地貌，沉积的砂砾岩，成岩作用较弱，切勿攀爬或进入岩壁表面风化严重的区域。另外景区山势险峻，背包不要手提，要背在双肩，以便于双手抓攀。

MAP

江郎山风景名胜区导游图

交通 出行宝典
TRANSPORTATION

（一）区外交通

京台高速黄衢南段江郎山出口下，经石门镇可直接到江郎山景区；或从江山市区出发经江贺公路、205国道茅坂路口（离市区20公里处）左转，也可到江郎山景区。也可从江山市区乘坐202路公交车到江郎山站下，步行5分钟至游客中心，购票后免费乘坐景区交通车。

（二）区内交通

为减少外来车辆进入遗产地核心区，确保盘山公路畅通，方便游客进入景区，江郎

区域交通图

山景区提供景交车（凭门票可免费乘坐）。
时间：每天上午8：00—下午16：30

精品线路

天半江郎—十八曲—开明禅寺—会仙岩—百步峡—霞客亭—一线天—登天坪—郎峰天游—钟鼓洞—烟霞亭—伟人峰—江郎书院

天半江郎

此处为远眺江郎山全景最佳观景点。近前开阔地铺开老年期地貌的丘陵平原景观，远处江郎山孤峰——巷谷地貌景观浮出于开阔平原之上，两者的对比衬托给人一种强烈的自然美感。大约于上新世，江郎山的红砂岩遭受了强烈的剥蚀而仅残留300米高的三爿孤峰。随后，地壳运动把它从盆地平原上再次抬升约350米，三爿孤峰被抬升到高位，高高腾起于半空的云雾之中，如在半天之上，故名"天半江郎"。

三爿石

天半江郎

165

开明禅寺

开明禅寺始建于宋天禧二年（公元1018年），距今已有近千年的历史了。世事沧桑，屡建屡毁，现在的寺庙重建于1990年。门墙上"南无阿弥陀佛"为弘一法师所留笔迹，"开明禅寺"四字是原全国政协副主席、佛教协会会长赵朴初所题。里面大雄宝殿供奉着佛祖释迦牟尼佛，殿堂两侧是二十诸天。这座寺庙求平安，问财运相当灵验，特别到每年的端午，来朝拜的善男信女成千上万，络绎不绝。

霞客亭

俯瞰霞客亭

徐霞客曾于1620年、1628年和1630年三次过江郎山，留有关于江郎山、浮盖山等地的游记2600余字。在霞客亭边上这块碑上刻着《徐霞客游记》："悬望东支尽处，其南一峰特耸，摩云插天，势欲飞动。问之，即江郎山也。望而趋，二十里，过石门街，渐趋渐近，忽裂而为二，转而为三。已复半岐其首，根直剖下；迫之则又上锐下敛，若断而复连者，移步换形，与云同幻矣！夫雁宕灵峰、黄山石笋，森立峭拔，已为瑰观，然俱在深谷中，诸峰互相掩映，反失其奇；即缙云鼎湖，穹然独起，势更伟峻，但步虚山即峙于旁，各不相降，远望若与为一，不若此峰特出众山这上，自为变幻，而各尽其奇也！"1992年秋设"霞客游踪"景点，建霞客亭。亭内楹联称："遍访名山独尊江郎奇幻，长思伟著共仰霞客风流。"上联是徐弘祖对江郎山的高度评价，下联是后人对徐弘祖的敬仰。

一线天

在中国有非常多的一线天，而江郎山的一线天则被专家称为"中国丹霞一线天之最"。它长、高都接近300米，宽距在3.5到5米之间，两壁平行而笔直，仿佛巨斧劈出的石巷，仰视天余一线，气势雄伟，无与伦比，让人们为大自然的鬼斧神工而惊叹！著名的丹霞地貌专家黄进教授在考察江郎山时看到一线天，不禁向它鞠躬，感慨它的雄伟、均匀与大气。2009年7月，由国家建设部领导带队的"中国丹霞"六个提名地互检组到一线天口也不禁集体向一线天三鞠躬，高喊"中国丹霞加油！"我们都说最凉不过弄堂风，夏天来自小弄峡的弄堂风让一线天成了名副其实的天然空调房。

一线天

登天坪

走完300米长的小弄峡，相对高度已上升100余米，上方的草坪即登天坪。唐朝祝东山《登江郎山咏》："待我养成翎翮健，奋身直上翠薇巅。"白居易诗《江郎山》："安得此身生羽翼，与君来往共烟霞。"均表达了古人欲攀登郎峰之巅的愿望。

登天坪西缘、亚峰的崖岩上，有一块石碑，上书"灵石回风"四字。平时，当人们走出小弄峡，登上登天坪，就能感到清风阵阵，精神为之一振。每当大风起时，可见漫天的落叶，如万千只彩色的小鸟绕着亚峰飞翔，起起落落，盘旋翻飞，恍惚如梦境。有人说，是峡谷间的"弄堂风"所致；也有人说，是三峰被群山环绕所致，尚无定论。

灵石回风

郎峰天游

自登天坪至顶峰，垂直高度225米，必须攀登3500余级石阶。石阶宽处1尺余，狭处刚够立脚，迂回盘旋在千寻绝壁之上，身下为万丈深渊。顶峰有数条山堑岩隙，宽数米，深不见底。一条堑隙之上，架有天桥，桥下云游雾动。过桥右行，有一溶洞，可容百人。郎峰之巅，古木成林。有参天大树，更有侏儒状矮树，曲折遒劲，饱经千年日月风霜，是树木中的"精灵"。林中树下，幽兰遍地，花开时节，馨香袭人。站在郎峰之巅，俯视山峦起伏，云海万顷，自有"会当凌绝顶，一览众山小"的豪情。

郎峰绝顶

伟人峰

站在江郎山观景平台仰望，郎峰酷似一位伟人。其发、额、眉、眼、颧骨，线条清晰，惟妙惟肖，在月朗星稀的夜晚，则更为传神。伟人悠然而坐，面向南方，其高瞻远瞩的神态，可亲可敬。

伟人峰

江郎书院

　　祝其岱，字东山，唐初宿儒。通经史，擅诗文，为两浙诸生所钦重。时学界称其："诗无邪思，文有卓识，气浩词严，一扫当世芜秽之习。"朝庭曾授其银青光禄大夫，因不满武则天专权，坚辞不就，隐居江郎山设馆讲学，即江郎书院。

　　此后，其长子祝钦明（官国子监祭酒）等数代10余人，相继为书馆修缮、扩建，添造书房20余间。苏辙曾作《重修江郎书院赋》。宋代，鼎盛时期，四方负笈求学者"如云如雨"，由此登仕途者达40余人。1996年，在原址重建书院。

江郎书院

特色观赏和体验 UNIQUE SCENERY & FESTIVALS

　　江郎山倚靠着她独特、罕见的丹霞地貌，奇险壮观，秀丽多姿的三爿丹霞奇峰以刀砍斧劈，鬼斧神工，势冲霄汉之势自北向南呈"川"字形排列，依次为郎峰、亚峰、灵峰，俗称"三爿石"。围绕着三爿石，景区内形成十八曲、伟人峰、会仙岩、一线天、丹霞赤壁、百步峡、坎坷岭、登天坪、灵石回风、鼠缘绝壁、舒心坪、天宫、钟鼓洞、紫袍峡、九姑崖等主要地貌景观。或山道迂回；或置身洞中；或举目远眺；或蜷身蹑足，穿岩而过；所游经之地，或其势欲倾，令人胆颤心惊；或秀丽多姿，驻足不舍离去；或气势磅礴，慨而生吞吐天地之志。眼底石龟石鹰，形神酷肖，呼之欲动，层峦叠谷、良田美竹，尽收眼底。若遇雨天，雾色迷蒙，岩顶流水，千丝万缕，犹如珠帘当门，恍若仙境，更有一番风味。

丹霞奇峰江郎山

江郎山仙境

江郎山四季 SEASON

　　江郎山风景名胜区属于中亚热带湿润季风气候，年降水量1650～2200毫米，气候温暖湿润，冬夏季风交替明显，四季冷暖、干湿分明。年平均气温17.1℃，而江郎山上年平均气温仅14℃，是避暑、度假的休闲圣地。

冬雪覆盖下的江郎山

🛏 住宿 ACCOMMODATION

300元以上：
国际大酒店（四星）
　　⟁ 江山市江东1区15号
　　📞 0570-4051888
江山世贸大酒店（三星）
　　⟁ 江山市南市街31号
　　📞 0570-4751999
金山角度假村（万隆度假村）（三星）
　　⟁ 江山市经济开发区通达路1号
　　📞 0570-4222345

150-300元：
千红饭店（原交通宾馆）（两星）
　　⟁ 江山市区南二街11号
　　📞 0570—4011399
江山宾馆（两星）

　　⟁ 江山市解放路（钟楼斜对面）
　　📞 0570-4024355
景江商务酒店
　　⟁ 江山环城西路192号
　　📞 0570-4039988

150元以下：
江郎山移民山庄
　　⟁ 清湖镇花园岗
　　📞 0570-4729858
利国大酒店
　　⟁ 江郎山余家坞
　　📞 0570-4911035
乡村酒店
　　⟁ 江郎山新街
　　📞 0570-4912188

🍴 美食推荐 CUISINE

廿八都豆腐风炉仔、江郎山小溪鱼、清漾毛氏土猪肉、江郎山野猪脸、上余胴骨煲、大桥泥鳅、和睦炭锅鹅、江山土鸡煲、石硿炖石蛙、碗窑鱼头、神仙豆腐、廿八都铜锣糕等。

廿八都铜锣糕

江郎山小溪鱼

🛍 购物指南 SHOPPING GUIDE

蜂产品

江山系中国蜜蜂之乡，是国家优质蜂产品基地。蜂蜜、蜂王浆、花粉、蜂胶等蜂产品，具有增强免疫力、延年益寿等多种保健作用及药用功能。畅销欧盟、日本、韩国、新加坡、香港、台湾等国家和地区。

江山白菇

白菇含有多种氨基酸、维生素、蛋白质、粗纤维、脂肪、菌糖等，具有降低胆固醇，提高免疫力，美容保健，防癌抗癌，延年益寿之功效。江山市是农业部命名的中国白菇之乡，产品（鲜菇与干菇）远销杭州、宁波、上海、广州、武汉等地。

江山白鹅

江山白鹅饲养在山清水秀、穿气清新的自然环境中，以天然牧草为主食，肉味甘平，补阴益气，是天然的绿色食品。江山的"红顶"、"天歌"、"红盖头"等鹅产品加工企业，有红顶百香鹅、天歌咸香鹅等10余个系列产品。

白毛乌骨鸡

白毛乌骨鸡是江山的传统地方良种，有较高的药用价值。

猕猴桃

江山牌猕猴桃为省名牌产品，全国无公害产品。

猕猴桃

竹炭制品

竹炭是以五年以上高山毛竹为原料，经特殊工艺干馏而成的新产品。含丰富的矿物质，能不断产生负离子，释放远红外线，具有超强的吸附能力。江山普丰物产等企业，目前开发经营的竹炭产品主要有：被、席、枕、床单、被套、沐浴液、香皂等。

工艺品

钥匙扣、毛公鼎、江郎山模型等。

农家乐

仙居 风景名胜区

　　仙居风景名胜区地处仙居县中南部，浙江省东部丘陵山区，总面积158平方公里。1995年3月，仙居被批准列入浙江省级风景名胜区，2002年5月17日，经国务院批准为第四批国家级风景名胜区。

　　仙居的自然风景资源可分为天景、地景、生景、水景四个种类，集奇、险、清、幽于一体，以峰、瀑、溪、林景观为主要代表类型，具有较高科学、美学、历史文化价值。它包括神仙居景区、景星岩景区、十三都景区、公盂岩景区和淡竹景区五个景区，由饭甑岩、将军岩、西天门、鸡冠岩、天柱岩、景星岩、蝌蚪崖、擎天柱、公盂崖、高玉岩、神龙瀑、人字瀑、龙潭涧等139个景点组成。素有西罨之奇、景星之雄、公盂之巍、十三都之清、淡竹之幽称誉。清代翰林编修潘耒在《游仙居诸山记》中云："天台幽深，雁荡奇崛，仙居兼而有之。"宋大理学家朱熹也曾发出"地气尽垂于此矣"的惊叹。

管理机构：仙居县风景旅游管理局
地址：浙江省仙居县城北东路187号
邮编：317300
电话：📞 0576-87796878
网址：www.zjxianju.com

光芒透仙山

仙居风景名胜区导游图　MAP

交通 出行宝典
TRANSPORTATION

（一）区外交通

仙居地处以上海为中心的长三角南翼，浙江沿海新兴发达的海滨城市台州市的西部，东连临海，南接永嘉，西邻缙云，北靠磐安、天台，位于台州与温州、丽水、金华三市的交汇处。

✈ 黄岩机场，与仙居县城相距80公里，至今已开通了上海、北京、南京、武汉、广州等地的航线。

🚢 所在台州沿海港口城市已建成水陆空三位一体的立体客、货运输网络。椒江港海运直达韩国、日本、中国香港、上海、广州、大连等国内外30多个港口。

🚗 自驾游路线

A：沪杭甬高速—杭金衢高速—诸永高

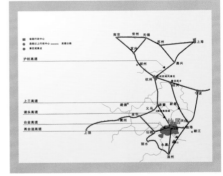

区域交通图

速—仙居

　　B：甬台温高速—台金高速—仙居（限温州方向）

　　甬台温高速—临海北下高速—台金高速—仙居（宁波方向）

　　C：沪杭甬高速—上三高速（天台下）—104国道—35省道—台金高速—仙居

（二）区内交通

仙居车站—神仙居景区	神仙居景区—仙居车站
发车时间：7：20，8：30，10：00 11：00，12：30，14：00，15：30	发车时间：8：20，9：30，11：00 12：00，13：30，15：00，16：30

精品线路 *a*
深秋仙居三日游

D1：上午抵达仙居，中餐后乘高速电梯登上景星岩景区。
D2：早餐后游览神仙居景区，后参观中国历史文化名镇皤滩古镇。
D3：早餐后游览淡竹休闲谷（停

车坐爱枫林晚，霜叶红于二月花），下午适时参观绿色农产品市场，尽情选购年货。后结束愉快行程。

精品线路 *b*
仙居采橘二日游

D1：上午游览神仙居景区，下午参观中国历史文化名镇皤滩古镇。

D2：早餐后游览景星岩景区，后到果园上陈蜜橘。

神仙居景区

神仙居景区是仙居风景名胜区的核心景区，位于白塔镇南部，总面积15.8平方公里。景区以西罨幽谷为中心，形成峰、崖、溪、瀑等景观。典型的流纹岩地貌，景观丰富而集中，奇峰环列，山崖陡峻，峰崖的相对高差多在100米以上，基岩落石处处成景，溪水与瀑布常年不断，幽深奇崛。神仙居与其他名山相比，别具一格，山体巍兀独立，险峻无比，有如刀切斧削，迥然各异神仙居的一山一水，一岩一洞，一石一峰，都能自成一格，不类他山，且有一景多变，移步换景，出人意料，匪夷所思的景观形态，一言以蔽之："奇"——峰奇、山奇、石奇、岩奇。有鬼斧神工的将军岩、惟妙惟肖的睡美人、

可望而不可及的羞女峰、移步换景的鸡冠岩、气势磅礴的象鼻瀑等80余个景点。

⌖ 仙居县白塔镇
☎ 0576-87038686
门票：55元／人

神仙居山水

景星岩景区

景星岩位于仙居城西27公里处，总面积27.3平方公里，海拔742米，与神仙居景区相邻。景星岩整座山体南北长而东西狭，首尾昂起，像一艘巨型的大轮船停泊于此，两台高速电梯将游客直送山顶。景星岩景区不仅自然景观秀丽，同时有着十分丰富的人文景观，唐代以来就有宏大的净居寺，全国罕见的和尚圆寂塔，集日月星辰之灵气的风水宝地读书堂等，名胜古迹源远流长。

括苍晨光

开发后的景星岩建有全世界高山上最长的望月长廊，典雅幽静的望月楼、梦月楼、奔月楼（客房），古色古香的醉月楼（餐厅），另有诗意的休闲中心，风情无限的颂月场（娱乐），是旅游、休闲、度假和会议的最佳去处。

⌂ 仙居县白塔镇
☎ 0576-87039580
门票：48元/人

淡竹休闲谷

是国内最大的亚热带原始沟谷常绿阔叶林保护区之一，位于仙居县西南部，距县城50公里。景区内蕴藏着丰富的动植物资源和完整多样的生物圈，拥有 2000 多个生物种类，其中保存完好的原始沟谷常绿阔叶林在

国内罕见，享有"绿色基因库"和"天然药物宝库"之美誉。

淡竹休闲谷分溪谷休闲区、科

普观赏区和森林探险区三大主要功能区。景区从石头村到茅草山庄的7公里溪谷休闲区中可尽情地享受农家乐、天然浴场、茶馆品茗和休闲度假等农家田园情趣；从茅草山庄到龙潭虎穴这段沟谷清泉交汇线为科普观赏区，当您悠闲自得地漫步在这2公里的小径时，将会感受到生物的多样性和大自然的和谐旋律，呼吸到森林氧吧的负氧离子，让您心旷神怡，流连忘返；如果您尚未过瘾，请再往深山老林迈进，即为森林探险区，您可真正体验到原始森林的苍老和神秘。

☎ 仙居县淡竹乡上吴村
0576-89371880
门票：50元/人

冬竹

皤滩古镇

皤滩古镇位于仙居县城西约25公里处，为国家级历史文化名镇。早在公元998年前，这里就因水路便利成为永安溪沿岸一个繁华的集镇。经过千年的沉淀和积累，皤滩仍保存三华里长，鹅卵石铺砌的"龙"形古街。街

皤滩古镇（一）

皤滩古镇（二）

旁唐、宋、明、清、民国时遗留下来的民宅古居，气势宏伟、布局精美。古街两旁至今还保存着二百六十多家店铺，从店铺遗留的字迹和招牌看，有理发店、布店、杂货店、陶瓷店、药铺染坊等，其中当时勾栏院招牌"色赛春花"四个大字还清晰可见，可以想象这是古代一条非常繁华的商贸古街。古街除了店铺外，还有不少书香门第，其中以长门堂和何氏里门堂为突出。古镇不仅保存了一条完整的"龙"形古街，还留传了一种千年绝活——针刺无骨花灯。它以其独特的造型曾获中国艺术展览会金奖和第四届国际博览会金奖，被誉为"中华第一灯"、"华夏一绝"。

此外，离古镇1公里的山下村有宋朝大理学家朱熹送子就学过的桐江书院，距古镇2公里的枫树桥村则遗有古代江南大族典型民居宅院——三透九门堂。古镇上的古街、老房，蕴藏了古镇千年历史的深厚文化内涵，折射出祖辈的生活情态。

⌂ 仙居县皤滩乡
📞 0576-87961661
门票：50元／人

特色观赏和体验 UNIQUE SCENERY & FESTIVALS

永安溪漂流

清清永安溪是仙居的母亲河，被专家喻为"幽谷溪流、清澈见底、终年不枯，可达国家一级饮用水标准"。现开辟的永安溪漂流河河段总行程7.68公里，以仙居土产特制的竹筏作为工具，"小小竹筏溪中游，巍巍青山两岸走"。永安溪漂流配置歌手导游，为全国漂流首创，被媒体誉为"竹筏上的刘三姐"。乘一叶竹筏顺流而下，或如履平地或急穿险滩，远离城市的繁华和喧嚣，碧水、蓝天、远山能让你品味到似水柔情般的逍遥温馨和两岸奇趣横生的田园景色。

永安溪漂流

仙居四季 SEASON

春　　　　夏　　　　秋　　　　冬

🛏 住宿 ACCOMMODATION

东方大酒店（四星）　　仙居县城北东路179号　　📞 0576—87818888
月塘大酒店（三星）　　仙居县花园路108号　　📞 0576—87839888
仙居假日大酒店（三星）　仙居穿城中路16号　　📞 0576—87712888
竺梅度假村地址（三星）　仙居县浮石园　　　　📞 0576—87736888

月塘大酒店（三星）　竺梅度假村（三星）　假日大酒店（三星）　东方大酒店（四星）　仙居时间商务宾馆　仙居铭豪快捷连锁酒店　仙居大酒店　神仙居山庄

仙居住宿

🍴 美食推荐 CUISINE

仙居八大碗

　　仙居八大碗是别地吃不到的乡家传统风味。八大碗指的是莲子（白扁豆）、海参、泡鲞、大鱼、翻碗肉、敲敲肉、大脸豆腐、肉皮泡这八道菜式。比较特别的是泡鲞和敲敲肉，泡鲞由包裹咸鱼干的面饼炸至外焦内韧，敲敲肉真的是将肉块敲扁敲松做成，翻碗肉实际上就是大块肥硕的红烧肉，号称"莲子"的白扁豆则是道淡雅的甜品。

仙居美食

🛍 购物指南 SHOPPING GUIDE

　　仙居特产有杨梅、三黄鸡、蜜梨、上陈蜜橘、猕猴桃、板栗、茶叶、柑桔、银杏、油茶、仙居黄花菜等。

仙居购物

浣江—五泄 风景名胜区

浣江—五泄风景名胜区位于绍兴诸暨西北部，距诸暨市区20公里，面积50平方公里，是浙江省古老的游览胜地和江南著名的生态旅游区。2002年5月，经国务院批准列入第四批国家级风景名胜区名单。

浣江—五泄以古越历史文化为背景，以历史悠久的浣江西施故里和秀丽奇巧的五泄瀑布为主要特色，以浣江、五泄为核心，由浣江两岸的西施故里、鸬鹚湾村、五泄、斗岩、汤江岩等景区组成，总面积73.85平方公里。醇美的浣江—五泄风景名胜区自然、秀丽，上有高峰，中有瀑布，下有溪流，浓荫蔽日的林木遍布幽谷其中，轻雾缭绕，暗香浮影，漫山遍野的绿树，浓荫下细碎的光影，宛如一幅浓墨重彩的山水画卷。

西施故里主要以西施文化为主题，充分展示古越文化和故里风情，该区域已建设成为一处自然风光优美、文化内涵丰富、游览设施健全、经济效益良好、具有时代活力的风景游览胜地。

五泄景区内一水五折的瀑布或以蜿蜒曲折之情，或以奔放豪迈之势，为世人所赞叹。另外，五泄还有佛教曹洞宗祖庭，曹洞宗创始人良价披剃的五泄禅寺；有华东特有

的楠木林，江南罕见的鱼化石。苍翠葱郁的森林植被，奔放豪迈的五泄瀑布，虔诚创新的曹洞宗教义，纪录亿万年前沧桑变化的鱼化石群，每年吸引三十多万海内外游客。

斗岩景区以其峰奇、岩陡、石怪、洞幽、泉清而著称。气候冬暖夏凉，常年云雾缭绕，为典型的丹霞地貌特征。有斗岩大佛、千佛山、金井龙潭、白云禅院、西黄岩等景点。

汤江岩依偎于安华湖，有"无山不崖、无崖不石，无石不洞，无洞不穿"之奇，利用独特的地理位置和洞穴优势，开辟了深受年轻人喜爱的户外拓展运动，目前是华东地区规模最大的户外拓展训练基地之一。

管理机构：诸暨市风景旅游管理局
地址：浙江省诸暨市东一路18号
邮编：311800
五泄风景管理处：0575－87771990
西施殿风景管理处：0575－87106780
斗岩、汤江岩风景管理处：
　　　　　　　　　　0575－87058851
诸暨市游客服务中心：0575－87106777
　　　　　　　　　　87283725
网址：http://www.wuxie.com.cn

浣江——五泄风景名胜区

交通 出行宝典
TRANSPORTATION

（一）区外交通

诸暨位于长江三角洲南翼、浙江省中北部，浙赣铁路、杭金衢高速公路、诸永高速公路、金杭公路贯穿全境，距上海200公里，杭州90公里，萧山国际机场60公里，区位优势明显。

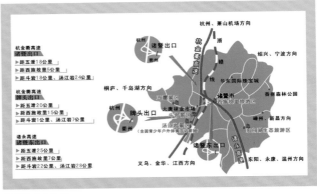

诸暨区域交通图

上海方向

1. A20外环线—A8沪杭高速杭州绕城高速—杭金衢高速—诸暨出口，下高速后约5公里到市区

2. 沪杭—杭州东绕城—杭金衢—诸暨出口下，向西大约20公里可到五泄

宁波方向

1. 杭甬线高速—上虞东关口下—绍大线穿越绍兴—诸暨

2. 杭甬线高速—杭金衢高速—诸暨出口

苏州方向

苏嘉杭高速—杭金衢高速—诸暨出口

常州方向

锡宜高速—杭金衢高速—诸暨出口

芜湖方向

芜宣高速—宣杭线—杭金衢高速—诸暨出口

马鞍山方向

宁马高速—宁杭高速—杭金衢高速—诸暨出口

（二）区内交通

1. 57里旅游专线车经火车站往返于西施故里与五泄，距离18公里，15分钟一班，6.5元／人。

2. 58路旅游专线往返于老火车站与牌头镇，途经斗岩，15分钟一班，5元／人。

3. 1路、21路、113路车经火车站通达西施故里。5路、8路、16路经汽车站到达西施故里。

4. 市区的士起步价：7元／3公里。

旅游服务 TRAVEL SERVICE

西施故里游客服务中心

西施故里游客服务中心是游客进入西施故里旅游区的第一站，是集自然和文化遗产多媒体展示、查询、综合信息咨询、提供景区宣传资料、接受医疗救助等多种功能为一体的综合服务设施。

诸暨市游客服务中心

门票价格：西施故里旅游区联票：100元／人，包括下列五个景点：西施殿（45元）、名媛馆（45元）、郑氏宗祠（20元）、范蠡祠（30元）、民俗馆（20元）。

游客投诉 ☎ 0575－96123

五泄游客服务中心

五泄游客服务中心是游客进入五泄国家级风景名胜区的第一站，是集综合信息咨询、提供景区宣传资料、接受医疗救助等多种功能为一体的综合服务设施。

门票价格：80元／人

精品线路 *a*
五泄经典山水一日游

早上从上海出发，走沪杭、杭金衢高速公路，前往诸暨五泄风景区（路程4.5小时），午餐品尝诸暨特色农家美食，午餐后参观五泄：画舫船游清波荡漾的五泄湖、电瓶车或漫步桃花盛开的桃源景区、拜五泄曹洞宗古刹——五泄禅寺、登山观神州独有五级飞瀑——一泄隽永奇巧、二泄珠帘飘洒、三泄千姿百态、四泄烈马奔腾、五泄蛟龙出海等景点。

精品线路 *b*
"西施"故里寻美一日游

早上出发，前往中国十大休闲农庄——淀塘畈踏春。远离喧嚣，置身田林您可以放松心情，返璞归真，感受闲云野鹤，体验采摘垂钓之乐，还能品尝到真正新鲜的农家美食。午餐后驱车前往西施故里，游西施文化的殿堂——西施殿、文财神——范蠡祠求文运高升、郑氏宗祠古越风情表演秀、民俗馆探索美丽的源泉等。

精品线路 *c*
斗岩、汤江岩休闲度假一日游

游览拜佛圣地——斗岩（高81.6米大佛、栩栩如生的神奇千佛山、攀岩、击大鼓、龙王殿），然后驱车（路程20分钟）前往华东地区目前规模最大、设施最全的户外拓展培训基地——汤江岩，体验惊险刺激的户外拓展运动及大型水上娱乐项目。

精品线路 *d*

樱桃采摘、汤江岩休闲度假一日游

前往诸暨同山镇樱桃基地——金竹山庄，体验采摘樱桃之乐，还能品尝到真正新鲜的农家美食。午餐后驱车（路程15分钟）前往华东地区目前规模最大、设施最全的户外拓展培训基地——汤江岩，体验惊险刺激的户外拓展运动及大型水上娱乐项目。

西施故里

西施故里旅游区依浣纱江逶迤排开，绵延数里，蔚为壮观。中国历代名媛馆、范蠡祠、民俗馆、郑氏宗祠、购物一条街等在此次第而列，而沉鱼落雁、东施效颦等典故，也可在景区内找到实物，供游客体验。

西施殿

西施故里旅游区夜景

范蠡祠

郑氏宗祠表演

浣纱石

西施故里导游图

图例：

★ 游客服务中心　● 免费景点　　景区　　水塘　—— 车行道　- - - 木栈道　⬚ 亭子　🚻 厕所

● 景点入口　● 休闲场所　　道地 广场　　江河　—— 游步道　✕ 桥梁　P 停车场　ⓒ 公用电话

五泄景区

五泄导游图

五泄瀑以其秀丽奇巧取胜，闻名于世。它随山势弯折跌宕，构成了长334米，落差81米的五级瀑布。其首尾相接，从小到大，由低到高，先缓后急，若断又续，若隐又现，或以婉转曲折之情，或以奔放豪迈之势呈现在人们眼前。游人可自下而上，逐泄登临。

月笼轻纱第一泄：隽永、奇秀，水流从石河缓缓而来，经倾斜的石坡涌出，如"月笼轻纱"，平缓柔美地泻下，低吟着欢快的歌，向二泄奔流。

双龙争壑第二泄：第二泄瀑布落差近十米，阔约七八米，瀑布落下时，被一块兀立岩石劈成两股，一宽一窄，径直而下。瀑布既似珠帘飘洒，婀娜美丽，又如双龙争壑，气势如虹。

珠帘风动第三泄：精彩纷呈，别具一格瀑布从20多米高处涌出，沿着65°的斜坡奔腾而下，水流由窄变阔，随着坡度变缓，水流亦由急变缓，因岩石的凹凸跌宕，水流分成多个"川"字形，时聚时散、有跌有跃，飘飘洒洒，千姿百态，最后散流复聚，滚入一条狭窄的岩沟中。

烈马奔腾第四泄：由三泄之水散而复收，跌入一个斜长的深潭中，然后在高19米的陡崖中，劈险沟，过峭壁，在狭窄的之字形山沟中急剧旋转，飞滚翻腾，奔泻跌宕，巨大的轰鸣声在空谷中回荡，犹如白马咆哮而下。

蛟龙出海第五泄：它从31.2米的悬崖上狂奔而下，声似雷滚，形如巨练，震山撼谷，喷珠撒玉，生云起雾，神态百出，宛如蛟龙出海。飞瀑冲激所成之潭称为"东龙潭"，潭周林郁，峻壁蔽日，深不见底，俯视成黯黑色。

月笼轻纱第一泄

双龙争壑第二泄

珠帘风动第三泄

蛟龙出海第五泄

烈马奔腾第四泄

五泄湿地——水上森林

五泄禅寺

西源峡谷

西源峡谷是浣江—五泄风景名胜区最具原始形态和大自然神韵的景观，深入其间，会被这儿的一峰一石，一溪一瀑，一草一木所陶醉。

西源以峰、林、溪见长。当游人经五泄禅寺旁的石屏山，入西源峡谷，只见峡谷深幽，溪水清冽，两边的峰峦戳天，棋盘峰、香炉峰、朝阳峰、垂云峰、滴翠峰、堆蓝峰……沿道旁的溪流，溪水清澈晶莹，凉气袭人。溪中的岩石或卧或立，形态各异。溪边高大的枫杨，枝杈上挂着长长的只有在空气和水都十分洁净的环境下才能生长的苔

西源秋景

丝。约十公里长的峡谷，随着溪流的弯折，串起了峰、岭、潭、桥、石各景，静静地等待你去发现、去体会。

汤江岩

位于诸暨市西南同山镇，距诸暨市区20公里，斗岩景区不足10公里。汤江岩景区面积14平方公里。三面青山一面湖，由汤江岩、虎洞山、灵屏寺、五指山、安华湖等主要景点构成。在汤江岩中心区，古称三十六景。旧志曾有"岩高百丈，奇险历落，无山不崖、无崖不石，无石不洞，无洞不穿，凡三十六景"的记载。

斗岩

位于诸暨市西南部，距市区和五泄景区均为15公里，景区面积8平方公里。游览斗岩，趣在攀登。斗岩以其峰奇、岩陡、石怪、洞幽、泉清而著称。气候冬暖夏凉，常年云雾缭绕，山体若隐若现，给人神秘莫测之感。登斗岩可领略泰山之雄、华山之险、黄山之奇、峨眉之秀，令人心旷神怡，流连忘返。尤因其丹霞地质地貌的特殊，所形成的悬崖峭壁，非常适合游人攀登历险，健身休闲，2001年7月被中国登山协会定为"国家登山队攀岩训练基地"。林秀峰越美，山青岩更峻。斗岩植被繁茂，森林覆盖率达72%，各类树种在130种以上，有百年以上的香樟、香柬和上

斗岩

千年的紫薇。山脚下的平川，村舍俨然，竹木荫翳，又有良田美池环绕，景区开设了"农家乐"活动，让游人在赏景攀岩之余，感受田园风光和农家生活。

千柱屋

千柱屋

由斯元儒建于清嘉庆年间（1798年），位于斯宅村（蠡斯畈自然村），现为斯姓后裔居住。因屋有千柱而得名。斯元儒（1753－1832年），字翼圣。太学生，议叙登仕郎。千柱屋总占地面积6850平方米，分布5条纵轴线，3条横轴线，为庭院式组群布局。

徽派风格的木雕遍布于古宅的各处，抬头可见工艺精湛的雀替和冬瓜梁。正厅照壁上有"百马图"砖雕，千姿百态，无一雷同。千柱屋内各房独立，却廊檐相接，互不隔离，走遍千柱屋的每一个角落可以"晴不见日，雨不湿鞋"。

特色观赏和体验 UNIQUE SCENERY & FESTIVALS

五泄观瀑节

从1999年开始，诸暨市每年在4月份举办五泄观瀑节，以"游西施故里，观五泄瀑布"为主题，推出诸如"炒茶、品茶、观茶艺"、"踏青、采青、做青粿"、"五泄写春"、"幽谷探宝"等活动，充满生机和野趣。

汤江岩户外拓展基地及水上游乐场

汤江岩利用其奇特罕见的丹霞地貌，陡峭迂回的山体，神秘幽邃的原始洞穴，建成了华东地区最大的户外拓展集训基地，既有紧张刺激的高空项目，又有趣味横生的地面活动。包括空中断桥、无间道、泸定桥、高空滑桥、巨无霸天梯、高空钢丝、悬空墙、缅甸桥、勇闯电网、信任背摔、翻越救生墙、定向越野（或洞穴寻宝）等5个地面项目和12个空中项目。

水上游乐场位于风景秀丽的汤江岩山脚下，安华湖碧水荡漾，潋滟的水光，苍翠的岚影，意韵盎然，而若能参与那些项目新颖、花样众多的水上游乐项目，就更有别样的感受。主要项目有水上摩托艇、龙舟竞渡、肥仔艇、脚踏船、电瓶船、手划船。

汤江岩户外拓展一景

浣江—五泄四季 SEASON

诸暨地处浙中内陆，属亚热带季风气候区，四季分明，雨水较多，光照充足，年温差大于同纬度邻县，小气候差距显著，具有典型的丘陵山地气候特征。

诸暨市月平均气温、雨量和穿衣提示

月份	1	2	3	4	5	6	7	8	9	10	11	12
平均降雨量(mm)	63.5	84.2	101.2	126.6	114.5	152.0	159.4	133.0	155.6	60.5	51.2	34.7
月平均气温(℃)	4.3	5.7	15	15.8	20.3	25.4	28.4	30.1	29.6	23	15	7.7
穿衣情况	羽绒服	羽绒服	厚毛衣外套	薄毛衣外套	薄羊毛衫	薄型套装	薄型套装	薄型套装	薄型套装	薄羊毛衫	薄毛衣外套	厚毛衣外套

🛏 住宿 ACCOMMODATION

诸暨西施故里旅游区拥有各种档次的祝福宾馆数十家，从五星级宾馆到家庭旅馆，一应俱全，洁净卫生，温暖如家。

星级	宾馆名称	地址	电话
五星	耀江开元名都大酒店	市区绍大线1号	0575-88798118
四星	海亮商务酒店	店口华东汽配水暖城	0575-87628888
	百瑞香江国际酒店	市区滨江南路1号	0575-87171898
	百瑞五泄度假村	五泄风景区	0575-87772288
	西子宾馆	市区南屏路28号	0575-87172188
	诸暨大酒店	市区滨江中路1号	0575-87999208
三星	祥生大酒店	市区西施大街3号	0575-87034888
	振越大酒店	市区暨阳路122号	0575-87175088
	海亮花园酒店	店口解放路388号	0575-87175888
	大地酒店	市区大桥路117号	0575-87027218
	新嘉邦山庄	市区陶朱路12号	0575-87172366
	港汇大酒店	市区环城东路8号	13706858626

（以上价格以实际为准）

🍴 美食推荐 CUISINE

　　诸暨人不讲究花里胡哨，但是对于吃，有着相当的偏爱，各种特色美食、小吃有：活杀狗肉、木莲豆腐、面疙瘩、霉千张、霉豆腐、霉菜梗、麦花、麻糍、萝卜丝饼、酒酿汤圆、豆羹、八宝饭、次坞打面、芝麻垒金团、青团、清泡饭等等，都是独具特色的美味佳肴。

小吃

🛍 购物指南 SHOPPING GUIDE

珍珠

　　诸暨是闻名中外的"珍珠之乡"。淡水珍珠市场份额占全国70％，是世界淡水珍珠的养殖、加工、贸易中心。山下湖珍珠市场被中国国务院发展研究中心命名为："全国最大珍珠专业市场"。

香榧

　　香榧——诸暨第一大特产，年产量占全国总产量50％以上，是浙江省旅游购物定点商品。

茶叶

　　诸暨市年产干茶5500吨左右，是全国六大产茶县（市）之一。有西施银茶、石笕茶、五泄毛峰、榧香玉露、云剑等著名品牌。

珍珠

香榧

方岩 风景名胜区

位于永康市东部的方岩风景名胜区，距永康城区约20公里，是植根于丹霞地貌的山水奇葩。早在1985年，方岩风景区就以其惊心动魄的险峰绝壁、鬼斧神工的天然石雕像、星罗棋布的岩洞室、异彩纷呈的飞瀑平湖，被批准为浙江省首批重点风景名胜区，2004年被评为国家级重点风景名胜区。全区包括方岩山、五峰、南岩、石鼓寮、灵山湖、烈士陵园、状元湖等八大景区，总面积为92平方公里。

方岩属典型的丹霞地貌区，峰险石怪，瀑美洞奇，融雄伟峻险、青山秀丽于一体，兼擅山石、林壑之胜，而且其历史悠久，人文荟萃，文物古迹触目皆是。作家郁达夫在他的游记里写道："从前看中国画里的奇岩绝壁，皴法皱迭，苍劲雄伟到不可思议的地步，现在到了方岩，向各山略一举目，才知道南宋北派的画山点石，都还有未到之处。"方岩自然景观优美人文景风独特。游客当中，有为方岩丹霞风姿慕名而来，更多的是为了对"有求无不应，有祷无不签"，比神和佛都更灵验的胡公大帝顶礼膜拜而来，千百年来香火长盛不衰。胡公祠前红烛煌煌，香烟缭绕，祈祷者盈堂填室，形成了绚丽多彩的胡公文化。方岩文化庙会异彩纷呈，以"打罗汉"、"十八蝴蝶"为主要内容的民俗风情活动十分活跃，蔚为壮观。

方岩风景区经过多年来的建设和发展，旅游服务设施日臻完善，吃、住、行、游、购、娱等设施能满足游客需要，成为观赏丹霞地貌、朝觐古圣先贤的著名游览胜地。年游客量达60万人次。经济效益、社会效益、环境效益俱佳。方岩风景区注重硬件投入和软件配套服务，长期坚持开展创"三优"（优质服务、优良秩序、优美环境）、建"三山"（安全山、文明山、卫生山）活动，优化旅游环境，营造出文明有序、温馨服务的氛围，使游客高兴而来满意而归。1997年在《江南游报》组织的"游客最喜爱的浙江十佳美景乐园"评选活动中，方岩风景区荣膺十佳，位居第六。

管理机构：永康市方岩风景区管理委员会
地址：永康市方岩风景区橙麓村
邮编：321308
网址：http://www.yktour.com

方岩全景

方岩风景名胜区导游图　MAP

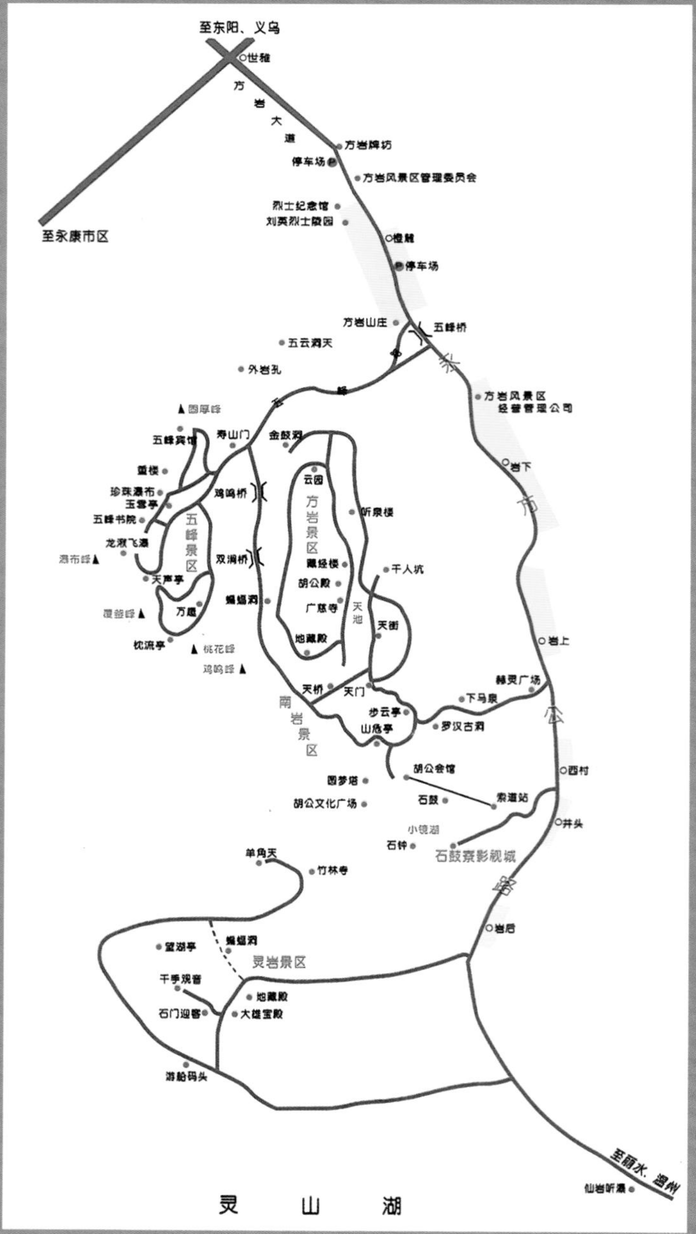

至东阳、义乌

世桶

方岩

大堰

方岩牌坊

停车场

方岩风景区管理委员会

烈士纪念馆
刘英烈士陵园

檀榭

停车场

至永康市区

方岩山庄　五峰桥

五云洞天

外岩孔

方岩风景区
经营管理公司

圆厚峰

岩下

五峰宾馆　寿山门　金鼓洞

国模　　　　云园

珍珠瀑布　鸡鸣桥　方岩景区　听泉楼

玉雪亭

五峰书院　　龙渊飞瀑　　双洄桥　　藏经楼　千人坑

瀑布峰　　　天声亭　　　蝙蝠洞　　胡公殿　天湖　天街

覆釜峰　　　万感　　　　　广慈寺

枕流亭　　　桃花峰　　　　地藏殿

鸡鸣峰　　　　　　　　　天梯　天门

五峰景区

两岩景区　步云亭　罗汉古洞

山危亭

赫灵广场

下马泉

岩上

岩上

西村

园梦塔　　胡公会馆

胡公文化广场　石鼓　索道站

小镜湖

石钟　石鼓寮影视城

井头

单角天

竹林寺

望湖亭　蝙蝠洞

灵岩景区

千手观音　地藏殿

石门迎客　大雄宝殿

岩后

游船码头

至丽水、温州

仙岩听瀑

灵　山　湖

交通 出行宝典
TRANSPORTATION

（一）区外交通

方岩风景区交通便捷，距上海360公里，杭州180公里，金华70公里。金（华）温（州）铁路、金（华）丽（水）温（州）高速公路，330国道、39省道均通过永康市区。

上海方向：沪杭高速—杭金衢—金丽温—永康高速出口下。

江苏方向：乍嘉苏高速—沪杭—杭金衢—金丽温—永康高速出口下。

永康市区距方岩景区22公里，从永康到方岩需行驶40分钟左右。另有到方岩景区的班车，一般5—10分钟一班。

※特别提示：景区加油站位于方岩派出所旁边。景区车站位于方岩岩下村。

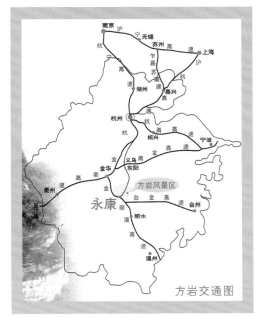

方岩交通图

区域交通图

精品线路
方岩—五峰—石鼓寮—灵岩

方岩山

方岩山是方岩风景区的核心景区，以雄奇峻险著称，是丹霞地貌特征最明显、最完全的区域。方岩山高400米，方圆约3000平方米，平地突兀，四壁如削，峰顶与峰脚面积相差无几，气势雄伟，酷似擎天方柱。飞桥和天门是方岩山的标志。飞桥西倚危崖，东临深堑，盘亘虚空，迂曲有致。从山脚仰视，飞桥犹如仙女的飘带，七折八旋，随风飘拂。置身飞桥之上，或信步漫游，或凭栏俯仰，头上白云悠悠，脚下丘壑映绿，登临此境，每有尘襟爽然，飘然欲仙之感。

飞桥尽头有巨石豁然中开，南北对峙而成关隘，其上有八角重檐石亭一座，曰"天门"。

清代诗人沈藻诗云："绝壁无它径，悬崖只一关。"飞桥和天门淋漓尽致地展示了丹霞地貌的雄险诡奇，是当之无愧的方岩山的象征。

广慈寺和胡公祠

广慈寺原名大悲寺，建成于唐宣宗大中四年（公元850年），属天台宗国清寺系，是浙东著名古刹之一。

广慈寺占地面积约4000平方米，由大殿、禅房、经楼等组成。大殿分前、中、后三进，坐北朝南，逐进升高，殿与殿之间以天井分隔，以廊庑连结。飞甍画栋，檐牙高啄，气势雄伟，雕饰绮丽。清代应杰人《游方岩记》称："至其规模之大，就余足迹所及，甬之阿育王、与夫天目、普陀而外，实罕见。"广慈寺虽是一方名刹，但绝大多数善男信女所以不远百里千里朝山进香，主要是为了瞻拜胡公祠里的胡公大帝。

胡公大帝不是佛，不是神，而是人。他姓胡名则，字子正，永康胡库村人。宋太宗端拱二年（公元989年）登陈尧叟榜进士，浮沉宦海四十年，为官清正，政绩斐然，晚年还曾奏免衢、婺两州（辖区相当于今之金华市、衢州市）身丁钱。仁宗宝元二年（公元1039年）病逝后，感恩戴德的宗亲乡里就在他出仕前寄读过的广慈寺左侧立祠造像以志纪念。

胡公祠又叫屏风阁，建在被称为狮子咽喉的石洞之中。洞深10.75米，宽18.7米，支木为柱，不施椽瓦。前围照壁，侧通二门。

方岩风光

随梁枋上刻回文图案，檐柱马腿刻镂空双龙。东西次间与厢房合缝之梁架上，各有3根长短不等的垂莲柱装饰。殿内居中而坐的是胡则雕像。胡公坐像后原有井，深不可测，曰研井，俗称狮子喉管。胡公祠是方岩香火最盛处，也是方岩唯一逃过文化大革命的浩劫，保存完好的古建筑。

五峰景区

五峰景区以鸡鸣峰、桃花峰、覆釜峰、瀑布峰、固厚峰五座奇峰环拱而得名。景区幽静舒适，空气清新，环境优美，所有石洞建筑均即洞支木建楼，依覆崖为顶，不施椽瓦，冬暖夏凉。历来是文人墨客的荟萃之地，南宋著名学者陈亮、朱熹、吕东莱曾在五峰书院著书立说。

石鼓寮

石鼓寮景区是一个山青水秀，石奇峰怪兼具田园风光的景区。更是现代影视武侠剧的拍摄基地。2002年张纪中以石鼓寮为外景基地拍摄《天龙八部》一炮打响。至今已有《汉武大帝》、《大汉天子》、《大宋提刑官》、《醉拳》、《仙剑奇侠传》等数百个剧组竞相移机在此拍摄。

灵岩景区

以碧波荡漾的灵山湖，山上的"天下第一洞府"著称。"洞府"南北相通，豁如广厦，冬暖夏凉，实属天然避暑胜地。

特色观赏和体验 UNIQUE SCENERY & FESTIVALS

1.观赏电视剧拍摄实景：

如果运气好的话，还有机会与电视明星面对面交流和合影。

2.民俗民风表演：

如果在农历八月来方岩游玩还能感受和体验到方岩民俗文化庙会的热闹场景。

方岩四季 SEASON

方岩属典型的江南季风气候，一年四季分明，尤其是夏季凉爽，空气清新，是旅游观光的最佳时间。

住宿 ACCOMMODATION

明珠大酒店	永康市紫微北路8号	0579—87269168
永康宾馆	永康市江城路4号	0579-7112801
振东大酒店	永康市望春东路108号	0579-7126668
新锦江大酒店	紫微中路149号	0579-7265066/7265088
五峰宾馆	方岩五峰景区内	0579-7307438/7307227

美食推荐 CUISINE

永康的传统小吃非常丰富，比较有特点的有肉麦饼、小麦饼、麻糍、五香豆腐干等。

购物指南 SHOPPING GUIDE

永康五金城是全国最大的五金购物市场，有几百种五金产品可供选购，是各地游客购物的天堂。

百丈漈—飞云湖 风景名胜区

百丈漈—飞云湖风景名胜区，位于浙江省温州市西南部飞云江中上游的文成县境内，是国务院2004年公布的第五批国家级风景名胜区。其面积136.16平方公里，大部处于海拔630～1200米之间，是我国著名的政治家、军事家、文学家、风水祖师爷刘伯温的故里，古称天下第六福地而得名。

百丈漈—飞云湖由百丈飞瀑、刘基故里、铜铃山峡、朱阳九峰、天顶湖、峡谷景廊、龙麒源、岩门大峡谷、飞云湖、双龙十大景区构成。以落差高207米的百丈飞瀑、欲称"华夏一绝"的铜铃山峡、壶穴奇观、千古人豪刘基庙、典型的畲族文化龙麒源等主要景区为代表。千米以上山峰有159座，石圬森林公园杨顶山海拔1362米，为全县最高峰。森林覆盖率高达70.6%，享有"浙南绿色明珠"的美誉。被人称为植物王国，动物世界，山水墨画，文化名地，度假天堂。

百丈漈—飞云湖风景名胜区，山川秀丽，气候宜人，云林森渺，生态奇美，万物滋生，风光旖旎，是一处集旅游观光、科考探秘、避暑度假为一体的旅游胜地。

管理机构：文成县风景旅游管理局
地址：浙江省文成县建设路125号县府大院内
邮编：325300
网址：http://www.66wl.com/

百丈漈雪景

百丈漈—飞云湖风景名胜区导游图　MAP

尺：1:145 000

交通

出行宝典
TRANSPORTATION

文成县位于浙江省南部山区，温州市西部飞云江中上游，东邻瑞安市，南界平阳、苍南县，西倚泰顺、景宁县，北接青田县。距温州机场115公里，温州火车站、汽车站90公里。游客到达温州后，可在温州新南站乘长途车至文成。文成县城内有班车到达各景区。

1.县城—百丈漈—南田班车；

2.县城—百丈漈—二源—朱阳九峰班车；

3.县城—百丈漈—西坑（龙麒源）—石垟林场—铜铃山班车；

4.县城—峃口—珊溪（飞云湖）班车。

温州—金丽温高速路或甬台温路—第11号高速口（飞云、文成）下高速—新56省道—文成；

上海—杭州湾大桥—沈海高速—甬台温高速—第11号高速口（飞云、文成）下高速—新56省道—文成；

杭州、绍兴—杭甬高速—上三高速—甬台温高速—第11号高速口（飞云、文成）下高速—新56省道—文成；

金华、丽水—金丽温高速—甬台温高速—

区域交通图

第11号高速口（飞云、文成）下高速—新56省道—文成；

金华、丽水—金丽温高速—丽龙高速—景宁下高速—经景宁东坑—石垟林场—文成。

※特别提示：景区周边加油站：文成县城入出口处中石化加油站，百丈漈18公里处南田中石化加油站。

旅游服务 TRAVEL SERVICE

百丈漈游客中心

游客中心

百丈漈游客中心是游客进入百丈漈–百丈飞瀑景区的第一站，它是集自然和文化资源多媒体展示、综合信息查询、景区宣传资料、旅游纪念品销售、游客休息、医疗救助等多种功能为一体的综合服务设施。

铜铃山、龙麒源、刘基故里等游客中心同样为游客提供以上的服务。

游客投诉电话 ☎ 0577-67821122

游客中心 ☎

百丈飞瀑：0577-67781380　　朱阳九峰：0577-67821503　　刘基庙：0577-67763070

刘基故里：0577-67761060　　龙麒源：0577-67751888　　铜铃山：0577-67758188

峡谷景廊：0577-67812222　　飞云湖景区：0577-67734950

门票价格

百丈飞瀑：50元／人；朱阳九峰：30元／人；刘基庙：20元／人；刘基故里：5元／人；龙麒源：60元／人；铜铃山：70元／人；峡谷景廊：25元／人；漂流80元／人。

※注：游客可在各游客中心购买门票。

旅行社

文成县好日子旅行社有限公司

☎ 0577-67836548

文成县大众旅行社有限公司

☎ 0577-67891900

文成县假日旅行社有限公司

☎ 0577-67890088

文成假日旅行社

精品线路

铜铃山—龙麒源—刘基故里—百丈飞瀑—峡谷景廊

峡谷景廊—百丈飞瀑—朱阳九峰—刘基故里—龙麒源—铜铃山

红枫古道—峡谷景廊—百丈飞瀑

百丈飞瀑景区

百丈飞瀑为"V"字形深壑巨涧，涧长1200米，落差达353米，从而形成一漈、二漈、三漈三折瀑布。三级瀑布高度合计287米，折合鲁班尺100丈盈17米，故名百丈漈。而"漈"字就是瀑布的意思，百丈漈就是百丈瀑布 。民谣曰："一漈百丈高，二漈百丈

百丈漈远眺

深，三漈百丈宽。"

百丈一漈为全国最高的单体瀑布，高207米。瀑布从百丈悬崖绝壁倾泻而下，水天相接，雪雾齐飞，滚珠泻玉，烟虹变幻，漈声雷惊十里之外，成旷世奇观。刘基观瀑诗云："悬崖峭壁使人惊，百斛长空抛水晶，六月不辞飞霜雪，三冬更有怒雷鸣。"远眺两漈相接为一直幅，益觉其长。二漈悬壁中凹为廊洞，瀑若垂帘，人称水帘洞，可容数百人，有路两头通行，漈潭深广可游船，景境比一漈更佳绝。天顶湖镶嵌于海拔630米的高山平台中，集湖面积5.4平方公里。湖中群岛卧波，红沙绕湖，白鹭翔集，水天一色，人湖共醉。

刘基故里景区

海拔630米以上的南田山，沃野百里，平畴千顷，水木清华，高旷绝尘，古称天下第六福地。地灵出人杰，1311年，南田山武阳村诞生了一位中国历史上震古烁今的智慧人物刘伯温。"三分天下诸葛亮，一统江山刘伯温"。六百多年来，刘伯温当之无愧地成了南田山上一面高高飘扬，荣耀千古的旗帜。刘基故里景区古迹众多，历史文化积淀丰厚，民风淳朴，民俗活动丰富多彩。刘基庙、墓为国家级文保单位，另有刘基故

居、武阳书院、辞岭亭、盘谷亭等古迹供后人瞻仰。

龙麒源景区

龙麒源是一处山水风光优美、融合畲族民俗风情的旅游胜地。所在地属文成县西坑畲族镇，当地畲民为纪念畲族始祖龙麒，故把这方风水宝地称为龙麒源。龙麒源景区位于文成县西北部，处在文成县环形旅游黄金枢纽的中心地带。景区面积266公顷，森林覆盖率达96%，几乎全是极富观赏性的阔叶丛林。这里气候温和，四季分明，冬无严寒，夏无酷暑，空气清新，凉风爽爽，是一处十分适宜休闲度假的好地方。龙麒源景区境内层峦叠嶂，苍翠欲滴，尖峰错耸，峡谷幽长。溪水旋涡涟漪，千姿百态，绿潭串连，清澈见底。流水声同树上的鸟叫声，和鸣百啭。这些流泉和流水，都是穿山而来的活水，没有一点污染与杂质，香甜可口。景区内有景点30多处，其中尤以500米长的金壁滩令人为之倾倒。光秃秃的金黄色岩壁河床上，没有石头、沙子，任由千万年的流水冲刷成绿潭、壶穴，蔚为壮观，拍成照片，一片金碧辉煌，金壁滩名不虚传。

龙麒源不仅自然景观优美，而且畲族风情浓郁。别具一格的畲族婚嫁、歌舞，神秘有趣的民俗风情更令人耳目一新，回味无穷。景区的游步道平缓，是一处老幼妇孺皆宜的旅游观光胜地。

龙麒源

铜铃山

铜铃山峡

铜铃山位于文成县西部。因境内有一巨崖形似"铜铃"而得名。系"国家ＡＡＡＡ级旅游景区"、浙江省首批"五星级森林旅游区"、"文明森林公园"。总面积2724.8公顷，森林覆盖率98.1%。植物、动物资源十分丰富。公园由铜铃山峡、小瑶池、铜铃古寨、原始丛林、胜川桃溪五大景区组成。境内山峦叠翠，峡谷幽深，溪流潺潺，空气清新，以"林茂、谷幽、穴奇、湖秀"为特色，其中尤以铜铃山峡谷中经万年激流旋冲而形成的"壶穴奇观"最为著名。峡景魔幻，惊险刺激，瀑叠瀑，潭连潭，湍流雷鸣，震心慑魄；壶穴形奇怪状，目不暇接，美不胜收，令人叫绝。全国著名风景专家、北京大学教授谢凝高实地考察，定位为"壶穴奇观，华夏一绝"。公园独特的自然景观和优美的原始生态环境，是人们理想的旅游胜地。

特色观赏和体验 UNIQUE SCENERY & FESTIVALS

畲族歌舞、竹竿舞；还有神秘的宗教法会、刘基文化节、避暑纳凉节、百丈飞瀑观瀑节、万种枫情节、红枫古道摄影比赛等。

畲族竹竿舞

百丈漈—飞云湖四季 SEASON

文成县属中亚热带季风湿润气候区，常年温暖湿润，四季分明，热量丰富，雨水充足。冬夏季时间最长，秋季最短。平均气温18℃，气温最高在7月份，最低在1月份，年段差为20.1℃。

铜铃山之夏

🛏 住宿 ACCOMMODATION

阳光假日大酒店（三星）
　🏛 文成县大峃镇伯温路5号
　📞 0577-67838888
文成宾馆（三星）
　🏛 文成县文青路1号
　📞 0577-67899999
国际大酒店（三星）
　🏛 文成县大峃镇城东大道56号
　📞 0577-67898888

国际大酒店

嘉乐迪商务宾馆（二星）
　🏛 文成县大峃镇建设路158号
　📞 0577-67813333

🍴 美食推荐 CUISINE

文成美食以山珍、土菜为主。主要有素面、拉面、狗肉、发菜、菜梗糖、烧笋、苦槠腐、青豆腐、蕨菜、薄瓜干、芋灰干、番薯松、狗肉、本地鸡、猪蹄、溪鱼等。

文成美食

🛍 购物指南 SHOPPING GUIDE

名、优、土特产品：在文成主要有亨哈山珍食品、帝师杨梅干红酒、伯温家酒、伯温山泉等。

工艺品、旅游纪念品："冰洋牌"妙竹席、竹凉席、保健妙竹席、枕、垫；毛竹笔筒。

文成县农产品展示销售中心

方山—长屿硐天 风景名胜区

　　方山风景名胜区位于温岭市大溪境内，属于北雁荡山余脉，是国家级风景名胜区，世界地质公园，面积9.88平方公里。方山是典型的火山岩地貌为主体的风景区由流纹质火山岩平台地貌和沟谷溪瀑两部分组成，分为方山、南嵩岩、狮峰三个景区，包括13峰、7嶂、48岩、33洞、26瀑、10潭、3湖、2溪、2泉、2峡、4寺庙，共180多个景点。绚丽多彩的人文景观渗透在雄奇秀美的自然山水之中，是方山景区的景观特色。

　　长屿硐天位于浙江省温岭市境内，1998年4月获世界吉尼斯之最，2005年被联合国教科文组织评为第二批世界地质公园，2007年被建设部评为"最具特色的中国十大风景名胜区"。联合国教科文组织评价长屿硐天景区是"世界上规模最大的人工开发石硐，世界上绝无仅有的奇特景观。"

　　长屿硐天由八仙岩、双门硐、崇国寺和野山四大景区组成，总面积为16.18平方公里，共有28个硐群，1314个硐窟，是南北朝以来人工开采石板后留下来的景观，迄今已有一千五百多年的历史。它以雄、险、奇、巧、幽为特色。景区内硐套硐，硐叠硐，硐硐相连，宛若迷宫；峭壁悬岩，飞瀑流泉，气象恢宏，蔚为壮观。有的硐壁裂缝渗水织彩，形成各式各样的天然壁画，有的硐积水成潭或成长河。硐内凝灰岩削壁成廊，天窗顶空，石架悬桥，层叠有致。位于观夕硐景区的岩洞音乐厅更显造化之神奇，勿用电声设备就具有立体声效。2002年举办了首届中国岩硐音乐会，德国北莱茵州交响管乐团在此成功演出。整个景区景观奇特，世所罕见，是国内独具魅力的风景旅游胜地。

管理机构：温岭市风景旅游管理局
　　地址：温岭市行政中心17楼东
　　邮编：317500
　　电话：0576-86208716
　　传真：0576-86208600

网址：www.wltour.com.cn

方山风景名胜区
　　管理机构：温岭市方山旅游开发有限公司
　　地址：温岭市大溪镇河滨路1号大溪镇人民政府大楼714室
　　邮编：317525
　　电话：0576-86330238
　　传真：0576-86330237
　　网址：http://www.wlfsly.com

长屿硐天风景名胜区
　　管理机构：温岭市长屿硐天旅游实业有限公司
　　地址：温岭市新河镇人民政府619室
　　邮编：317500
　　电话：0576-86598151
　　传真：0576-86592200
　　网址：www.changyudongtian.com

长屿洞天之观夕硐

方山全景

交通 出行宝典
TRANSPORTATION

✈ 台州路桥机场：位于台州市路桥区机场路和东迎宾大道交叉口。距方山和长屿硐天分别为25公里和30公里。

温州永强机场：位于温州市龙湾区机场大道1号。距方山和长屿硐天分别为100公里和120公里。

宁波栎社国际机场：位于宁波市西南。距方山和长屿硐天分别为200公里和220公里。

杭州萧山机场：位于杭州市萧山区，距方山和长屿硐天分别为270公里和290公里。

方山—长屿硐天周边机场分布图

🚆 杭州动车至温岭3个小时。

旅游服务 TRAVEL SERVICE

长屿硐天游客中心坐落于双门硐景区入口处，交通便捷，占地面积6600平方米，建筑面积450平方米。游客中心功能齐全，设有导游服务处、咨询处、影视厅、票务处、旅游线路展示处等，并配置了电子触摸屏等现代化的服务设施，为游客提供方便快捷准确的旅游信息。

游客中心服务内容：

1. 设有票务处，为游客提供景区内各景区（点）的门票销售业务；

2. 设有电脑触摸屏，通过触摸屏游客可以了解到各个景区景点的详细情况、设施及服务的介绍，内容丰富，能满足游客的需要；

3．设有影视厅，可通过影视介绍系统了解景区多方位的信息，游客在休息的同时还可以欣赏到长屿硐天的美丽风光及当地的风俗民情、历史人文；

4．设有供游客休息的设施，数量档次与景区的规模相适应；

5．设有资料架，免费为游客提供游览所需的各种宣传品；

6．设有咨询处，配备专职人员，为游客提供景区景点、餐饮住宿、线路推介等旅游信息咨询，并为游客提供物品寄存等便民服务；

7．在显著位置提供了旅游线路图，让游客的出行更便捷；

8．提供导游（讲解）服务。

长屿硐天风景区游客中心咨询📞0576-86566833

精品线路 *a*

祈愿之旅（1月）

D1：游览方山景区，赴石塘，住渔家屋，吃渔家菜。

D2：早起赴千年曙光园，沐浴第一缕曙光，投放漂流瓶（自理10元／人），早餐后乘车赴世界地质公园：长屿硐天景区，适时送团。

精品线路 *b*

休闲之旅（3—10月）

D1：游览方山景区。

D2：早餐后前往长屿硐天景区，中餐后前往洞下沙滩，感受激情冲浪。

精品线路 *c*

冰夏之旅（6—9月）

D1：游览长屿硐天，欣赏纳凉音乐会（室内外温差8℃～10℃），再赴洞下沙滩享受激情冲浪（时间视潮汛期而定）。

D2：早餐后赴方山景区感受绿荫、赏荷花。

精品线路 *d*

秋日之旅（10—12月）

D1：游览方山景区，欣赏秋日美景，再赴南嵩岩观赏红叶。

D2：早餐后赴长屿硐天景区欣赏岩洞音乐、参观石文化博物馆、熊猫馆。

精品线路 *e*

一日游线路

A线：上午游石塘渔村，体验"渔家乐"；中餐后游长屿硐天景区。

B线：上午游方山景区，中餐后游石塘渔村，体验"渔家乐"。

C线：上午游方山景区，中餐后游长屿硐天景区。

D线：上午游长屿硐天景区，中餐后视潮汐情况赴洞下沙滩。

E线：上午游览长屿硐天景区，中餐后赴东浦农业观光园，体验"农家乐"。

精品线路 *f*

二日游线路

A线：

D1：游览方山景区，住温岭。

D2：游览长屿硐天景区。

B线：

D1：游览长屿硐天景区，住石塘。

D2：早晨观千年曙光，早餐后游石塘渔村，体验"渔家乐"，中餐后赴洞下沙滩。

方山

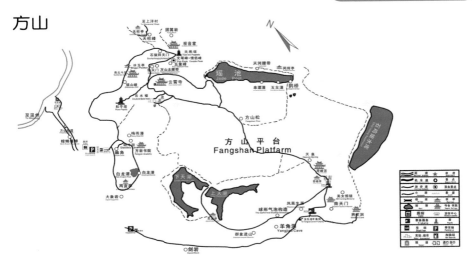

方山风景名胜区导游图

我国最大的火山平台，是对以峰、嶂、岩洞景观为特色的雁荡山奇绝风光的最佳补充，其开阔台地和丰富的地貌景观，在我国火山岩风景区中极为罕见。

从远处看，方山在一片典型的江南丘陵中突然拔起，近四方的巨大山体显得格外突兀，裸露的岩石在光影的不断变换中被映衬得格外巍峨壮阔，山间若隐若现的飞檐则显示了方山悠久的传统文化底蕴。

在方山入口处仰望方山，最高海拔461米的垂直悬崖峭壁所带来的视觉震撼令人突生敬畏之心，而这样的百米绝壁绵延5公里。明代因爱极方山甚至自号"方石"的谢铎就有"绝壁峭莫攀，一方到不得。屹立海东头，障此天西极"的叹息。而现在西天门和南天门都有了宽阔的石级道路，游客可随时在山顶一览众山小。

方山四面绝壁，山顶平坦开阔，面积700多亩，视野开阔，恍若空中平原，天外琼台。顶上四季山花映翠潭，整个方山顶犹如一座巨大的空中花园。有人在方山山顶这样写道：山顶远眺，广宇浩茫，俯瞰山河，猛长"海纳百川，有容乃大"之浩然之气。

方山雄姿

方岩书院

方山天湖

南嵩岩

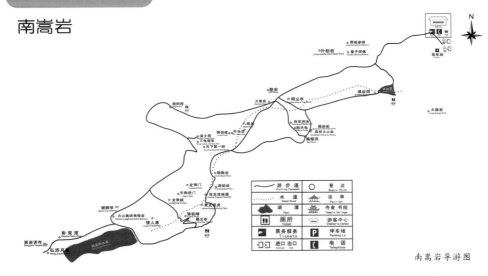

南嵩岩导游图

意思是有苍松奇岩的高山，为了有别于黄岩境内的嵩岩山，所以称为南嵩岩。南嵩岩奇峰突兀，怪石嵯峨，峰峦起伏，溪流曲折，佳木葱茏，素有壁岩碧水之称，景区面积3.2平方公里，主要景点有龙劈门、情人瀑、嵩岩讲寺。

龙劈门是南嵩岩最负盛名的景点，因其龙游遗迹般的地貌而得名。"劈"是方言，用力钻过的意思。龙劈门，即是龙钻过而形成的门。清黄维澄在《嵩岩二门》诗中赞美道："仙关行到处，心地倏然清。崖石千寻立，天光一线横。水穿洞底出，云向岭头生。觅句坐良久，长吟山谷鸣。"情人瀑两边的岩石垂直壁立，仅余一米多宽。峡内有一瀑布，如蛟龙出海，喷珠倾玉，巨响轰鸣。蓄水为潭，潭水黝暗，冰凉彻骨。峡口有横写"峻流函汇"四个字。

嵩岩讲寺坐落于南嵩岩腹地，始建于宋景德年间（1004—1008年），称澄照讲寺，开山祖师是大悲禅师。元延祐年间，秋月禅师在龙鼻岩下建水月禅院。至正年间，水月禅院改赐"嵩岩讲寺"匾额，明朝洪武年间并入澄照讲寺，嵩岩讲寺之名遂沿用至今。清康熙年间，宏济禅师成为临济宗三十三世衣钵传人，至此，嵩岩讲寺已成为临济宗的一个大道场。流传至今，每年有"六月六晒经"法会，盛况空前。

龙劈门

情人瀑

嵩岩讲寺

狮峰

　　狮峰景区素以奇见称，有众多奇异崖壁和洞穴景观，主要景点有狮峰、烟火洞、乌龟驮摇石、天马行空、草鞋洞、双燕岩等。狮峰如雄狮昂首伏卧，五官清晰，轮廓分明，栩栩如生，惟妙惟肖。狮峰南有孤峰拔地而起，状若屏风，远望像一匹踏空奔腾的骏马，称为天马行空。屏间有洞，形似草鞋，又称"草鞋洞"。乌龟驮摇石两石叠置，接触面积仅0.5平方米，人站岩石上使力，会使岩石震动。

雄狮观海

乌龟驮摇石

观夕硐

观夕硐位于双门硐景区凤凰山北麓，是现在长屿硐天开发最为完善的景点，往往成为游客游览的第一站。观夕硐为千年采石留下的最宏伟的硐群，有348个硐体。因此观夕硐即是一个硐群，大大小小的硐串连组合成一体，谓之硐群。观夕硐硐内面积为5.38万平方米，容积为131.21万立方米。

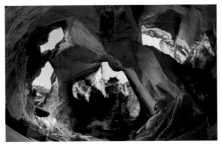

观夕硐——硐天别院

观夕硐——庭院深深

观夕硐硐口狭小，一入硐则豁然开朗，首先映入眼帘的是清冽可人的池水，迂回曲折的水上长廊，还有三个字鲜红的"观夕洞"刻在洞门上。走过水廊，便是硐天弥勒坐镇的大厅，大厅往右拾级而上就有洞内行舟的地方。从坚硬的山谷中以人工凿出来的千百年石硐，便是千百年的积水，而这里死水不腐，清纯如处子，兴许是不入尘世的缘故罢。取道往左，沿着或暗或明的石阶走进另一个硐内，这里三三两两的陈列着不少明代的石用家具类，如巨大的"油碾子"，石用洗衣盆、古代水井架等等。

观夕硐，硐硐相连，弯弯曲曲，从底硐到高硐，相距200多米。上部的硐与硐之间必须架桥相通，观心桥便是其中之一，此桥悬空架设，惊险非常。再往上攀登，快近硐顶时，即可到达天桥，途中可观33尊形态各异的观音浮雕。硐顶有观止亭，每当夕阳西沉，落霞满天，映得硐顶光彩夺目，景色更是迷人。

观夕硐内还有一个闻名海内的自然岩硐音乐厅。显造化之神奇，勿用电声设备就具有立体声效。在2002年3月，国内著名音乐家在"观夕硐"经过实地考察，发现堪称天下一绝的国内首屈一指的自然"岩硐音乐厅"，并在此成功举办了"中国首届岩硐音乐会"，德国北莱茵河交响乐团也曾来此硐演出。

双门硐

双门硐位于独秀峰下、明代进士长屿人李诗璜曰："独秀峰下翠作堆，幽楼如入小蓬莱。山中瑶草无人识，硐里桃花空自开。"清代长屿诗人亦有一首五言绝句："深山不受暑，莫如双门硐。我来风相迎，我去风相送。"这二首诗是对双门硐的绝好写照。

双门硐——盘龙潭

水云硐

　　水云硐位于长屿硐天双门硐景区西侧，系经千百年开矿采石后留下的洞群景观，由52个洞体组成，其中透天洞6个，水洞8个，总面积约1.5万平方米，气势磅礴。

水云硐——天然壁画

中国石文化博物馆系水云硐景区的重要组成部分，为我国最大的洞穴博物馆，洞体岩性为火山碎屑岩，色呈多彩，第一洞厅"洞天福地"深广雄伟，岩壁长年渗水积彩，形成了梅桩、柳枝两幅天然壁画，高100多米，自然形象，极具观赏性。拾级而上，便是奇石馆和艺术馆，奇石馆内各地奇石齐聚一堂，艺术馆内展示着当地石雕艺人的作品，有石狮、石马、石人、石猴等各种石雕工艺品，体现了温岭源远流长的石雕艺术，无不使游客啧啧称奇。周围另有生活馆、采石馆、休闲馆、名人字画馆，风貌各异。《神雕侠侣》、《鹿鼎记》曾取景于此硐，这更为水云硐增添亮丽彩。

凌霄硐

　　凌霄硐位于凤凰山东侧山麓，是长屿硐天28个洞群中的一个，由8个洞体组成。洞

凌霄硐

中游览线有500余米，洞厅总面积约6000余平方米，高度在30～40米之间，高大宽敞，奇幻莫测。全宫设计以生动的立体造型和集声、光、机、电为一体的现代科学技术，通过"时空世界"、"泽被后世"、"浩气千秋"等场景，既反映了生物进化的过程，又体现了中国上下五千年的文明史。其中以盘古开天、后羿射日、夸父逐日、女娲补天、涿鹿大战和大禹治水等神话故事场面，民族英雄杨继业、岳飞等的光辉形象，戚继光率领新河人民消灭倭寇等尤为生动。

双门石窟

　　双门石窟位于石文化博物馆东面，黄监山独秀峰旁。洞内建灵霄宝殿。殿前岩壁有"云月往来"、"酷暑绝迹"、"峭壁重扉"、"亦一洞天"等摩崖石刻，属市文物保护单位。上洞塑有灵官神像，现已不可通行。灵霄宝殿后为下洞，高30多米，形如倒扣石锅，四周岩壁有高浮雕"三清"、"八仙"、"七仙

双门石窟

女"等各路神仙。洞西北角有一池，池上一股泉水从石隙中渗出，饮后沁人心脾。

紧靠双门硐东边为一新开发的石洞，称"观道澄怀壁"。洞中间有一老子雕像，四壁刻老子《道德经》全文和老庄事迹的壁画26幅。老子雕像后有一碧水潭，潭中有一八卦图

案，水中红鲤翕忽。洞后山崖上有一直径12米的太极石刻图，洞东独秀峰上有"石妇人"景观。

在"观道澄怀壁"东边有一露天巨型石雕观音圣像，圣像顶现弥陀，双目垂视，眉如新月。

八仙岩

八仙岩因山巅崖壁上有酷似八仙聚会的山岩而得名，景区绿树成荫，花团锦簇，寺、庵、庙观众多，而且皆以洞为宇，依崖而筑，融宗教文化，自然景观于一体，人称

"仙乡"。亭台楼阁错落有致，石级甬道连结着八仙岩寺、石梁寺、凌霄硐、岱石庙等39个景点。岱石庙洞顶峭壁高百余米，"石破天惊"四字数里外能见。

八仙岩全景

熊猫馆

2010年2月5日开馆，由一个内展馆、两个外展馆组成，占地4300平方米。3只来自四川卧龙中国大熊猫研究中心雅安碧峰峡基地，曾在奥运会上展示的"明星熊猫"福娃、欢欢、淘淘落户温岭。现已非常适应在长屿硐天青山环抱下的舒适生活。

熊猫乐园

特色观赏和体验 UNIQUE SCENERY & FESTIVALS

方山观日月同辉

在每年农历十月初一清晨，可见到日月同辉的奇景：太阳和月亮同时在东海洋面上升起，蔚为壮观。在平常日子方山山顶也是观日出、赏晚霞的绝佳去处，而且由于方山位于东海沿岸，靠近乐清湾，雨水充足，特别在每年的四、五月份常常能看到云海，真正领略风云变幻的仙境之感。

长屿硐天观夕硐岩洞音乐厅

有一个美丽的传说，精美的石头会唱歌，长屿硐天岩硐音乐厅是国内唯一的天然岩硐音乐厅，音乐厅由于硐体深广，石窗顶空，不需要借助任何电声扩音设备，无论站在任何位置都能聆听到频率一样的立体声效果。2002年10月德国莱茵河交响乐团曾在此演出，2003年上海广播交响乐团也在此演出。民乐团每天在音乐厅里进行免费表演。

岩洞音乐厅

演出时间：

上午	9：40—10：00	下午	13：30—13：50
	10：30—10：50		14：30—14：50
			15：30—15：50

方山—长屿硐天四季 SEASON

温岭属亚热带季风气候，受海洋性气候影响明显。总的特点是：四季分明，气候温和，温湿适中，雨量充沛，光照适宜，无霜期长。年平均气温17.3℃。温岭"冬无严寒、夏无酷暑"，再加上丘陵区森林植被的"林荫效应"，因此景区气温比市区平均低3℃~4℃，具有显著的避暑消夏功能。

姹紫嫣红

🛏 住宿 ACCOMMODATION

九龙国际大饭店（准五星）
　🏛 温岭市万昌北路688号
　📞 0576－81688888
　网址：www.korohotel.com
　标间价格：616元

新世界国际大酒店（四星）
　🏛 温岭市大溪镇方山大道1号
　📞 0576－86328888
　标间价格：460元

雷达森大酒店（准四星）
　🏛 温岭市城东街道九龙汇商业街
　📞 0576－81608212／81608213
　标间价格：688~788元（平时5折）

海天假日酒店（三星）
　🏛 温岭市中华北路385号
　📞 0576－86108888
　标间价格：430元（平时8折）

君豪国际大酒店（三星）

🏛 温岭市松门镇远景大道（地税局旁边）

📞 0576－86658888

标间价格：418元（平时7折）

温岭饭店（二星）

🏛 温岭市北门街151号

📞 0576－86106688

标间价格：398元（平时6.5折）

铜锣湾假日酒店（准二星）

🏛 温岭市城东街道曙光东路355号

📞 0576－86087773

标间价格：398元（平时6折）

（以上价格以实际为准）

🍴 美食推荐 CUISINE

温岭"四大名菜"：长屿黄鱼、新河鲻鱼、潘郎鳝面、坞根豆子芽。

温岭特色小吃：嵌糕、清明团子、麦饼筒、锡饼筒、泡虾、山粉糊、重阳糕、炊圆、糖龟（龟在此处读音为"jiu"）。

糖龟

清明团子

坞根豆子芽

潘郎鳝面

新河鲻鱼

长屿黄鱼

麦饼筒

重阳糕

🛍 购物指南 SHOPPING GUIDE

石雕制品、珍珠制品、水产品、云鹏海洋休闲食品、玉麟牌西瓜、滨海葡萄、温岭高橙。

温岭高橙

珍珠制品

天姥山 风景名胜区

　　"天姥连天向天横，势拔五岳掩赤城，天台四万八千丈，对此欲倒东南倾。"大诗人李白在《梦游天姥吟留别》一诗中倾情歌颂了天姥山的不凡气势。千百年来，随着这首名诗的流传，天姥山给世人留下了神奇的印象。

　　天姥山风景名胜区位于浙江省新昌县，包括大佛寺分区、穿岩十九峰分区、沃洲湖分区，涉及范围为143.13平方公里。2009年被国务院列入第七批国家级风景名胜区名单。全国重点开放寺院大佛寺，系南朝古刹，以拥有江南第一大佛——石窟弥勒像和1075尊小石佛而名扬海内外。穿岩十九峰的峰峦幽谷、飞瀑流泉、小溪碧潭，展示了优美的自然风光和山水神韵。沃洲、天姥的湖光山色则为历代文人墨客向往的栖止之地。

　　新昌天姥山风景名胜区以佛教文化、唐诗文化、茶道文化和山水文化为内涵，以石窟造像、丹霞地貌、火山岩石地貌为特色，融人文景观与自然山水为一体，具有游览、观赏及科学考察、科普教育等诸方面价值。

管理机构：新昌县风景旅游管理局
地址：浙江省新昌县鼓山中路49号
邮编：312500
网址：http://www.xinchangtour.com

天姥山

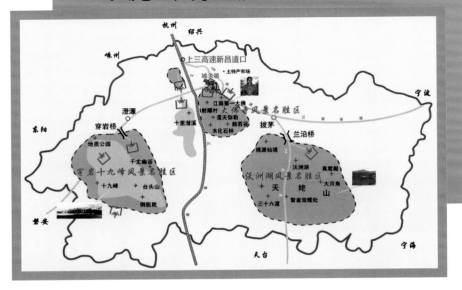

交通 出行宝典
TRANSPORTATION

（一）区外交通

✈ 杭州萧山国际机场、宁波栎社机场、宁波港等距县域均在1～2小时范围。

🚆 可至杭州、绍兴、上虞、宁波、义乌，转乘汽车至新昌。

🚌 杭州、绍兴汽车东站每半小时有快客发新昌，车程分别为1.5小时、1小时；宁波汽车南站每隔45分钟有快客发新昌，车程1.5小时。

新昌客运站 ☎ 0575－86297777

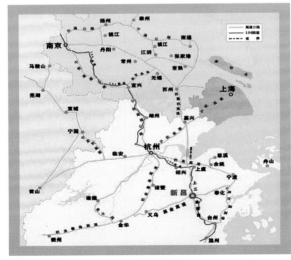

新昌区位图

（二）区内交通

天姥山风景名胜区内部交通由新镜公路、104国道、104国道复线和38省道为主干，若干县乡公路为骨架、景区内游步道为网络形成了一个较为完善的景区内部道路系统。

至穿岩十九峰分区：新昌城区—右转至人民西路前行—右转至鼓山西路前行出城区—沿公路前行16公里至澄潭镇—往镜岭镇方向前行10公里—穿岩十九峰。

至沃洲湖分区：新昌城区—前行约12公里过兰岩村左转上一小路前行3公里左右—沃洲湖分区。

大佛寺风景区：城区内乘2路、6路、7路、8路公交车至白云山庄站点，进入大佛寺风景区大门后，电瓶车费用每人2元，风景区大门至大佛寺山门约2.5公里。

旅游服务 TRAVEL SERVICE

新昌旅游客运中心和新昌旅游集散中心两处设有专门的旅游咨询服务中心，接受旅客咨询投诉，免费提供旅游宣传资料，提供交通、住宿、门票等预订、代办。游客中心设有旅游电子触摸屏，具备旅游自助查询功能。

新昌旅游集散中心　📞 0575－86669999

旅行社	联系电话（0575）	旅行社	联系电话（0575）
新昌旅行社	86240000	光大旅行社	86239637
假日旅行社	86047088	重阳旅行社	86520588
天马旅行社	86039977	友谊旅行社	86044318
天姥旅行社	86026344	海外旅行社	86022822
国大旅行社	86028888	嵊州新世界旅行社新昌营业部	86260008
通联旅行社	86040468	长桥商务旅行社新昌营业部	86048555
风光旅行社	86025097	嵊州市天地旅行社新昌营业部	86046111
经贸旅行社	86046633	经贸旅行社长三角旅游散客集散中心	13758501168
白云旅行社	86238887	浙江中国旅行社有限公司新昌分公司	86383030
快乐旅行社	86241896	金道旅行社	86022822

精品线路

线路A：大佛寺—沃洲湖—十九峰

线路B：大佛寺—十九峰—沃洲湖—沙溪漂流

线路C：大佛寺—千丈幽谷—沃洲湖—沙溪漂流

线路D：大佛寺—天烛仙境—七盘仙谷—十九峰

线路E：大佛寺—达利丝绸—中国茶印

线路F：大佛寺—外婆坑村

大佛寺

大佛寺风景名胜区总面积25.5平方公里，由大佛寺景区、十里潜溪景区、南岩山景区三部分组成。大佛寺内最著名的是依山开凿的弥勒石窟造像，通高16米，两膝相距10.6米，距今已有1600多年历史，是我国早期石窟造像在南方仅存的遗迹，被誉为"江南第一大佛"。而与之毗邻的千佛院，内有1075尊小石佛，人称"江南敦煌石窟"。近年来，景区内相继开发了般若谷、佛心广场、木化石恐龙园、露天弥勒、罗汉洞、射雕村等特色景观。景区游览面积约2.5平方公里，游览时间约三小时。

大佛寺（一）

大佛寺（二）

穿岩十九峰

穿岩十九峰风景名胜区位于新昌县西南22公里，总面积30.6平方公里，由十九峰、千丈幽谷、重阳宫、台头山、倒脱靴等五个景区组成，是以观光、游览、度假、科考为主的山水型省级风景名胜区。穿岩十九峰，自北向南依次命名鬼香炉峰、揽船峰、马鞍峰、新妇峰、棋盘峰、卓剑峰、覆钟峰、望海峰、阳岫峰、泗洲峰、磐峰、蒸饼峰、幞头峰、文殊峰、普贤峰、摆旗峰、狮子峰、鹅鼻峰。各峰鱼贯列队，形态各异，壮观中蕴含秀色，韩妃江、镜岭江中座座倒影平添几分灵气。

千丈幽谷位于十九峰东面，逶迤五里，

穿岩十九峰

是一峡谷，由十九峰、台头山两组丹霞地貌相峙而成。这里作为央视《笑傲江湖》、《射雕英雄传》、《天龙八部》的外景地而名闻全国。谷内怪石峥嵘，流泉飞溅，竹径通幽。过町步、穿岩洞、登栈道、攀石径，沿途有"生命之父"、"生命之母"、铁壁、龙床、飞龙在天、骆驼献宝、金猴献桃、三象入浴、鸳鸯池、卧龙洞等诸多景观。

重阳宫深藏于山峦环抱、碧水流淇的桂竹谷中，素为浙东之道教圣地。重阳宫景区分四部分，由"通灵入妙区"、"太清院"、"月老祠"、"道家文化养生园"组成。重阳宫凭借周围山川的灵秀，道宗的悠远和道脉的绵长，已成为新昌县继大佛寺之后又一处宗教旅游胜地。

千丈幽谷

道气长存

沃洲湖

沃洲湖位于城东12公里处，面积81.8平方公里，由沃洲湖、天姥山、三十六渡等景区组成，以风光秀丽和文化内涵深厚著称。

白居易在《沃洲山禅院记》里称誉："东南山水越为首，剡为面，沃洲天姥为眉目"。沃洲湖之北为沃洲山，道家第十五福地，江南般若学中心之一，士族文化的荟萃之地，也是古代山水诗的发祥地。支道林、

竺道潜等十八高僧，孙绰、王羲之等十八名士曾长期游止于此。沃洲湖之南即李白梦游的天姥山，是风景文化名山，为道家第十六福地，邻近的司马悔山为道家第六十福地。沿着104国道前行，沿途有刘阮庙、惆帐溪、司马悔桥、斑竹古街、会墅岭、太白庙、万马渡等古驿道遗迹和自然风光，汉明帝时刘阮遇仙传说也发生在这里。

万马渡

沃洲湖

天烛仙境

天烛仙境蓄水量达305万立方米，湖长3公里之多，时宽时窄，宽至几百米，窄至几米，弯弯曲曲向幽谷延伸，湖水清纯，碧波荡漾。乘龙船、快艇，游客可饱览古朴的电站和雄伟的大坝，欣赏沿湖风光。这里山不高，层层叠叠，错落有致；树茂盛，高高低低，林涛阵阵。树林中时而冒出一片石林，峻峭峥嵘，怪模怪样；时而探出一、二尊巨岩，似神似兽，惟妙惟肖，令人叫绝。

天烛仙境游览区的浅水湾还有垂钓区、烧烤区等一些参与性项目，风味独特。此外，一些山间低坡处还建有10多间精巧玲珑的小竹楼，可供游客憩息。

天烛湖五指山

七盘仙谷

七盘仙谷观光林业园，离新昌县城5公里。七盘仙谷有峭崖、奇峰、幽涧、瀑潭、清流、密林、茶园等自然景观和山村风情、历史遗址、典故传说等人文景观，又具清新空气、洁净水源、幽雅环境、舒适气候等生态条件。

七盘仙谷

沙溪漂流

景区位于沙溪镇境内，属于三井龙潭景区，与一山之隔的宁波溪口风景区相映生辉。峡谷、潭瀑、绝壁、湖泊及乡村景观充分体现了天姥山古老、原始的自然风貌，幽、秀、奇、险是景区最大特色，三井龙潭、鹰嘴岩、元宝山多景集众，民间故事源远流长。

沙溪漂流

景区内的虎尾峡漂流全程4.3公里，落差近百米，其中3.3公里为峡谷漂流，时光隧道、悬空滑道、短道速降等项目惊险刺激；后半段坡度缓和，鱼舟共行，游客可尽享田园乐趣。虎尾峡漂流以生态峡谷，历史文化，娱乐闯关为主题，音乐漂流贯穿始末，是都市人休闲娱乐，亲近自然的世外桃源。

外婆坑村

外婆坑村

新昌县镜岭镇外婆坑村，位于风光秀丽的新昌西南，与东阳、磐安、嵊州三地交界，距新昌县城42公里，建村已有300多年的历史，祖宗自福建迁入，全村有158户、10多个民族、531人，其中35人为少数民族。这里建筑古朴、保存完好；风俗独特、民风淳朴、热情好客。在这里你可以享受少数民族表演、民俗体验和特色少数民族美食。现在一条宽阔的水泥马路直达外婆坑村，交通十分方便。

特色观赏和体验 UNIQUE SCENERY & FESTIVALS

节假庆典

逢正月十五，端午节，中秋节，及各地庙会，新昌县均有大型民俗庆祝活动。每年一次的沃洲湖真君殿庙会盛况空前，参加者人山人海，多时众逾十万；各种会班，不下数十种，参赛项目繁多。另外，洪唐村是闻名的"舞狮村"，大市聚镇后梁村的"新春盘龙灯"活动，相传也已有数百年历史，作为新昌传统娱乐节目，给人们增添了无限的情趣和欢乐。

除此之外，新昌每年还会举办茶文化节和旅游节。

茶文化节举办时间：每年四月

旅游节举办时间：每年十月

民俗活动

秀气钟聚的新昌，建县已近千年历史，地域文化特色鲜明，拥有许多悠久而又独特的习俗，留下许多民间艺术瑰宝。新昌有舞狮、盘龙灯、吹鼓亭、十番、翻船、三十六行、莲子行、高跷、杂耍等。新昌民俗传统艺术源远流长。

天姥山四季 SEASON

沃洲湖之春

新昌濒临东海，属中亚热带季风气候区，温暖湿润，四季分明，有春夏雨热同步，秋冬光温互补的气候特点。年平均气温为16.2摄氏度，极端最高温度为40.9℃，极端最低气温为−10.3℃。七月平均气温28.6℃，一月平均温度为4.3℃。

住宿 ACCOMMODATION

准五星：
绿城雷迪森大酒店　☎ 0575−86769000
四星：
白云山庄　　　　　☎ 0575−86226688
泰坦国际大酒店　　☎ 0575−86288707
三星：
白云大酒店（速8）　☎ 0575−86228866
鹤群大酒店　　　　☎ 0575−86128999
石城大酒店　　　　☎ 0575−86032800
瑞和度假村　　　　☎ 0575−86289222
国贸大酒店　　　　☎ 0575−86028888

二星：
天姥宾馆　　　　　☎ 0575−86035888
大佛宾馆　　　　　☎ 0575−86222700
新昌宾馆　　　　　☎ 0575−86021888
富豪大酒店　　　　☎ 0575−86020888
富豪假日酒店　　　☎ 0575−86239000
华翔宾馆　　　　　☎ 0575−86030888
日发大酒店　　　　☎ 0575−86299999
新三毛大酒店　　　☎ 0575−86120888

美食推荐 CUISINE

新昌古称剡中，物华天宝、人杰地灵、文化积淀深厚，素有"东南眉目"之美誉。小京生、春饼、芋饺等风味小吃，名闻遐迩。

购物指南 SHOPPING GUIDE

新昌县是素称"八山半水分半田"的山区县，资源丰富，物华天宝，有"小水电之乡"、"长毛兔之乡"、"胶丸之乡"、"中国名茶之乡"、"中国桂花之乡"等美称。"烟、茶、丝、术"四大传统特产闻名于世。大佛寺景区附近有多家购物店，那里聚集了新昌的名、优、土特产品、工艺品、旅游纪念品。

采茶之旅

仙岩 风景名胜区

仙岩风景名胜区是浙江省第一批省级风景名胜区，1999年被命名为"温州市爱国主义教育基地"。景区位于温州市瓯海区东南的仙岩镇，104国道东侧，大罗山西麓，距温州市区19公里，瑞安市区17公里，交通十分便捷。

仙岩山水素有"九狮一象之奇，五潭二井之秀"的美誉，唐末著名道士杜光庭所著《洞天福地记》中称仙岩为"天下第二十六福地"，南宋大理学家朱熹亲笔书赞"溪山第一"，"开天气象"。仙岩风景名胜区由仙岩、化成洞、天河三大景区组成，各具特色；仙岩景区的"三潭一寺"（"三潭"为五潭之中的三个瀑布潭，即：梅雨潭、雷响潭、龙须潭；"一寺"即圣寿禅寺）最为突出，化成洞景区以清幽楼洞为特色，更以洞内的一株千年茶花叫绝，天河景区水景浩淼，尤其百家尖"日月同升"的景象堪称天下奇观。

仙岩旅游历史悠久，人文景观丰富。我国山水诗鼻祖谢灵运在1600年前就留给仙岩一首脍炙人口的诗篇——《舟向仙岩寻三皇井仙迹》；北宋真宗皇帝敕赐仙岩寺为"圣寿祥寺"——当时浙南最大的丛林古刹，它和南宋爱国名臣，永嘉学派先驱陈傅良在此设馆讲学的止斋祠，如今都成为省级文保单位；现代著名散文家朱自清先生的一篇经典力作——"奇异"而"醉人"的《绿》篇，让仙岩的梅雨潭名扬天下，还有唐宋以来的摩崖石刻随处可见。

近年经过不断的开发和完善，仙岩风景名胜区以其独特的风貌正吸引着越来越多的国内外游客。

管理机构：温州市瓯海区风景旅游管理局仙岩分局
地址：瓯海区仙岩镇仙岩风景区
邮编：325062
电话：0577-85320720
网址：http://xianyantravel.net

仙岩

仙岩风景名胜区导游图　　MAP

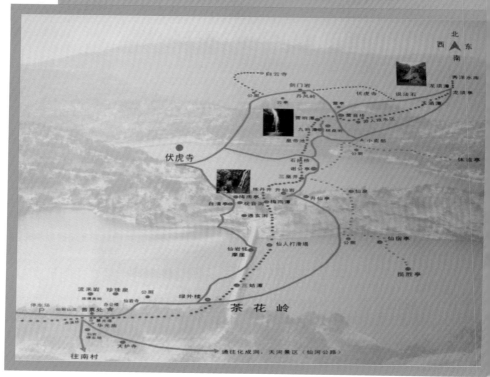

交通 出行宝典
TRANSPORTATION

（一）区外交通

上海—仙岩风景区

　　上沪杭高速公路往杭州方向—经杭州绕城高速公路—上杭甬高速公路往温州方向—上甬台温高速公路，至温州（南）南白象出口—上104国道往瑞安方向—仙岩路口—直达仙岩风景区；

福建方向—仙岩风景区

　　上福建高速公路往浙江温州方向—经甬台温高速公路，至温州（南）南白象出口—上104国道往瑞安方向—仙岩路口—直达仙岩风景区。

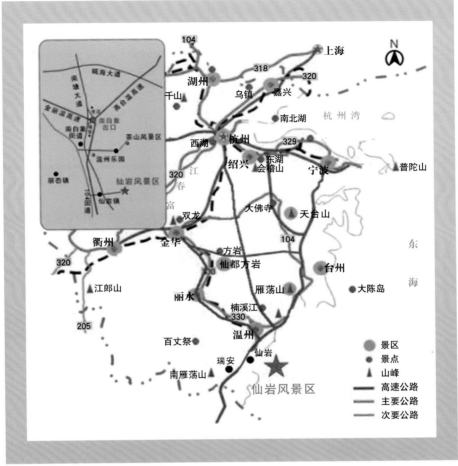

区域交通图

（二）区内交通

温州市区—仙岩

（1）39路公交大巴：黄龙住宅区—瓯海区府—车管所—新南站（火车站附近）—瓯海大道—鹅颈头（茶山路口）—104国道—丽岙—仙岩路口（竹溪）—仙竹公路—仙岩风景区（仙北村）（每半小时一班）；

（2）18路公交大巴：公交一汽（黎明立交桥旁）—党校（飞霞南路）—三板桥—客运中心（牛山北路）—慈湖—育英学校—南白象—丽岙—仙岩路口（竹溪）—仙竹公路—仙岩下林（每15分钟一班）；

（3）11路、19路公交大巴在仙岩路口竹溪停靠站下车再转乘仙岩中巴、18路、39路直达仙岩。

瑞安市区—仙岩

（1）专线中巴：瑞安市客运中心（瑞湖路）—钱塘阳光假日酒店—莘塍路口—仙桥—塘下路口—竹溪路口—仙竹公路—仙岩风景区（每10分钟一班）；

（2）8路、19路公交大巴、温瑞快客在仙岩路口下车转乘仙岩中巴、18路、39路直达仙岩。

甬台温高速出口处：塘下段（罗风）

高速出口上104国道往北—仙岩路口往东—仙竹公路—直达仙岩风景区

旅游服务 TRAVEL SERVICE

仙岩风景区游客中心位于景区入口约100米处，总面积约100平方米，游客中心设施完善，有为游客提供游览线路图，旅游服务指南，导游服务，纪念品，残疾人轮椅，儿童坐椅，语音导游，休息设施，景区影视介绍系统及景区免费宣传资料，矿泉水，报刊等。设立旅游投诉点，有专门受理旅游投诉事件的处理。并设立医务救护站，有专门医务人员为游客治疗意外伤害，配备急救箱，拐杖，担架，常用药品等医疗用品齐全，为游客提供方便。

门票价格：1. 成人票：15元/人
2. 儿童票：10元/人

仙岩游客中心

注：

1. 团体票16人以上：成人8折，高中生、大学生6折，初中生5折、小学生4折优惠。旅行社组团另行优惠。

2. 开放时间：上午7：30—下午4：30 黄金周及节假日开放时间延长。

精品线路

上午：陈傅良"止斋祠"—圣寿禅寺—梅雨潭—雷响潭—龙须潭—三皇井—升仙岩—茶花岭。

中午：骑自行车前往省级特色旅游村—派岩村，品尝派岩野味农家乐。

下午：看千年古茶树—赏化成十大美景（东谷夏阴、南屏东月、西崖秋爽、北峰春秀、中岩夜月、石门锁翠、石焰流霞、青莲花瓣、灵谷传声、云端化成）。结束行程。

梅雨潭

梅雨潭在翠薇岭上、雷潭下。雨岩陡峭、中悬飞瀑、轰然下注潭中，瀑高约数丈，缘石棱层折下喷四溅，宛如细雨蒙蒙，故名梅雨潭。旁有亭翼然，凭栏寒气袭人，沁感肺腑，俯瞰潭水碧波粼粼，令人心旷神怡。清黄体芳撰亭联云："仰看九天落珠玉；坐闻万古酣笙钟"。当代文学家朱自清为梅雨潭而写的散文《绿》，传诵海内。

梅雨潭

雷潭

雷潭又名雷响潭，在梅雨潭上。崭岩环绕、峭壁中断。上有龙须潭潭水淙淙而下，循狭仅数尺的石涧流此而倾泻成潭，深约数丈，水平如镜，两面巨崖夹峙险峻，投以块石，声嗡嗡然回旋耳际，如作雷鸣。

雷响潭

龙须潭

在雷潭之上。瀑布从数十米的高处崖巅而下，缘崖突角折成分流，宛如两条龙须，因风作态、冉冉飞动，遥望颇饶佳趣。前有石亭。

圣寿禅寺

俗名仙岩寺。坐落在积翠峰之麓。始建于唐贞观年间，后经沧桑，屡毁屡建。北宋大中祥符二年（1009年）真宗敕赐"圣寿禅寺"名至今。寺原分五进，今存天王殿、大雄宝殿、法堂等，包括楼、阁、轩、居和禅房共119间。大雄宝殿重檐歇山顶，面阔五间，进深四间，七架抬梁，复斗式藻井，飞檐巨桷，藻饰金碧辉煌。

特色观赏和体验 UNIQUE SCENERY & FESTIVALS

春季宗教朝拜游

线路：仙岩景区圣寿禅寺—伏虎寺—天护寺—白云寺。

夏季红色旅游

访革命旧址，看仙岩新颜

线路：鱼潭中村灵佑殿（浙南一大会址）—刘基庙—穗丰公园—西周土墩墓遗址—仙岩景区梅雨潭（岩洞）—化成洞景区派岩村红色根据地—采摘杨梅。

秋季跟着名人踪迹游仙岩

线路：陈傅良"止斋祠"—朱熹"开天气象、溪山第一"牌—圣寿禅寺—杜光庭《洞天福地记》天下第二十六福地—弘一法师纪念塔—姚揆 撰《仙岩铭》—朱自清 梅雨潭《绿》—摩崖石刻—弘一法师伏虎寺—山水诗鼻祖谢灵运《舟向仙岩寻三皇井仙迹》。

冬季瓯柑采摘游

线路：天河景区探天河看百家尖日月同升—化成洞景区采摘瓯柑—看千年古茶树—赏化成十大美景（东谷夏阴、南屏东月、西崖秋爽、北峰春秀、中岩夜月、石门锁翠、石焰流霞、青莲花瓣、灵谷传声、云端化成）。

仙岩四季 SEASON

季节	春季	夏季	秋季	冬季
温度	8℃～20℃	18℃～35℃	10℃～28℃	0℃～16℃
旅游指数	非常适宜 暖风吹拂，万物复苏，桃红绿柳，鸟语花香，春光醉人，美妙绝伦，是春游的大好时光	较适宜 白云飘飘、较热，但风稍大，能缓解较热的天气。较适宜旅游，您仍可陶醉于大自然的美丽风光中	非常适宜 秋高气爽，阳光明媚，气候宜人，到处都呈现出一派生机勃勃的景象，最适合旅游	较适宜 早晚较冷，中午较适宜旅游，基本上无下雪，但您仍可领略到仙岩山水的风光
穿衣指数	天气舒适，建议着长袖衬衫、毛衣、夹克，最好还是准备一件薄外套	天气炎热，建议着短衫、短裙、短裤、薄型T恤衫、敞领短袖棉衫等清凉夏季服装	天气舒适，早晚穿厚外套，中午比较热。建议着衬衫、夹克、长裙、长裤等秋季服装	天气较冷，建议带厚外套、手套、围巾，着棉衣、棉裤等保暖冬季服装

🛏 住宿 ACCOMMODATION

1. 望圣酒家、望象饭庄：共有客房10间，床位20张。
2. 圣寿禅寺香客房：共有20间，床位20张。

🍴 美食推荐 CUISINE

本地野山鸡、野猪、鲤鱼、田鱼、马蹄笋、野菜、溪鱼干、羊肉、牛肉。
餐厅推荐：绿外楼餐厅、望圣酒家、望象饭庄、圣寿禅寺素餐馆。

🛍 购物指南 SHOPPING GUIDE

土特产猪油渣，海鲜干等特色产品。

南北湖 风景名胜区

南北湖，我国唯一融山、海、湖为一体的风景名胜区，浙江省第一批省级风景名胜区，浙江最佳休闲度假胜地，国家ＡＡＡＡ级旅游景区。南北湖位于杭州湾北岸海盐县境内，总面积45平方公里，由湖塘、山林、滨海、古城四大景区组成，拥有丰富的自然资源和人文景观。我国著名园林专家陈从周盛赞其"山有层次，水有曲折，海有奇景，集雄健与雅秀于一处，历来为南宋水墨山水的范本，文人画家描绘歌咏之宝地，比瘦西湖逸秀，比西子湖玲珑，能兼两者之长"。

南北湖，山围湖而立，海仗山湖而依，湖光、山色、海景相互映衬。景区因湖得名，却成名于山、海、湖融为一体的自然风光。核心区两湖面积1800亩，三面环山，一面临海，湖形曲折。湖中有白鹭洲，蝴蝶岛，湖中堤，湖内岛，自然别致，相得益彰。环抱的群山，为天目山余脉，山体连绵，近翠远黛。山腰有"夜普陀"之称的千年古刹云岫庵。庵右为鹰窠顶，每年农历十月初一凌晨，可观东南第一奇景"日月并升"。往西北不远处，有白云阁，高阁凌空，是观赏山海湖全景的最佳处。天气晴朗时，在阁上更能远眺杭州湾跨海大桥。南、北木山夹峙的谈仙石城地势险要，为历代兵家必争之地，亦为古驿道关隘，享有"我国最小的石城"和"江南八达岭"之誉。南端的濒海，有巨石狮子头，闻名中外的"钱江潮"就在此形成。

南北湖的美是闲淡的，剔去些姹紫嫣红的热闹，多了几分苇草在和风下的招招摇摇。有山水，有田园，有农家，成片的茶园、果树，竹林，透着浓厚的山野气息，颇有"采菊东篱下，悠然见南山"的味道，以其闲雅野趣保留了江南一片真山水。

管理机构：海盐县南北湖风景区管理委员会

经营机构：海盐县南北湖旅游投资集团有限公司

地址：浙江省海盐县南北湖风景区

邮编：314302

旅游热线：0573—86513123

传真：0573—86510167

门户网站：www.nanbeihu.com.cn

南北湖全景

南北湖风景名胜区导游图　MAP

N

无烟景区
核心景区

景点 Tourist attractions
山 Mountain
景观 Landscape
公交线路1 Touring line 1
公交线路2 Touring line 2
公交线路3 Touring line 3
站点 Station
禁止吸烟 No Smoking
售票处 Ticket Office
入口 Way in
出口 Way out
停车场 Parking
公共厕所 WC
电话 Telephone
宾馆、饭店 Accommodation
休闲项目 Leisure projects
古道 Trail
卫生院 Clinic
问讯 Information

北大门
游客中心 Visitor Centre
惠泉寺 Huiquan Temple
金牛山大酒店 Jinniu Hill Hotel
金牛古洞 Ancient Jinniu Cave
拓展 Outward Bound
杨柳山庄 Anbuliu Resort
月亮城堡酒店 Moon Castle Hotel
拓展 Outward Bound
植物园(中韩友好园) Sunnan Botanical Garden
鸿盛度假村 Hongsheng Holiday Village
尚书坟 The Tomb of Shang Shu
永安亭 Yongan Kiosk
东大门
革命烈士纪念碑 The Revolutionary Martyr Monument
桐乡南北湖山庄 Tongxiang Nanbeihu Lake Resort
芦仙城 Lixian Trading Town
名人文化区 Celebrity Cultural Area
一壶天地
白鹭洲 The Egret Islet
游船 Yacht
东小宛商业街 Dong Xiaowan Comerce Street
凤越王公园 King Wuyue Park
西洞庭堂 Xidong Memorial Hall
明星亭 Ten Stars Pavilion
鲍公堤 Baogong dike
新望波浪酒店 New Bihu Hotel
换乘中心 Transfer center
西小宛 Xi Xiaowan
听泉茶室 Xingu Kiosk
鹰谷亭
湖滨休闲山庄 Lakeshore Leisure Village
南京酒店 Nanjing Hotel
水上迪斯尼、竹筏
水上乐园 Water park
绕桥、真人CS Barbecue reality CS
明亭 Ming Kiosk
蝴蝶岛 The Butterfly Island
望湖亭 Wang Hu Pavilion
谈仙石城 Tanxian Stone Castle
新四军浙北支队旧址 The Former Site of the New Fourth Army Beizhi Crew
浙北第一茶楼
白云阁 White Cloud Pavilion
西湾渔庄 Fishing Manor
云岫庵 Yunxiu Nunnery
古道登山 Mountain Trail
九曲径 Jiu Qujing
汽车越野 The Automobile Race and Climbing
鹰窠顶 Yingke Peak
黄沙坞 Huangshawu
钱江潮源 The Source of Qiantang River Tide
海边拾趣 The Seashore Activities

交通 出行宝典
TRANSPORTATION

（一）区外交通

南北湖风景名胜区位于杭州湾跨海大桥北岸，距上海110公里，杭州80公里，苏州120公里，嘉兴58公里，地处长三角的中心地带，地理区域优越，交通便捷。沪杭高速公路、杭浦高速公路、乍嘉苏高速公路穿境而过，再加上跨海大桥的建成通车，形成了南北湖至上海、杭州、苏州、宁波四大都市的一小时交通圈。

上海——从沪金高速（S4线）至杭浦高速（杭州方向）南北湖出口下，直行12公里到南北湖（北大门）；

杭州——走绕城北高速（大井互通）上杭浦高速（浦东方向）南北湖出口下，直行12公里到南北湖（北大门）；

苏州——走苏嘉杭高速转乍嘉苏高速（乍浦方向），在海盐出口下（海盐方向），走S101（杭州方向）至通元路口左拐，直行8公里到南北湖（北大门）；

宁波——走沈海高速（过杭州湾跨海大桥）至杭浦高速（杭州方向）南北湖出口下，直行至南北湖（北大门）。

区域交通图

（二）区内交通

1号线：东大门<-->名人文化区<-->弈仙城<-->换乘中心；

2号线：北大门<-->惠泉寺<-->金牛山大酒店<-->金牛洞<-->弈仙城<-->换乘中心；

3号线：换乘中心<-->新公墓<-->谈仙石城<-->新四军海北支队旧址<-->望湖亭<-->白云阁<-->鹰窠顶。

票价：
湖区景交：3元/人/次
上（下）山景交：10元/人/3次

旅游服务 TRAVEL SERVICE

景区提供讲解服务：120元/团/天
门票价格：80元/人
开放时间：08：00-16：30（夏至17：00）
咨询 📞 0573-86513123

景交 📞 0573-86513318
导游 📞 0573-86566722
投诉 📞 0573-86568567
救援 📞 0573-86514586

精品线路

一日游

线路1：谈仙石城—白云阁—蝴蝶岛—白鹭洲。

线路2：白云阁—谈仙石城—白鹭洲—金九避难处—黄源藏书楼—陈从周艺术馆。

二日游

D1：金九避难处—陈从周艺术馆—黄源藏书楼—蝴蝶岛—白鹭洲。

D2：云岫庵（鹰窠顶）—白云阁—谈仙石城。

自驾休闲度假游

D1：白鹭洲—蝴蝶岛—湖区休闲。

D2：云岫庵（鹰窠顶）—白云阁—谈仙石城—农家乐。

白鹭洲

白鹭洲因夏末秋初成群的白鹭飞临栖息而得名，自古便是赏月的最佳处，历代文人雅士纷纷踏岛赏游。其间一景"澉湖秋月"，乃是"澉川八景"之一。著名文人许相卿、孙一元等，泛舟湖上，吟诗对唱，一时传为佳话。海盐腔创始人杨梓常携歌姬和家眷在水榭中演唱，并把南北湖普入笙歌，南北湖更声名远播。

白鹭洲

白云阁

白云阁位于鹰窠顶和南木山间，环湖群山制高点的中心处，海拔165米，高18米。阁为三层正方形仿古建筑，面积594平方米，高阁凌空，气势雄伟，东视双湖，南眺钱江，放眼浙北。白云阁是景区标志性建筑之一，气势恢宏，气象万千，湖光山色尽收眼底。阁中的茶楼被誉称"浙北第一茶楼"。

陈从周艺术馆

陈从周（1918-2000年），号梓翁，上海

陈从周艺术馆

同济大学教授，著名园林建筑专家，被称为"创造园林艺术美的大师"。对继承、保护和发展中国古建筑、古典园林上作出了杰出贡献，对南北湖的拯救曾不遗余力。

蝴蝶岛

蝴蝶岛

蝴蝶岛是为纪念1931年沪上影星胡蝶在南北湖拍摄《盐潮》而堆砌的小岛，状似蝴蝶，是休闲品茗的佳处。筑有山海阁共三层，层层敞开，面面洞然，三面皆山，一面向海，阁虽小却能包容湖山海景。闲时邀三两知己，闲庭信步或对酒当歌，岂不快哉。

黄沙坞

黄沙坞是南北湖内最幽静的小山村，人称"世外桃源"。因其三面环山，一面临海，形成了冬暖夏凉的小气候，坞内遍植桔树，所产的橘子以其甜酸适度，而誉满江南，逾七百多年的历史，故又被称为"浙北桔乡"。

黄沙坞

金九避难处

金九避难处

1932年，韩国民族英雄金九在上海组织"虹口公园"爆炸事件后，在南北湖载青别墅避难半年之久，最终安全脱险，成就了中韩友谊史上的一段佳话。

钱江潮源

南北湖位于钱塘江喇叭形口，在巨岩狮子头处形成钱江潮源。钱江潮以其气势磅礴的壮观景象而闻名于世。据水文资料记载，狮子头一带平均潮差5.6米，最大潮差8.93米，在农历初一和十五后的三天里都可以看到起潮。

钱江潮源

谈仙石城

黄源藏书楼

谈仙石城

　　谈仙石城始建于清道光二十四年，位于海拔96.7米的谈仙岭上，因其岭险城雄，为历代兵家必争之地。被称为"江南八达岭"。相传南唐道士谭峭在此炼丹得道成仙。2000年上半年经各方专家测量，南北长72.4米，东西阔41.3米，高5.7米，经公正评定，确认谈仙石城是目前我国最小的石城，载入大世界吉尼斯。

黄源藏书楼

　　黄源藏书楼为纪念著名文学家、翻译家，鲁迅的学生和战友黄源先生向家乡捐书近万册而建。黄源（1906－2003年），浙江海盐人。20世纪20年代后期投身革命文化运动，新中国成立后曾任华东文化部副部长，浙江省委宣传部副部长兼文化局局长，主持改编昆剧《十五贯》，被誉为"一出戏救活了一个剧种"。

吴越王庙

鹰窠顶

云岫庵

吴越王庙

　　吴越王庙始建于宋崇宁年间，庙内供奉五代吴越国王钱（852－932年）。因在海盐境内，挥筑海塘，筑堰闸，疏浚河道造福百姓而被立祠纪念。

鹰窠顶

　　鹰窠顶属环湖诸山中的一峰，海拔184.6米，是观赏海上日出的绝妙所在。每逢农历十月初一清晨，登鹰窠顶可观日月并升，被誉为东南第一奇观。

云岫庵

　　云岫庵始建于北宋建隆年间，海拔150米，庵名出自东晋陶渊明名句："云无心以出岫，鸟倦飞而知返。"因观世音菩萨夜间从普陀跨海来此休息，而被誉为"海上名山"、"夜普陀"。

特色观赏和体验 UNIQUE SCENERY & FESTIVALS

东南第一奇景"日月并升"

"日月并升"又称"日月合璧",被誉为东南第一奇景,它是指太阳和月亮同时升起,农历十月初一,在鹰窠顶可观此景象。历史上最早记载日月并升的是明代万历年间(1573—1619年)。清末著名出版家、邑人张元济先生撰《鹰窠顶观日》一文曰:"有若剪纸为圆月者,贴日上翕翕动,不暂离而摩荡其中。日离海二三丈许,乃不见。"近年来,吸引了很多天文爱好者前来观赏这一天文奇观。

日月并升

节庆活动

中国海盐南北湖旅游节　自1996以来,每年在5月份都举办南北湖观光旅游节。旅游节以大型文艺晚会、山水实景表演、名家采风等多种形式,充分展示南北湖旅游资源、文化特色与民俗风情。

时间:每年4、5月间

南北湖金秋风情游　中秋赏月,观"日月并升",看钱江潮源,赏桔、采桔、品桔是金秋风情游的主要活动内容之一。白鹭洲有"澉浦秋月"之美誉。"日月并升"和钱江潮是杭州湾令人惊叹拍案的天地两绝。采橘、赏橘、品橘是一项游乐活动,游客可到橘园欣赏果满枝头的丰收景象,品尝亲手采摘的"树头鲜"。整个风情游节目丰富多彩,寓游寓乐。

时间:每年9、10月间

橘园采摘

游南北湖、品农家菜、住山水房

南北湖农家乐作为生态休闲旅游特色项目，历经多年发展，遍布景区的每个角落。南北湖农家乐以"游南北湖、吃农家菜、住山水房"为特点，以景区优美的环境和完善的设施为依托，让游客既品尝到朴实美味的

南北湖风光

户外运动基地

南北湖地处杭州湾北岸海盐县境内，总面积45平方公里，拥有多种生态环境，户外运动资源得天独厚。近年来，南北湖户外运动基地发展迅速，形成了一系列丰富多彩的户外体验项目。

农家菜肴，又能休憩于风光旖旎的田园之中。在不同的季节，游客可参加采制新茶、湖上泛舟、岸边垂钓、山林采橘、海边捉蟹、竹海挖笋等一系列"农家"活动，尽情地做一回山野村夫，重温农业劳作的乐趣。

南北湖四季 SEASON

南北湖地处北亚热带南缘，属东亚季风气候，温暖湿润，四季分明，日光充足，热量丰富，降水充沛，霜期不长，是典型的海洋性气候，夏无酷暑，冬无严寒。湖区年平均气温16.3℃，极端最高温度为37.5℃，极端最低温度为0℃。

春日的南北湖桃红柳绿，百花争艳，茶树吐新；夏天万木垂荫，荷花竞放，湖海浪游；秋季遍野金黄，丹桂飘香，橘压枝头；冬时鹰窠晴雪，苍山皑皑，山海湖浑然一体。

南北湖之春

🛏 住宿 ACCOMMODATION

南北湖月亮城堡酒店
📞 0573-86568888
标准间：680元/间

荣昌度假村
📞 0573-86566222
标准间：450元/间

金牛山大酒店
📞 0573-86566777
标准间：380元/间

湾景宾馆
📞 0573-86516222
湖景房：400元/间

桃源山庄
📞 0573-86566000
标准间：380元/间

湖滨休闲山庄
📞 0573-86516333
标准间：390元/间

新碧波宾馆
📞 0573-86516008
标准间：160元/间

艳阳南北湖山庄
📞 0573-86516666
标准间：318元/间

（以上价格以实际为准）

🍴 美食推荐 CUISINE

"山珍海味湖鲜"是南北湖的餐饮特色，海味有"春鲻夏鲈秋箬鳎"之说；山珍有山林土鸡、四季山笋等；湖鲜有鲑鱼、清水白条、鲢鱼、河虾……红烧羊肉色泽红亮、酥而不烂、油而不腻、味美极佳，自古便是"一绝"。还有醋烧鱼等农家菜。

清蒸鲻鱼

蘸汁马兰头

红烧羊肉

土鸡煲

🛍 购物指南 SHOPPING GUIDE

云岫茶　生长在群山环抱的山间，采摘自清明前一芽一叶或二叶的嫩芽，精制而成。

柑橘　栽种柑橘的历史达700多年，肉厚皮薄，汁浓味美。

湖鲜　南北湖盛产鲻鱼及多种海虾蟹贝。

山笋　春有春笋，冬有冬笋，夏秋鞭笋。

注：景区东小宛商业街可购买南北湖特产。

青顶茶

泽雅 风景名胜区

素有温州"西雁荡"之美誉的浙江省级风景名胜区泽雅，位于温州市区西北部18公里处，总规划面积119.16平方公里，以群瀑、碧潭、幽峡、奇岩、翠竹等自然景观为特色，分为七瀑涧、金坑峡、高山角、泽雅湖、纸山、崎云、五凤八大景区230多处景点。泽雅景区不仅拥有秀美奇特的自然山水，而且人文景观更是独树一帜，其中国家文保单位"四连碓造纸作坊群"的古法造纸被称为"中国造纸术的活化石"，另外区内还拥有十分完整的明清古建民居和古桥，是对泽雅人文历史很好的诠释。泽雅风景名胜区颐养深闺，芳泽雅美，游离于山涧峡谷之间，委婉中见雄伟，朴野中见珍奇；山溪蜿蜒，群峰逶迤，村落影绰，居民眷依、千年纸山……奇特的山水融淳朴的山村风情自然构成了一幅独一无二的风景画卷。

泽雅风景名胜区被列入第二批省级风景名胜区后，一直得到上级部门和社会各界人士的大力支持，投入大量的资金不断地对景区基础设施的建设，先后于1994年，开放了七瀑涧景区；2000年，开放了崎云景区；2002年，开放了四连碓和珠岩景区，向社会引资开发并开放了金坑峡景区。景区服务配套设施也日臻完善，相继建成了燎原山庄、别有天山庄及规模不等的农家旅舍，水碓坑村纸山农家和泽雅旅游服务中心已经进入实施阶段，参与性的"农家乐"游玩项目发展更是势头迅猛。

管理机构：瓯海区风景旅游管理局泽雅分局
地址：温州市瓯海区泽雅镇政府三楼
邮编：325023

泽雅——梯田风光

交通 出行宝典
TRANSPORTATION

温州市区至泽雅风景名胜区设有交通班车：10路、12路、72路公交线路和中巴车瓯10路及瓯01路。

杭州高速至温州南白象出口至瓯海大道经瞿溪镇、天长岭隧道、泽雅大道、瓯湖公路到达泽雅省级风景名胜区（沿路有交通指示牌，温州南白象出口至泽雅省级风景区约35公里，车程40分钟左右）。

旅游服务 TRAVEL SERVICE

景区票价：
七瀑涧景区：成人25元／人，儿童15元／人；
金坑峡景区：成人20元／人，儿童10元／人；
四连碓：成人10元／人，儿童5元／人；珠岩景区5元／人；
崎云景区：成人10元／人，儿童5元／人。

泽雅七瀑涧游客服务中心

精品线路

七瀑涧景区（深箩—鳄鱼潭—龙虎潭—天窗飞瀑—庙后七寄树）—金坑峡—四连碓造纸作坊群

七瀑涧

一涧七瀑，一折高一折，一瀑胜一瀑；第一瀑深箩祭似从天而挂，吼声如雷；龙虎瀑、九条瀑、落霞瀑三瀑相连，高达120余米，形态各异，气势磅礴，蔚为壮观。

七瀑涧

金坑峡

金坑峡景区是泽雅的主要景区之一，总面积3.19平方公里。境内山清水秀，林郁竹翠，峰险洞幽，岩怪石奇，瀑美潭碧，素有"浙南大峡谷"、"温州第一峡"美誉。金坑峡内一溪九瀑，形态各异：有半岭飞瀑、金坑银瀑、珠绫瀑、龙须瀑等，一瀑胜过一瀑，瀑瀑引人入胜。峡内奇峰怪石，移步换形：有老鹰岩、金鸡石、天柱峰、五指峰、蜡烛门、金蟾望月、狮子饮水、悟空脸谱、老翁听瀑、大小天门等，鬼斧神工，叹为观止。此外，还有通天洞、穿山洞、盘丝洞、峡谷天池、雄狮舞球和千年红豆杉群落等众多景点。

通幽峡

四连碓造纸作坊

泽雅山区水多竹茂，元明时代的先民在此顺溪建造水渠、碓轮及纸坊，并与山水浑然一体。鼎盛时期有数千人从事造纸，到处是水碓和纸坊，所以泽雅在明代也被称为"纸山"。其中四连碓造纸作坊建于明朝初年，水渠长约230米，顺流分4级水碓，可反复利用水力资源，故名"四连碓"。2001年，四连碓造纸作坊被国务院列为全国重点文物保护单位。

四连碓

特色观赏和体验 UNIQUE SCENERY & FESTIVALS

正月十三"周岙挑灯"

"周岙挑灯" 被称作是浙南地区保存最好、最热闹、最有韵味的元宵灯会民俗活动。该活动据传始于明嘉靖年间，一直延续至今。周岙挑灯会当天，白天有赏灯、猜

周岙挑灯

灯谜、花灯评选等活动，晚上则有挑灯巡游活动。届时当地的村民们都会自发加入，挑着、提着几千盏五颜六色的花灯在夜幕下的街道、乡间穿行，如同一条巨大火龙在流动，场景非常壮观。

时间：每年正月十三，一般为晚上7点至10点半。

🛏 住宿 ACCOMMODATION

别有天山庄　📞 0577-86312888
燎原山庄　　📞 0577-86318586
西雁度假村　📞 0577-86318584

🍴 美食推荐 CUISINE

本地家鸡烧汤圆、清汤包头鱼、奶汤鲤鱼、硬炒粉干、农家豆腐鲞、家烧田鱼、溪鱼干、羊肉煲。

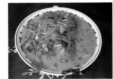
家烧田鱼

家鸡烧汤圆

🛍 购物指南 SHOPPING GUIDE

瓯海有"中国杨梅之乡"和"中国瓯柑之乡"的称号，农副土特产较为丰富，主要有茶山丁岙杨梅、瓯海瓯柑、"黄叶早"茶叶、泽雅屏纸、三菱角等。另外还有豆腐鲞、五凤粉丝、溪鱼干、笋干等特色产品。

瑶溪 风景名胜区

瑶溪风景名胜区位于温州市龙湾区瑶溪镇境内，属大罗山脉，是浙江省级风景名胜区。瑶溪，本名瑶川，因溪而得名，因其"溪石皆玉色"，遂改名瑶溪。景区面积为13.5平方公里，水体景观丰富多彩。瑶溪水发源于大罗山东谷，高山石罅中涓涓渗出，汇成溪流，沿瑶溪泷6公里峡谷跌宕流泻。碧溪幽谷，飞瀑深潭，苍崖夹峪，孤峰峭壁，石柱叠岩，分金钟瀑、瑶溪泷、钟秀园、龙冈山和千佛塔五大景区，共100余个景点，尤以幽谷金钟、水石同踪、铁壁潭影、梅林情深、山色湖光、鹭鸶闲云、烟雨朦胧、仙叠龙岗、千佛春秋、钟灵毓秀十大景观最为著名。

龙湾自然风光秀丽。依山傍水，河网纵横，为观赏海滨风貌的好地方。除瑶溪风景名胜区外，辖区内的天柱风景区以"峰奇、石怪、瀑飞、水碧、庙古"见胜，灵昆岛是浙江省唯一的滨海度假区，大岙农业观光区以

植被完美无缺被人称之为"浙南绿宝石"。

龙湾人杰地灵，文化积淀深厚。有被国务院列入全国重点文物保护单位的古城堡——永昌堡，唐朝的国安寺、宋朝的千佛塔、清朝的古炮台等一批古迹。龙湾更是历史名人荟萃的地方，有南宋状元赵建大、明朝嘉靖内阁首辅张璁、明朝弘治榜眼礼部侍郎王瓒等。

龙湾，有山的味道，有海的味道，有古韵丰华的味道，更有旅游快乐的味道。欢迎您来品尝龙湾的味道。

管理机构：温州市龙湾区风景旅游管理局
地址：龙湾区行政管理 中心4楼
邮编：325058
电话：0577-86968190

瑶溪风光

瑶溪风景名胜区导游图 MAP

交通 出行宝典
TRANSPORTATION

龙湾区是温州市区的东大门，机场大道、温州大道、瓯海大道横穿全区，将龙湾区中心与温州市中心紧密联系起来。龙湾区又是浙南闽北的海陆空立体交通枢纽：区内有温州永强机场、温州港万吨级码头等，甬台温高速公路和规划中的沿海高速公路纵贯其中。

行车线路：

瑶溪风景名胜区：瓯海大道瑶溪出口下，经77省道，往永强方向即可到达。

天柱风景区：瓯海大道机场口下，经永强大道往瑞安方向大约5公里，即可见景区指示牌。

永昌堡：瓯海大道龙湾区府路口下，经高新大道，至永中街道新城村，到达永昌堡。

古炮台山：瓯海大道瑶溪出口下，向北白楼出口下，过龙湾码头，到龙东村，出口到炮台山。

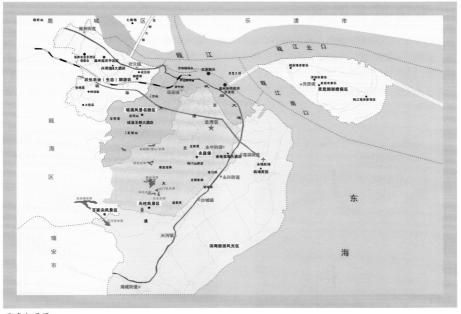

区域交通图

精品线路 *a*

D1.上午：瑶溪风景名胜区，游览钟秀园景区、瑶溪垅景区、金钟瀑景区；
　　下午：永强大堤、炮台山、灵昆海鲜养殖场、品尝灵昆特色海鲜。
D2.上午：永昌堡、张璁祖祠；
　　下午：农业旅游观光园、李王尖田园生态景区。

精品线路 *b*

D1.上午：百家尖风景区，浏览郑岙古岭、天河东西水库风光、群仙
　　　　岩、石瀑岩、西头山居、百家尖天然地质风貌、长坑溪；
　　下午：天柱山风景区，游览水帘洞、天柱寺、龙潭碧波、五折飞瀑、
　　　　盘谷湖、观海坪、荥阳洞、第一山。
D2.上午：永昌堡、张璁祖祠；
　　下午：永强大堤、炮台山、灵昆海鲜养殖场、品尝灵昆特色海鲜。

瑶溪风景名胜区

　　位于龙湾区瑶溪镇境内，距温州市中心16公里，距飞机场仅4公里。瑶溪因溪石皆玉色而得名，素有"桃源仙境"之盛誉。瑶溪又是温州历史文化名胜荟萃之地，龙冈山遗址，距今四五千年；唐立国安寺，宋造千佛塔，明建玄真观。明清以来名士云集，尤其是明朝大学士张璁曾在此居住长达36年，留下许多的文物古迹和动人的传说。众多摩崖碑刻、文物古迹点缀于碧水玉石之间，自然风光与人文英华浑然一体，交相辉映，构成了一幅奇异瑰丽的画卷。

板嶂潭

瑶溪涚

烟雨亭

瑶溪泷

沿溪入山，便见险峻瑶溪泷峡谷。两岸青山对峙，峭壁千仞；溪中乱石叠叠，水石相搏，卷起白雪千堆。春雨霏霏之际，山色迷蒙，似入幻境。大雨之后，溪水奔腾汹涌，却又是一番景象。

钟秀园

钟秀园即宋瑶溪果园，为瑶溪风景区入口处。瑶溪及其支流穿越其间，盛产雪梨、蜜桃、柑桔和甜橙等。春暖花开时，满园果花，芳香沁人。

洗足潭

洗足潭在峡谷夹壁下，水色湛蓝，旁有平坦石台，相传为仙人濯足处。鹭鸶潭三面悬崖峭壁，潭水出口芦苇丛生，形如一鹭鸶。

金钟瀑

金钟瀑在龙船头峡谷间，一瀑三折，倾入碧波深潭之中，声如洪钟轰鸣。景点内尚有张璁别墅、贞义书院、一品家庙和青宫太师等10多座牌坊。

龙冈山遗址

龙冈山遗址为新石器晚期至战国，位于上河滨龙冈山，范围约1500平方米，遗物丰富，有石器和陶器两类。

国安寺石塔

国安寺石塔在皇岙村。国安寺建于唐乾符(874—879年)间。原九进，计大小百间，木石结构，现存三进，为清中期改建。石塔位于寺院的东首，建于北宋元祐五年(1090年)，因塔身浮雕佛像1026尊，亦称千佛石塔。塔系青石仿木结构，楼阁式，平面呈六边形，9层实心。塔顶早毁，残高17余米，台基雕"九山八海"纹，须弥座刻仰覆莲，束腰各面浮雕狮兽。塔身每层面表石板上均浮雕多尊佛像，分排趺坐于壶门内莲花座或须弥座上，并雕有身光和垂幔。1988年6月7日浙江省文物局批复国安寺石塔塔刹、副阶复原设计。1989年12月12日被列为第三批浙江省级文物保护单位。

金钟瀑

国安寺石塔

天柱之春

天柱风景名胜区

　　地处瓯江口南岸、大罗山东麓，总面积12平方公里。距市区中心28公里，离温州机场仅5公里。景区名胜古迹星罗棋布，人文景观丰富，以"峰奇、石怪、瀑飞、水碧、庙古"见胜，有荥阳园、观海坪、天柱寺、盘谷湖、五折瀑、天柱峰、弥勒峰、观音峰、美人峰、鲤鱼倒游、狮子壁、陶成洞、老虎洞、爬山石、母子岩、骆驼石、八戒贪吃、仙人影、第一山、百家尖等四五十个主要景点。诸景相得益彰，交映生辉。历代骚人墨客留下了许多真迹墨宝和名句佳作，为天柱胜景笼上一层浓郁的文化色彩。

灵昆岛

　　灵昆岛位于瓯江入海口，具有"沙洲绿树，江海一色"的景观特色。岛域平坦开阔，绿树荫荫，具有浓郁的田园风光意境。由于气候条件优越，岛上有面积超过万亩的果园，以桔和葡萄为主，拥有"蓝色田园"的美誉。

　　灵昆岛还拥有一万亩近海海水养殖，游客可亲身体验渔民的乐趣，下海捕捞，动手烹饪或享受在水上垂钓低唱的乐趣。

古炮台山

　　龙湾炮台山位于瓯江口南岸，面积7000平方米。炮台山东北面突兀于滔滔江面，与乐清磐石山的"镇瓯炮台"隔江相望。南面山麓有陡门，与龙湾村落毗邻；西面为江湾。山中存有清光绪年间建造的炮台遗址。

古炮台山

永昌堡

永昌堡

在永中镇境内，有一座迄今已有450年历史的古城堡。东临东海之滨，西倚大罗山麓，素有"山清水秀，人杰地灵"之称，是一座名人辈出、文化深厚的历史名城、温州市十大旅游景点之一。永昌堡雄伟壮观，南北长778米，东西长445米，城高8米，周长2866米，堡内11座造型、色彩各异的明代石拱桥与上下二河相呼应，其状元府、督堂第、王绍志故居等18幢明清年代古民居更衬托出城堡古色古香的韵味。永昌博物馆素有"江南故宫"之称。

天柱寺

天柱寺古称瀑泉寺，始建于晋，重建于唐贞元年间。曾是大罗山西麓"天下第二十六福地"仙岩寺的五大支院之一，迄今已有一千二百多年的历史。它位于大罗山东侧——瓯海区永昌镇天柱峰下，占地面积3000平方米，分山门、天王殿、大雄宝殿与观音阁四进。寺宇至今基本保存。此处山环水抱，茂林修竹，小溪潺潺，清泉汩汩。观音降、弥勒蜂、天柱峰、仙人影、老鹰岩、扳嶂岩、兜率庵以及寺右的西潭、五折瀑、牛龟岩、关爷刀等统称十七佳景。

天柱寺

特色观赏和体验 UNIQUE SCENERY & FESTIVALS

汤和文化节

每年的农历七月十三到十七举办，是龙湾盛大的传统节日。汤和文化节是对民族英雄汤和及在抵抗外族入侵中牺牲的祖辈们的群体性祭奠行为。其节日意义具有强烈的爱国主义思想。

拼字龙灯舞

拼字龙灯舞是通过舞龙摆字的一种民间习俗。在舞龙过程中，运用龙灯舞蹈去组成"天下太平"、"太平吉利"等字样。这种独特构思全国罕见，是众多龙舞中的一大特色亮点，是宝贵的文化遗产。

拼字龙灯舞

龙湾瑶溪四季 SEASON

龙湾区瑶溪风景名胜区地处瓯江入海口的地理位置，背山面海。亚热带海洋型季风气候明显。一年四季分明，温暖湿润。全区年平均气温17.9℃，最热月（7月份）平均气温27.9℃。最冷月（1月份）平均气温7.6℃。真可谓"冬无严寒，夏无酷暑"。年平均降水量为1694.6毫米。雨量丰沛，日照充分。

🛏 住宿 ACCOMMODATION

滨海大酒店
⌂ 温州市龙湾区永强大道
☎ 0577—85988888

瑶溪王朝大酒店
⌂ 瑶溪风景区内
☎ 0577-85989999

永强大酒店
⌂ 温州市龙湾区永中镇永强东路87-97号
☎ 0577-86370888

瑶溪王朝大酒店

🍴 美食推荐 CUISINE

特色小吃

永强馄饨 相传该店是由清朝道光年间青山人娄学林所创，因此当地人便习惯称之为"学林馄饨"。该店有一个惯例，规定每碗共八只馄饨，四大四小，其中四只大的放在上面。这里的馄饨具有汤清、皮薄、肉鲜、味美四大特色，又加上翠绿诱人的葱花、红黄色的蛋丝、黑紫色的紫菜做浇头，秀色可餐，汤清见底，香气扑鼻，路过此地，驻足吃上一碗，很是解馋。
地址：永中街道寺前街北头桥

永强泥蒜冻 泥蒜味鲜美，把它和糯米糕一炒，滑嫩鲜香，几乎不用咀嚼就顺着舌喉滑到胃里去了。

特色餐馆

灵昆满江红农家乐
特色菜：江蟹炖胴骨、红烧鱼头、鱼干拼盘、明火酒扒鸡、铁板土豆等。
地址：灵昆大桥东首竹楼

灵昆金海岸海鲜城
特色菜：本地鸡烧粉干、本地鸡烧番薯、红烧鲨鱼肚、海蜇花炒韭菜等。
地址：灵昆大桥左边

灵昆特色人家烧
特色菜：灵昆卤制手扒鸡、灵昆文蛤、野生蟛蜞、野生鲤鱼、八宝鱼胶、神仙鸭等。
地址：灵昆沙塘村

灵昆乡间友谊农家烧
特色菜：本地泥蒜冻、手抓羊排、海鲜炒粉干、梅菜泥鳅、本地鸡、各种野生海鲜、铁板烧芋等。
地址：灵昆沙塘村（灵昆镇政府附近）

海城太白农庄酒楼
特色菜：红烧包头鱼、红薯粉干、本地鸡、菜头烧虾子、各种野生海鲜等。
地址：海城街道护林人民坝

龙湾海城金鹏水产有限公司
特色菜：红薯炒虾子、白萝卜虾子、野生蟛蜞等。
地址：从海城（梅头）东站加油站一直过去到江边的防护林附近，吃海鲜的地方就在养殖场水面上搭好的竹楼上。

顺发酒楼
特色菜：海蜇花作汤、花蜇乌炒韭菜、扁螺蒸三层肉、家烧野生小跳鱼、贝类干蒸及各种野生海鲜等。
地址：永兴街道永裕路233-235号永兴电信局对面

🛍 购物指南 SHOPPING GUIDE

灵昆文蛤、灵昆蟛蜞、灵昆弹涂鱼、灵昆鸡、龙湾杨梅、瓯柑、灵昆白琢瓜。

灵昆文蛤

灵昆蟛蜞

灵昆弹涂鱼

瓯柑

灵昆白琢瓜

滨海——玉苍山 风景名胜区

苍南县位于浙江省最南端，濒临东海，南与福建省福鼎市毗连，为浙江南大门，同三（甬台温）高速、104国道、温福铁路穿境而过。全县陆域面积1261平方公里，海域面积3783平方公里，海岸线长168.8公里。

苍南山海形胜，旅游资源丰富。金色沙滩、五彩岛礁、玉苍石海、渔村古寨，构成了苍南独有的自然和人文旅游景观，全县景区总面积210.5平方公里。其中"滨海——玉苍山"省级风景名胜区面积达160.85平方公里，由渔寮、炎亭、玉龙湖、玉苍山、莒溪五个景区和蒲壮所城景点组成。渔寮、玉苍山为国家AAA级旅游区，另有市、县级风景名胜区石聚堂和燕窠硐，可做山水游、人文游和商务游。

目前，苍南县旅游业已形成相互呼应、各具特色的三大板块：第一板块以玉苍山、碗窑、莒溪为轴线，是具有"石奇、谷幽、湖秀、林茂、村古"特色的山岳旅游区；第二板块以渔寮、炎亭为核心，依托沿海滩涂岛礁，形成了水上运动、沙滩体育、品尝海鲜的滨海度假旅游区；第三板块是以灵溪、龙港两镇为基础，以石聚堂、燕窠硐等景点为纽带的休闲购物旅游区。

山海多情、苍南有请。热情淳朴的苍南人民热忱欢迎四方宾客到苍南休闲度假、观光旅游。

管理机构：苍南县风景旅游管理局
地址：灵溪镇苍南行政副中心后幢3楼
邮编：325800

滨海——玉苍山

交通 出行宝典
TRANSPORTATION

✈ 永强机场位于温州市的龙湾区，距苍南90多公里。从机场到苍南大概需1个多小时。

🚐 温州—苍南（30元／人，全程约70多公里，约需1个小时）

 **苍南火车时刻表**

车次	始发站	始发时间	到达时间
D3218	厦门北	10：01	12：36
D3214	厦门北	14：36	17：03
D3210	厦门北	10：32	13：05
D3122	福州南	09：00	10：25
D3120	厦门北	08：02	10：44
D3116	福州南	08：27	09：42
D3112	福州南	17：18	18：34
D3106	福州南	16：03	17：20
D3102	福州南	07：46	09：01
D5585	上海虹桥	13：11	18：30
D5559	上海虹桥	08：32	13：48
D3201	上海虹桥	08：11	13：24
D3121	上海虹桥	16：05	20：49
D3119	上海虹桥	12：20	17：20
D3105	上海虹桥	07：29	12：41
D3101	上海虹桥	14：37	19：15
D5594	苍南	17：50	
D5591	宁波东	10：03	12：24
D5590	苍南	12：52	
D5588	苍南	18：50	
D5586	苍南	11：30	
D5562	苍南	07：00	
D5432	苍南	14：20	
D3217	宁波东	15：00	17：09
D3127	温州南	11：23	11：54
D3202	厦门	14：50	17：32
D3128	福州	09：00	10：37
D3124	福州	13：50	15：25
D5587	杭州	07：02	11：10
D3213	杭州	09：45	13：33
D3115	杭州	16：36	20：25
D3111	杭州	07：38	11：33
D5589	南京	09：28	17：00

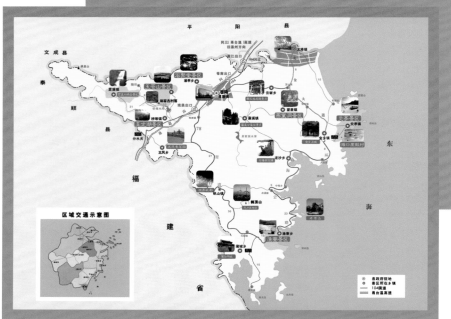

玉苍山风景名胜区导游图　MAP

精品线路

滨海游：炎亭（海口）—渔寮
生态游：碗窑古村落—玉苍山
休闲游：玉苍山—渔寮

渔寮大沙滩

　　渔寮风景名胜区位于浙江省最南端的东海之滨，是温州的黄金海岸，距苍南县城50多公里。景区总面积23平方公里，主要包括渔寮沙滩、雾城岙沙滩两部分，其中渔寮大沙滩尤为罕见，沙滩长2000米，宽800米，以山青、水碧、沙净、海阔、浪缓、石奇见胜，是我国东南部沿海大陆架上最大、最平的沙滩之一，可供万人同时徜徉戏浪。

雾城岙沙滩长800米，呈月牙形，时常白雾缭绕，宛若仙境。

　　景区沙滩和海岸上还分布着许多奇礁怪石，包括音乐石、象鼻岩、狮头岩、龙头嘴等，尤以"音乐石"称奇，用小石击之可奏出音色优美的乐曲；海面上分布着草屿岛、大离关岛、孝屿等一系列大小岛屿，形成"海上神龟"、"大小峡门"等景观。

渔寮属亚热带海洋气候，温暖湿润、雨量充沛、冬无严寒、夏无酷暑，年平均气温8.1℃，是非常理想的海滨浴场。

这里还以"天下第一鲜"的文蛤、中国纬度最高的"荔枝林"和一年一度的"渔寮观海节"、"沙滩音乐会"、"沙滩风筝节"等丰富多彩的旅游活动吸引万千游客。目前，渔寮景区已形成集娱乐、运动、观光、休闲、商务、美食、度假为一体的滨海休闲度假旅游区。

渔寮大沙滩

炎亭景区

位于东海之滨，距县城26.6公里，物产丰富，风景秀丽，气候宜人。炎亭海鲜名闻遐迩，素有"海鲜美食城"之誉，盛产梭子蟹、丁香鱼、鲥鱼、虾蛄等名贵海珍品。"螯封嫩玉双双满，壳凸红脂块块香"的炎亭三疣梭子蟹是梭子蟹中的上品，清朝年间曾作为贡品，2007年它还被中国地区开发促进会特批为"中国梭子蟹之乡"。

炎亭风景区总面积有23平方公里，主要由炎亭、前屿岛、海口等景点组成。炎亭沙滩长800米，宽200米，滩头细砂匀净带金黄色，在阳光下闪烁发光，故又名金沙滩。炎亭三面环山，气候冬暖夏凉，为避暑胜地，它以滩佳、石奇、礁美、崖险闻名，以碧海、奇礁、金沙、渔火为特色。前屿岛在炎

炎亭

亭湾南500米海中，全岛绿树笼罩，景色幽美，有海上明珠之称誉。海口度假村位于金沙滩西南1公里处，以陆岸金沙、海天风光和三大地质奇观（古树化石、地裂遗浆、龙井绝壁）为风景特色。

碗窑古村落

碗窑古村落位于苍南县境内景色秀丽的玉龙湖畔，距苍南县城20公里，是浙江省历史文化名村、浙江省最美丽的乡村。

碗窑古村落始建于明洪武年间（距今已有600多年），是古民居的活化石。它至今仍保留着商品经济萌芽时期的手工陶瓷作坊，其生产工艺、流程、产品特色与景德镇、龙泉的官窑形成天壤之别，因此独具特色，更具活力。这里除古窑、古庙、古戏台、水碓之外，那依山而筑的300余间清初样式的古老住宅建筑群和几座吊脚楼，为浙南山地古民居建筑的典型代表。它周边多溪、瀑、林、谷，且植被丰富，环境清幽，尤其是三折飞瀑每级高30～40米，瀑布飞流之下均是一泓碧潭，多深不见底，甚是壮观。它还曾是著

碗窑古村落

名电影《长恨歌》的外景拍摄地之一。

近年来，随着旅游业的发展，碗窑古村落渐渐走出深闺，为世人所知，是人们远离城市喧嚣、回归自然和感受休闲的美丽乡村。

滨海—玉苍山四季 SEASON

苍南属于中亚热带海洋性季风气候区，特点是冬夏季风交替明显，四季分明，气候温和，无严寒酷暑，日照时间较多，雨量充足，空气湿润。苍南年平均气温为17.9℃，一月平均气温为7.7℃，七月平均气温为28.2℃。年降雨量1719毫米，无霜期达270天以上。暴雨主要集中在5～6月的梅雨期和8～9月的台风季节内。

金色田园

苍南月平均气温（℃）

月份	1	2	3	4	5	6	7	8	9	10	11	12
月平均气温	7.9	8.1	11.2	16.4	20.9	24.6	28.3	28.2	24.19	19.9	15.2	10.2

特色观赏和体验 UNIQUE SCENERY & FESTIVALS

开茶节
地点：五凤
时间：3月5日

端午观海节
地点：渔寮和炎亭
时间：端午节

开渔节
地点：舥艚
时间：9月15日

炎亭海鲜美食节
地点：炎亭
时间：每年的11月左右

开茶节

炎亭海鲜美食节

🛏 住宿 ACCOMMODATION

　　苍南地区拥有各种档次的住宿宾馆数十家，从四星级宾馆到家庭旅馆，一应俱全，洁净卫生，温暖如家。

万豪大酒店　（四星级）
🏠 苍南县灵溪镇站前大道118号
📞 0577－68886888　　　　¥400

泰安大酒店（三星级）
🏠 苍南县龙港镇龙港大道41号
📞 0577－64866666　　　　¥320

龙华大酒店（三星级）
🏠 苍南县龙港镇龙跃路268号
📞 0577－68688888　　　　¥300

东瓯大酒店（三星级）
🏠 苍南县龙港镇纺织三街28号
📞 0577－68689999　　　　¥200

华玉山庄（三星级）
🏠 苍南县玉苍山景区天湖接待区
📞 0577－68682888　　　　¥388

华玉山庄

渔寮度假山庄
🏠 苍南县渔寮景区
📞 0577－64691888　　　旺季¥428
　　　　　　　　　　　　淡季¥120

金沙滩山庄
🏠 苍南县渔寮景区
📞 0577－64690288　　　旺季¥388
　　　　　　　　　　　　淡季¥120

渔寮茶苑
🏠 苍南县渔寮景区
📞 0577－64691000　　　旺季¥388
　　　　　　　　　　　　淡季¥120

渔寮海苑
🔷 苍南县渔寮景区
📞 0577－64690888   旺季￥428
　　　　　　　　　　淡季￥120

炎亭兴阳渔家村
🔷 苍南县炎亭镇
📞 0577－64541555   ￥120
（以上价格以实际为准）

🍴 美食推荐 CUISINE

　　苍南美食丰富多样、独具特色，有炎亭梭子蟹、渔寮文蛤、桥墩马蹄笋、马站蘑菇、华阳牛肉、浦坪卤鹅、矾山肉燕、藻溪牛杂等等。

🛍 购物指南 SHOPPING GUIDE

　　苍南有三大购物市场，分别为中国礼品城（龙港）、中国人参鹿茸冬虫夏草集散中心（灵溪）和温州浙福边贸水产城（灵溪）。在这里，游客能购买到各种礼品，滋补品和水产品。

土特名产：炎亭渔夫鱼饼、马站四季柚、五凤香茗茶、丁源兴月饼、观美席草等等。

五凤香茗茶

炎亭渔夫鱼饼

马站四季柚

参茸市场

洞头列岛 风景名胜区

洞头地处温州瓯江口外，是全国14个海岛县（市、区）之一，全县由103个岛屿和259座礁石组成，素有"百岛县"和"东海明珠"之美称。洞头列岛不仅是浙江省级风景名胜区、浙江省最值得去的五十个景区之一，而且还是全国唯一以县域冠名的国家AAAA级旅游景区、全国海钓基地、中国十大摄影发烧风景地、中国最佳海岸摄影地。

洞头列岛风景名胜区风光迷离，山海兼胜，人文荟萃，气候宜人，富有"岛屿奇、礁石美、沙滩佳、生态优"和"鱼类鲜、大桥秀、战旗红、风情纯"特色。清朝诗人王步霄曾赞美洞头："海外桃源别有天，此间小住亦神仙"。被誉为"神州海上第一屏"的半屏山峻奇瑰丽，以海霞精神扬名华夏的

先锋女子民兵连英姿飒爽，具有1500年历史的望海楼"气吞吴越三千里，名贯东南第一楼"。

洞头融海上游览、海上运动、海上体验、海岛郊野、海洋文化、渔乡风情于一体，与雁荡山、楠溪江构成温州"山-江-海"旅游金三角。站在时序的台阶，洞头正融入海峡西岸旅游区建设，积极打造海洋休闲旅游岛、温州"海上旅游中心"。

管理机构：洞头县风景旅游管理局
地址：洞头县新城区旅游大厦
联系电话：0577-63385743
网址：www.dtly.cn
E_mail：dtlyj88@126.com

洞头风景名胜区导游图 MAP

交通 出行宝典
TRANSPORTATION

洞头发往各地班车

班次名称	发车时间	票价	始发站	途中站点	终点站
洞头—温州	6：00－18：30 每20～30分钟发班	20元	洞头新城站	元觉、霓屿、灵昆、龙湾	温州新城站
洞头—乐清	6：30－17：30 每隔1小时发班	25元	洞头新城站	元觉、霓屿、北白象、柳市	乐清乐城站
洞头—苍南	10：00 13：00 14：40 16：10	45元	洞头新城站	瑞安东门、平阳昆阳	苍南灵溪站
洞头—杭州	8：00	135元	洞头新城站		杭州南站

各地发往洞头班车

班次名称	发车时间	票价	始发站	途中站点	终点站
温州—洞头	6：00－19：00 每20～30分钟发班	20元	温州新城站	龙湾、灵昆、霓屿、元觉	洞头新城站
乐清—洞头	6：30－17：30 每隔1小时发班	25元	乐清乐城站	柳市、北白象、元觉、霓屿	洞头新城站
苍南—洞头	7：00 8：00 9：00 13：00	45元	苍南灵溪站	平阳昆阳、瑞安东门	洞头新城站
杭州—洞头	15：30	135元	杭州南站		洞头新城站

🚗

上海、苏州、嘉兴方向：经乍嘉苏高速经杭州湾跨海大桥往宁波方向经宁波绕城高速入甬台温高速至温州东出口下；

安徽、南京、杭州方向：至杭州上杭甬高速转上三高速入甬温高速至温州东出口下；

江西、衢州、金华、丽水方向：金丽温高速转甬台温高速至温州东出口下；

福建方向：甬台温高速至温州东出口下高速后走机场大道向东，转黄山路过灵昆大桥，直走过灵霓北堤、五岛连桥抵达洞头景区。

旅游服务 TRAVEL SERVICE

仙叠岩游客服务中心

洞头景区（点）门票价格一览表

景点名称	票价(元)	电话（0577）
大沙岙海滨浴场	30	63473491
仙叠岩景点	30	63473485
半屏山景区	13	63473970
望海楼	30	63472877
海霞军事主题公园	20	63470351
洞头先锋女子民兵连纪念馆	免费	63477547

精品线路

洞头休闲游：

一日游：

A线：上午游览望海楼、半屏山、仙叠岩，下午海滨浴场（南炮台山）

B线：上午游览望海楼、仙叠岩，下午体验"当一回渔民"休闲旅游活动

C线：大门小荆山石景—石和尚—龟峰岩—对联岩—马岙潭度假村

二日游：

A线：

D1：上午游览海滨浴场（南炮台山），下午参观半屏山、望海楼

D2：上午参观海霞军事主题公园、女子民兵连纪念馆，下午游览仙叠岩、中普陀寺

B线：

D1：上午游览望海楼、半屏山、仙叠岩，下午到大沙岙海滨浴场

D2：参观普陀寺，"当一回渔民"出海捕捞

渔家生活体验游：县城—"当一回渔民"休闲渔船模拟捕捞—东岙（花岗）渔家村落—三盘渔家乐园

精品线路

孤岛生存探险游：县城—大瞿岛（竹屿）

海洋文化观瞻游：县城—望海楼—东岙村民俗博物馆—中普陀寺—东沙马祖宫

夏令营专题游：县城—大沙岙海滨浴场—南炮台山国防教育基地—半屏山—仙叠岩—望海楼—洞头先锋女子民兵连纪念馆—海霞军事主题公园—海霞营地

仙叠岩远眺

仙叠岩

仙叠岩景区位于洞头县城东南2.7公里处，与半屏山和洞头渔港相对，景区面积约1.71平方公里，由仙叠岩、南炮台山、大沙岙海滨浴场组成，主要景点60多处。

仙叠岩景区巨石摩天，危石层叠，险峻多姿，蔚为奇观，是听涛、观海、冲浪、赏石及沙滩浴的绝佳去处。观音驯狮、人面狮身、将军岩、鼓浪洞、猪头石、金鹰迎客、蛤蟆欲仙、仙童戴帽、十二生肖等景观，栩栩如生，惟妙惟肖。被誉为"中国岩雕第一人"的中国美院教授洪世清创作的30余处岩雕作品，更增添了石品画的雅趣。珍珠礁岩石错落有致，十八钓鱼台拾阶而起，是垂钓写生、捕捉海味、捡螺拾贝之佳处。

大沙岙海滨浴场

大沙岙海滨浴场

大沙岙海滨浴场是洞头岛第一大浴场，整个浴场形如月牙，平坦开阔，三面环山，一面朝海，金沙碧浪，与蓝天白云相互映衬，景色宜人。沙滩沙质属铁板砂，沙粒细微肉眼难辨，沙质纯净，细柔却不松软，沿岸入海坡度约5°，相对平坦，非常适合赤足行走，可晒日光浴。沙滩四周海岸蜿蜒，奇礁兀立，怪石丛生。有海豹回头、猛虎下岗、将军观天、龟石岩等。海洞峡谷多，岸上有泉水长年潺流，冲浪后可用来洁身，是一个天然海滨浴场。沙滩外侧港湾平坦又清碧，这里可以冲浪、堆沙雕、捡贝壳，也可以举行沙滩排球、足球赛、海滩篝火、沙滩吟诗会等娱乐活动；清晨傍晚，沙滩漫步，或于月夜观潮，别有情趣。南炮台景点所处位置也是东海海防要塞，游客同时还可参与登索桥等活动。

半屏山景区

半屏山是由海水侵蚀冲刷自然形成的海崖，东部沿岸断崖峭壁，犹如刀削斧劈，山成半爿，直立千仞。连绵数千米的海上天然岩雕长廊在全国堪称一绝，被誉为"神州海上第一屏"。山上岩石怪礁，千姿百态，有四屏十八景，景点奇特而丰富。景区东部依次展开为惟妙惟肖的迎风屏、赤象屏、鼓浪屏、孔雀屏，形象逼真，妙趣横生。四屏相辅相成，互相辉映成趣，有"乌龙腾海"、"龙凤呈祥"、"渔翁扬帆"、"泥牛入海"、"龟蛙拜观音"、"虾将台"、"海螺岩"、"八仙过海"、"骆驼峰"、"醉翁岩"、"大象吸水"、"龙宫门"、"擎天柱"、"海猪槽"、"黄金印"、"愚公移山"、"猪八戒照镜"等十八景，宜远观亦宜近望，角度不同，形象各异，乘船观赏，船移景换，引人流连忘返，遐想联翩。景区还建有"海上岩礁园"，听涛观礁，海上攀岩，堪称奇绝。景区西部的大沙龙沙滩曲长宽阔，沙细色纯，可捡螺拾贝，捕捉海味，戏耍、冲浪。故有诗曰"丹浮碧水白云间，搏浪轻鸥意自闲，一眼沙平堪画处，诗意醉在半屏山"。

望海楼风光

望海楼

　　望海楼是百岛洞头的标志性建筑。始建于公元426年，后被毁，2004年开始重建，2007年6月对外开放。望海楼景区位于洞头本岛海拔227米的烟墩山，占地140亩，风光秀美。其建筑风格集国内名楼之长处，显大海托楼之壮观；楼顶端以4座小阁呈众星拱月之势，使大楼倍增雄阔。楼内勒有启功、沈鹏、韩美林、李铎、朱关田等名家墨宝。望海楼主楼，建筑面积2700平方米，楼层明三暗五，高35.4米。

　　该楼有"三绝四最"之美，三绝为：环海环岛均能饱赏到的绝佳景观；遍览百岛概貌的绝妙看台；普及海洋知识的绝好课堂。四最是：沿海岛屿建楼所处海拔最高，楼形众星拱月气势最雄，楼匾楹联名家声望最隆，陈列渔村民俗物品最丰。

　　望海楼是洞头历史文化的窗口，是百岛旅游第一景。以其历史悠久、建筑雄伟、海洋民俗文化气息浓郁，受到国内外游客赞许，被誉为"名贯东南第一楼"。

中普陀寺

　　中普陀寺是一处集佛陀教育、文化旅游、慈善安养为一体的修炼经法圣地。寺院山门正对素有"神州海上第一屏"的半屏山主峰，左右群山环抱，绿树繁茂。置身于其中，蓝天、碧海、青山、宝刹、晨钟、暮鼓、香烟、梵呗、经咒，都能启人幽思，净化心灵。寺院依山势而建，错落有致，建筑整体格调体现唐代和明清建筑风格中的清、畅、哀、亮、微、妙、和、雅之韵，突出实用庄严。分弘法、修行及综合服务三个区。目前一期工程弘法区项目，已建有大雄宝殿、天王殿、钟楼、鼓楼、圆通殿、斋堂、念佛堂、僧寮、戒台、长廊、放生池、马祖殿、财神殿念佛堂等，面积万余平米。还将规划建设云水楼和海会塔等。其主体建筑大

中普陀寺

圆通殿以木石结构为主建筑面积600平方米，面阔30米，进深25米，高25米，雄伟壮观。大圆通殿内供奉着高9米、由13吨纯铜铸造而成的千手千眼观世音坐像，是众多普陀寺中之最。

大门岛

大门岛景区面积约4.5平方公里，以马岙潭度假区为核心，呈辐射状向大门岛东南延伸，包括石和尚、龟岩峰、舢舨岩、马岙潭沙滩、观音礁以及鹿西岛东部的南、北爿山鸟岛等十多个景点。这里山石树木交错，怪石林立，候鸟翔集，沙滩平坦，沙质细柔而不松软，可游泳冲浪，亦可开展沙滩排球等活动。景区内山青、水蓝、石奇、滩佳、礁美，堪称"洞头百岛第一胜境"，享有"温州夏威夷"的美誉，是观看日出日落，避夏消暑，度假休闲，以及品尝生猛海鲜的好去处。其中马岙潭海滨沙滩长约1000米，宽达500米，是东海南涯的数百座岛屿沙滩中面积最大、沙层最厚的一个沙滩；单体三面环山，四周海岸蜿蜒，奇礁兀立，怪石丛生。

竹屿

竹屿位于洞头县城东侧约3.5公里的海域处，面临浩淼东海，由大竹屿、小竹屿、虎头屿、北猫屿、笔架屿等数十座岛礁组成，景区面积约3.8平方公里。域内蓝天碧海，渔帆点点，鸥鸟翔集。游人可以在山间狩猎、烧烤野味，在海边垂钓、蒸煮鱼虾，还可以驾一叶小舟，随波逐浪，观奇礁怪石，听海涛潮响，更能一览虎头屿国际灯塔雄姿。大竹屿有数千平方米的天然大草坪，被誉为东海第一大天然草坪，宜于开展孤岛生存、探险野营、海上生态观光等活动。

竹屿

大瞿岛

大瞿岛位于洞头县城西南约9公里，与附近的双峰山、南摆屿、北摆屿、鸟岛等组成岛礁景区，面积约6.05平方公里，有"七十二胜景"。岛上林木成荫，繁花似锦，被誉为"海上绿洲"；岛东南部石景荟萃，驾舟从海上可览千奇百态的"千佛山"石景区，赏大卫岩、百鱼图、石佛观海、仙童击鼓、大象吸水等景观。大瞿山顶有明末抗清名将郑成功练兵的校场遗址。位于大瞿岛东南方的双峰山、北摆山、南摆山为鸥鸟、鹭鸶等候鸟的聚集地。

大瞿岛

海霞红色旅游基地

海霞红色旅游基地由洞头女子民兵连纪

海霞军事主题公园

念馆、海霞军事主题公园、军民友谊池、"迷彩海霞"青少年军事体验基地等组成。洞头女子民兵连纪念馆是省、市爱国主义教育基地和国防基地。该馆初建于1976年，由部队营房改成。2000年6月，洞头先锋女子民兵连建连40周年时添建新馆。主馆分一楼和二楼两层展室五个展厅，陈列着女子民兵连各个时期活动的图片和事物。

海霞军事主题公园是我国第一座海防军事主题公园，为省市爱国主义教育基地，占地面积0.18平方公里，不仅建有"海霞电影棚"、"军事演练活动区"、真人"CS"模拟对抗赛等项目，还陈列着退役的战机、火炮、兵器等，是见证"洞头先锋女子民兵连"成长历史、解读"海霞精神"的军事旅游胜地。

特色观赏和体验 UNIQUE SCENERY & FESTIVALS

"渔家乐"民俗风情旅游节

根据洞头的地脉和文脉，设计独特的"海"字牌旅游节庆活动，多层面展示洞头独特的自然、人文旅游资源。主要活动项目包括开幕式文艺表演、旅游产品展销会、民俗展演、摄影地创作大赛、旅游论坛、知识展览、夏令营、中普陀朝圣等。

举办时间：6月下旬至10月份

洞头四季 SEASON

洞头属于亚热带海洋性季风气候，温和湿润，四季分明，冬暖夏凉，年平均气温17.3℃。

🛏 住宿 ACCOMMODATION

东方罗马假日酒店

金海岸开元度假村

宾馆名称	地　址	联系电话（0577）
金海岸开元度假村	北岙镇三盘港	88986811
东方罗马假日酒店	北岙镇建设巷1—2号	63486888
温州海逸酒店	北岙镇海滨大道78号	63382222
半岛之星商务酒店	北岙镇望海路210号	63381111
阿波罗商务宾馆	北岙镇迎秀路6号	63430666
铜山宾馆	北岙镇迎宾路9号	63489666
锐斯特连锁酒店	北岙镇新城客运站	63380002
华鹏宾馆	北岙镇新城大道84—86号	63387878
阳光假日商务宾馆	新城区连城大道21号	63367777
金昌宾馆	新城区新城大道119—121号	63385006
东岙渔家旅馆	东屏镇东岙村东岙路112号	63473864
东岙渔家旅馆	东屏镇东岙村东岙路121号	63473659

🍴 美食推荐 CUISINE

洞头十大特色菜肴：渔家飘香饭、银河一品羹、金田墨鱼饼、洞头黄金卷、海草龙虾面、水晶之恋、天涯海角、金沙蛏子、百岛四宝、母子相会。

洞头十大特色小吃：菜头丝饼、蛏王紫绣球、金瓜面疙瘩猫耳朵（咸）、秘制水潺烩、牡蛎花开、石乳煎饼、石乳墨鱼羹、特色墨鱼饼、香煎红龟圆。

渔家飘香饭

银河一品羹

天涯海角

百岛四宝

菜头丝饼

秘制水潺烩

石乳墨鱼羹

香煎红龟圆

海上人家

推荐渔家乐

名　　称	地　　址	联系电话（0577）
陈记酒家	东屏镇东岙村	81006086
明海酒楼	东屏镇东岙村	13968901000
海滨餐馆	东屏镇东岙村	63473868
福兴酒楼	东屏镇东岙村	63473086
半屏渔家烧	东屏镇松柏园村	13858838155
东岙码头大排档	东屏镇东岙村	63472388
铜钱湾大排档	北岙镇三盘港	63438231
渔家乐休闲中心	北岙镇三盘港	63438773

🛍 购物指南 SHOPPING GUIDE

推荐购物商场：洞头海大旅游购物中心
🏠 洞头新城区腾飞路46-48号
📞 13732031086

洞头首批推荐旅游商品

商品名称	生产厂家
星贝海苔	温州星贝海藻食品有限公司
即食干制水产品	洞头县鸽尾礁恒源水产品加工厂
即食羊栖菜	浙江金海蕴生物有限公司
芒种虾皮	温州恒源水产有限公司
渔乡妹目鱼饼	洞头县渔乡妹水产食品厂
众益紫菜	洞头县众益水产品养殖专业合作社
洞头贝雕	洞头县新世纪工艺品厂

岱山 风景名胜区

岱山位于浙江省舟山群岛中部，是我国12个海岛县之一，全县404个大小岛屿犹如一串闪亮的宝石镶嵌在东海碧波之中，岛海相依，水天相连，构成了一幅天然画卷，素有"海上千岛湖"的美称。岱山历史悠久，人文底蕴深厚。据《史记》记载，秦始皇曾遣方士徐福率三千童男童女，下东海寻找长生不老之药，到过"三神山"之一的蓬莱岛，即现在的岱山岛。自唐开元以来，岱山一直被命名为"蓬莱乡"，素有"蓬莱仙岛"之美誉。

岱山是浙江省级风景名胜区，自然景观瑰丽多姿，绿岛、金沙、奇礁、怪石、岩洞、古刹与渔家风情构成了独具魅力的仙岛胜景，清朝诗人刘梦兰曾即景赋诗"蓬莱十景"，留传至今。岱山是一个集观光旅游、休闲度假、文化娱乐于一体的海岛旅游度假胜地，也是长三角的海上花园。

管理机构：岱山县风景旅游管理局
地址：高亭镇鱼山大道681号县行政中心
邮编：316200
电话：0580-4486218
传真：0580-4486581
电子邮箱：ly4477314@126.com
网站：www.dsly666.com

岱山风光

交通 出行宝典
TRANSPORTATION

（一）区外交通

✈ 普陀山机场位于舟山市普陀区朱家尖，从普陀山机场到岱山需1个半小时左右。

🚢 游客赴岱山风景名胜区主要从上海、宁波、舟山本岛进入。

上海—东海大桥—洋山港—岱山本岛（全程3个小时左右）

上海—吴淞码头—岱山本岛（慢船全程需10小时）

上海—东海大桥—洋山港—衢山岛（全程2个半小时左右）

宁波—舟山跨海大桥—舟山本岛—岱山本岛（全程2个小时左右）

宁波—镇海—岱山本岛（快艇全程1个半小时左右）

宁波—镇海—衢山岛（快艇全程2个半小时左右）

舟山本岛—岱山本岛（快艇全程25分钟，汽渡50分钟左右）

舟山本岛—秀山岛（汽渡全程15分钟左右）

舟山本岛—衢山岛（快艇全程1个小时，汽渡2个小时左右）

（二）区内交通

岱山风景区内交通极为方便，岛际之间都开通有客船航班，每个岛上开通有公交班线，出租车也很多。

岛际交通主要航班：岱山本岛—衢山岛
　　　　　　　　　　岱山本岛—秀山岛
　　　　　　　　　　岱山本岛—长涂岛

注：交通咨询 📞

上海南浦大桥客运　📞 021-33760978
上海吴淞客运站　　📞 021-56575500
洋山港码头　　　　📞 021-68287095
舟山三江客运　　　📞 0580-8081001
镇海客运中心　　　📞 0574-86270277
岱山港客运中心　　📞 0580-4372611
宁波汽车北站　　　📞 0574-87355321
宁波汽车南站　　　📞 0574-87091212
杭州九堡客运中心　📞 0571-86046666

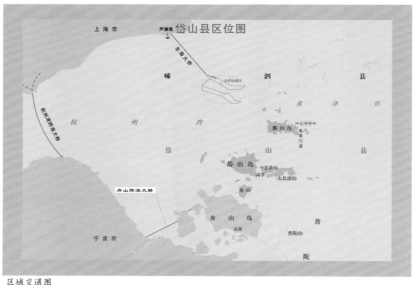

区域交通图

旅游服务 TRAVEL SERVICE

游客中心

　　岱山旅游集散中心是进入岱山风景名胜区的第一站，位于岱山门户—高亭客运码头，总面积2200平方米，是集海山风光和海洋文化多媒体展示、查询、综合信息咨询、提供景区宣传资料、旅游购物、游客休息于一体的综合服务设施。

　　⬥ 岱山县高亭镇沿港中路8号客运中心大楼二楼

　　☎ 0580—4402222

精品线路 *a*

磨心山景区—东沙古镇—双合石壁—鹿栏晴沙

磨心山

　　磨心山为本岛最高峰，站在山巅极目远眺，海中岛屿星罗棋布，尽收眼底。春秋时节，云雾缭绕，岛海若隐若现，变幻莫测，"蓬莱仙岛"意境也得到完美诠释。山上建有慈云极乐寺，依山就势，气势磅礴，素有"海上布达拉宫"之称。

磨心山

东沙古镇

东沙古镇曾经是舟山最繁华的渔业集镇，更是清朝民国时期东南沿海的繁华商埠。如今踏入东沙古镇，一条条悠悠的小巷，一处处古色古香的四合院，一间间留有古商号印记的街旁店铺，让你穿越时空，感受到昔日东沙浓浓的渔都风情。

东沙古镇

双合石壁

双石合璧是一个人工石宕遗址，峭壁潭影，相映成景，这一景区的景点以自然资源经人为而形成为主要特征。

双合石壁

鹿栏晴沙

蓬莱十景之一，全长3600米，号称"华东第一滩"，又称"万步铁板沙"。是一个天然的海滨浴场和海空休闲运动基地，也是观赏海上日出的最佳地点。

鹿栏晴沙

精品线路 6

秀山中国滑泥主题公园—生态湿地公园—九子沙滩

中国滑泥主题公园

公园内开设了风帆滑泥、滩涂滑泥、泥浆滑道、泥上搏击、泥浆攀爬、泥疗等当下最时尚的参与体验类旅游项目，海泥更是具有天然美容之功效。

秀山滑泥

生态湿地公园

一处罕见的海岛特色湿地，地势平坦、水系发达，区域内鸟鸣花香，果木林立，空气清新，是人们修身养性、休闲度假、垂钓猎取、划船赏景、品尝鲜味的好去处。

湿地公园

九子沙滩

九子沙滩

观音山

观音山是岱山最高山峰，海拔324米，其结庐供佛最早可追溯到宋朝年间。相传佛教圣地普陀山的观音菩萨去普陀山修行之前，先在大衢的观音山上立道场3年，观音山因此得名。观音山是舟山群岛中名气仅次于普陀山的佛教圣地，是观世音菩萨的道场之一，素有"佛国姐妹山"、"第二海天佛国"之称。

观音山

冷峙东海风情渔村

宁静美丽，如海上桃花源，到了那里可以让您远离尘世的喧嚣，平时可住在渔家，有时还可以去海上去钓鱼，到沙滩上游泳。

特色博物馆

岱山是一个海洋大县，海洋文化底蕴深厚，岛上遗风古迹犹存，民间民俗文化丰富多彩，海洋文化博大精深。为致力于保护珍贵的海洋文化，这里相继建成了中国台风博物馆、中国海洋渔业博物馆、中国盐业博物馆、中国灯塔博物馆、中国海防博物馆及中国书雕城等海洋文化系列博物馆。

中国灯塔博物馆

中国渔业博物馆

中国盐业博物馆

中国台风博物馆

中国海防博物馆

中国书雕城

特色观赏和体验 UNIQUE SCENERY & FESTIVALS

渔家乐

一种还原渔民传统生活场景和海上生产方式，让游客全程参与、体验渔民在出海生产过程中的各个环节，充分体验海岛渔民的生产、生活方式，收获满载而归的喜悦心情的海上参与性旅游项目。它集海上观光、娱乐、趣味于一体，深受各地游客的喜爱，是岱山主打的海岛休闲旅游项目。

渔家乐

海钓

岱山处于舟山渔场中心，周围海域生物资源丰富，有虎头鱼、石斑鱼、黑鲷等品种，非常适宜开展海钓。选择一个有利地形，呼吸着海风，迎着拍打礁石的海浪，用力甩出鱼线，时刻准备着与海鱼来个面对面的较量。

海钓

岱山四季 SEASON

岱山属于北亚热带南缘海洋性季风气候区，四季分明，温暖湿润，夏无酷暑，冬无严寒，雨量充沛，光照充足。最冷的2月平均气温5.4℃，最热的8月平均气温27.3℃，有着极其适合人类居住的气候环境。

岱山夏日

岱山的月平均气温、雨量和穿衣提示

月份	平均降雨量（mm）	月平均气温（℃）	穿衣情况
一月	67.6	5.7	厚毛衣、外套
二月	56.9	6.4	厚毛衣、外套
三月	121.4	9.3	厚毛衣、外套
四月	96.9	14.1	薄毛衣、外套
五月	93.8	19.2	薄羊毛衫
六月	177.2	23.1	薄型套装
七月	142.9	27.0	短袖T恤
八月	127.0	27.3	短袖T恤
九月	100.7	24.1	短袖T恤
十月	62.6	19.2	薄型套装
十一月	55.2	14.6	薄毛衣、外套
十二月	47.7	8.9	厚毛衣、外套

🛏 住宿 ACCOMMODATION

岱山风景名胜区拥有各种档次的宾馆近百家，从四星级宾馆到渔家旅馆，一应俱全，洁净卫生，温暖如家。

华侨饭店（四星级）

⌖ 高亭镇蓬莱路161号

☎ 0580-4487666

蓬莱阁海景酒店（三星级）

⌖ 沿港东路677号

☎ 0580-4373588

蓝天宾馆（三星级）

⌖ 高亭镇蓬莱路

☎ 0580-4482899

华侨饭店

蓬莱阁海景酒店

秀山海景酒店（三星级）
- 秀山九子沙滩
- ☏ 0580－4736888

衢山仙乐大酒店（二星级）
- 衢山镇人民路452号
- ☏ 0580－4797588

岱丝宾馆
- 高亭镇蓬莱路155号
- ☏ 0580－4475179

佳一宾馆
- 高亭镇长河路
- ☏ 0580－4486868

岱山饭店
- 高亭镇人民路
- ☏ 0580－4400508

锦都宾馆
- 高亭镇人民路
- ☏ 0580－4480101

锦绣宾馆
- 秀山乡兰欣路
- ☏ 0580－4735588

🍴 美食推荐 CUISINE

岱山地处舟山渔场中心，东海海鲜名声远扬，各色海鲜名目繁多，终年不断。各种海鲜的制作、烹饪工艺独具特色，葱油海瓜子、清蒸梭子蟹、白灼蛤蜊、鱼干拼盘、岱山海蜇等，无一不是下酒好菜。在岱山吃海

海鲜排档

岱山海鲜

鲜最有特色的就是"海鲜大排档"，每当夜幕降临，临海而建的海鲜夜排档灯火通明，人声鼎沸，四海宾朋，围坐一起，观海景，尝海鲜，汇成了海岛一道亮丽的风景线。

🛍 购物指南 SHOPPING GUIDE

地方特产：岱山素以海鲜闻名，而岱山的土特产品，沙洋花生、东沙香干、倭井潭硬糕，俗称"岱山三宝"，名茶"蓬莱仙芝"、银杏茶、衢山紫菜、"獐宝"等同样在舟山乃至长三角颇有名气。

休闲食品：烤香鱼、鱿鱼丝、鱼皮、海苔、蟹糊、泥螺、带鱼、鱼脯、鱼排等。

干水产品：虾干、黄鱼鲞、鳗鲞、虾皮等。

岱山三宝　　　旅游工艺品

旅游工艺商品：岱山渔民画、贝壳系类、船模等。

推荐购物商场：岱山特产城
- 岱山县高亭镇沿港中路8号客运中心大楼二楼
- ☏ 0580－4482718

寨寮溪 风景名胜区

浙江省级风景名胜区、国家ＡＡＡＡ级旅游景区寨寮溪位于瑞安市西部，距市区约35公里，总面积为174.8平方公里，涵盖高楼乡、龙湖镇、营前乡、平阳坑镇、东岩乡、宁益乡、枫岭乡等七个乡镇，由寨寮溪、九珠潭、花岩、玉女谷、 漈门溪、龙潭、回龙涧、腾烟瀑、飞云湖九大景色和东源木活字印刷村等近二百处景观组成。风景区内清溪秀谷、潭瀑成串、滩林蜿蜒，且保存不少古刹、旧观、古村落及革命胜迹，其中寨寮夕照、九珠凝碧、花岩叠翠、 门筏趣被誉为"寨寮四灵"。

寨寮溪的溪流，蜿蜒曲折，时湍时缓；溪水时而依山顺势，忽开忽合；溪水碧波荡漾，清澈明净；溪畔绿洲石滩，竹树摇曳；两岸群山逶迤，翠谷纵横，既有"小桥流水人家"的江南田园风光，又不乏浓郁的浙南山乡野趣。

寨寮溪的水，流为清溪、储为碧潭、悬如银河、泻如烟雨。这里潭上有瀑、瀑上有潭，变化多端，各具特色。有的瀑似蛟龙，飞流直下，潭深水急，声如雷鸣；有的瀑如是腾烟，旋转飘散，潭幽水碧，晶莹剔透；有的瀑像银练，阶阶滑下，潭如明珠，错落有致；有的瀑似彩虹，奇美绝妙，神秘莫测……溪水充沛，终年不涸，四季可赏，有"寨寮归来不看潭"之美誉。

寨寮溪风景区内形形色色的山岳溪谷间，更遍布着不少多姿多彩、象形肖物的厅岩幽洞。龟洞、银洞、水帘洞、仙人洞等都是其中的典范之作。岩洞外，山花烂漫；怪石边，瑶草喷香；石崖突兀，青苔润滑。 寨寮溪丰富的植物资源，更是令人惊叹。生长茂盛的植物，郁郁葱葱，万木竞秀，百花争艳，云蒸霞蔚，扑朔迷离，为风景区平添了绚丽的色彩。

管理机构：瑞安市寨寮溪风景旅游管理处

地址：瑞安市寨寮溪风景旅游管理处龙湖镇龙湖中路78号

邮编：325211

寨寮溪风光

交通 出行宝典
TRANSPORTATION

远地游客到寨寮溪一般取道温州或直接到达瑞安，在瑞安市区十八家车站乘汽车到达龙湖镇。

区域交通图

🚗（1）寨寮溪游客集散中心：甬台温高速公路飞云出口—新（老）56省道—龙湖镇—寨寮溪游客集散中心

（2）漈门溪景区：甬台温高速飞云出口—新56省道—营前乡漈门溪大桥（右转）—营东公路—漈门溪码头

（3）东源木活字印刷文化村：甬台温高速飞云出口—新56省道—老56省道—平阳坑镇东源村

（4）九珠潭景区：甬台温高速飞云出口—新56省道—老56省道—九珠潭景区游客中心

（5）花岩国家森林公园：甬台温高速飞云出口—新56省道—57省道—花岩景区游客中心

※特别提示

⛽ 沿线加油站：龙湖加油站、杭山加油站（九珠潭景区附近）、马屿加油站（56省道沿途）

停车场：各景区均有停车场

旅游服务 TRAVEL SERVICE

1．游客中心

寨寮溪游客集散中心位于瑞安市龙湖镇湖石村，总占地面积3334.7平方米，是游客进入寨寮溪的第一站，是集旅游管理、投诉、救护、综合信息咨询、旅游纪念品销售、游客休息、餐饮和其他便民服务于一体的区内综合性服务接待基地。

📞 0577-65747172

游客集散中心

2．旅行社

因景区面积较大，建议自驾游或跟团游，跟团游建议联系以下旅行社：

瑞安市中国旅行社
　📍 瑞安锦湖街道锦湖大厦101号
　📞 0577-65630000/65643222

瑞安市顺达旅游有限公司
　📍 瑞安万松西路59-60号
　📞 0577-65672311

瑞安市大地旅游有限公司
　📍 兴业大厦A幢东北角
　📞 0577-65803880

瑞安市新世纪教育旅行社
　📍 瑞安外滩明珠大厦3幢102室
　📞 0577-65650000

瑞安市春秋旅游服务公司
　📍 瑞安市外滩长春花园3幢101-103号
　📞 0577-65629111

瑞安市玉海旅行社
　📍 瑞安市安福路16号
　📞 0577-65889877

瑞安市安顺旅行社有限公司
　📍 瑞安市瑞湖路83号
　📞 0577-65891234

瑞安市阳光晴旅旅游有限公司
　📍 瑞安市兴业大厦B幢78号
　📞 0577-65876881

九珠潭景区

　　九珠潭位于瑞安市平阳坑镇杭山村。景区由杭山峡谷、冲天瀑、神龟湖等景点组成，景区内奇峰环绕、峡谷狭长、树木茂盛、岩石相错、银瀑碧潭、宁静而清幽。

　　门票价格：25元／人

九珠潭

花岩国家森林公园

　　花岩国家森林公园位于宁益乡，总面积达10.63平方公里，森林覆盖率达94.8%。园内万木竞秀，物种丰富，有银瀑碧潭、奇岩怪石，而且四季风格迥异，奇趣纷呈。每逢春日，苍山吐翠，山花烂漫；盛夏，则树荫蔽日，凉气袭人；到了金秋，更是满山红叶，层林尽染，野果飘香；在冬季，则有南方少见的北国景象——雾凇奇观，满山遍野，到处银装素裹。置身其境，猴影时现于目，鸟声不绝于耳，所有尘世的烦恼都会被抛到九霄云外去。

　　门票价格：30元／人

花岩国家森林公园

漈门溪景区

　　漈门溪位于东岩乡境内，又名玉泉溪，长达10.8公里，溪流曲折，溪水清澈，两岸奇峰耸立，花草竞艳。乘坐竹筏漂进这宁静的山麓，可以饱览两岸风光，感受到仙境般的悠然。

　　门票价格：150元／排/5人

漈门溪

东源木活字印刷村

　　东源木活字印刷村位于瑞安市平阳坑镇东源村。东源木活字印刷术是我国唯一保留下来且仍在使用的木活字印刷技艺，至今已有800多年历史，堪称世界印刷术的活化石。该村木活字印刷完全继承了中国古代的传统工艺，完整地再现了古代四大发明之一——活字印刷的作业场景，是活字印刷术源于我国的最好实物证明，现已被国务院确定为国家级非物质文化遗产，并列入我国申报"人类非物质文化遗产"清单。

　　门票价格：10元／人

东源木活字印刷村

特色观赏和体验 UNIQUE SCENERY & FESTIVALS

寨寮溪闻名世人的不仅仅是她的娴静秀丽，还有鲜嫩欲滴、甘淳甜美的高楼杨梅。垂涎杨梅的你不妨在明媚的六月游一游寨寮溪，参加高楼杨梅节，体会"愿君多采撷"的乐趣。

杨梅采摘游的最佳时间：6月中下旬

杨梅采摘基地：
大京村杨梅观光园区
📞 13967719657；
上泽村杨梅观光园区
📞 13587551312；

寨寮溪杨梅

沙垟村杨梅观光园区
📞 0577—65732567；
樟岙村杨梅观光园区
📞 13646520172

寨寮溪四季 SEASON

瑞安属亚热带海洋季风湿润性气候区。冬夏季风交替显著，温度适中，四季分明，雨量充沛，冬无严寒，夏无酷暑。宜人的气候让寨寮的四季景色各异，春日，苍山吐翠，山花烂漫；盛夏，则树荫蔽日，凉气袭人；到了金秋，更是满山红叶，层林尽染，野果飘香；而冬季，则有傲雪青松，屹立山巅。

🛏 住宿 ACCOMMODATION

寨寮溪度假村
📍 瑞安市龙湖镇龙湖东路
📞 0577—65998188
瑞安市高楼商务酒店
📍 瑞安市龙湖镇寨寮溪组团15幢
📞 0577—65999588／65999855

注：从度假村或高楼商务酒店坐车出发，到达九珠潭景区约需5分钟，到达漈门溪景区约需15分钟，到达木活字印刷村约需20分钟，到达花岩国家森林公园约需25分钟。

🍴 美食推荐 CUISINE

在寨寮溪不妨来尝尝地道的乡间特色小菜吧，四周诗画的景色和老板的热情好客一定能为您的美食增添另一番风味。

推荐：高楼炒双粉、野生溪蟹、野生溪虾、马蹄笋。

餐厅推荐：寨寮溪度假村、瑞安市高楼商务酒店、寨寮溪游客集散中心酒店。

野生溪蟹

高楼炒双粉

马蹄笋

🛍 购物指南 SHOPPING GUIDE

1. 特产

"黑炭梅"、"东魁梅"、"东方明珠"等品种的杨梅、"杭山牌"长寿面、高楼糟烧。

长寿面

2. 旅游纪念品

林溪工艺品：木作、剪镂、塑作、铸锻、金属、编织、刻印、画绘、玻璃制作等。

木活字印刷：木活字印刷诗词、祝福语是木活字印刷文化村的特色旅游商品。游客先选定一首诗词或祝福语，确认后由木活字印刷文化村展示馆区工作人员进行排版、付印，并进行封塑包装。

高楼糟烧

三都—屏岩 风景名胜区

三都—屏岩是浙江省级风景名胜区，位于横店镇，历史悠久，素有"江南第一洞天"之美誉。1985年，时年81岁高龄的全国人大常务委员会副委员长严济慈严老曾徒步登峰，并由景而发，把这琼楼玉宇步道入云的胜境题名为"屏岩洞府"。景区由丹霞地貌和喀斯特地貌组成，向以奇峰异洞、云山怪石著称。山上的"南府北都"风光无限。这里所谓的"南府"，就是我们将要参朝的"洞府神天"——屏岩洞府。而"北都"则是享有"仙家佛地"之美称的三都胜境。南府屏岩景区山势蜿蜒，奇峰叠翠、幽洞遍布、树木葱葱，春天繁花绽放，秋天红叶满山，为道家修行之福地，主要景点有仙岩宫、天师殿、玉皇殿、钟鼓楼、龙圆洞、四海龙王殿、黄大仙宫、胡公殿、千佛塔、斤丝洞等十八处胜景。

屏岩洞府拥有目前浙江省内最长的观光索道，采用单线循环固定抱索器双人吊厢系统，线路全长为1310米，缆车现有吊厢112只，每小时可乘载游客300人次。单程用时22分钟，幽然舒适、安全可靠。大家可以在徐徐上行的缆车内俯瞰明清宫苑、广州街、香港街全景，饱览江南横店的秀丽风光。

管理机构：浙江省东阳市屏岩洞府旅游胜地管理委员会

地址：浙江省东阳市横店镇屏岩洞府景区

邮编：322118

玉皇殿

交通 出行宝典
TRANSPORTATION

（一）区外交通

横店位于浙江中部东阳市，距省会城市杭州160公里，距金华90公里，距上海350公里，距义乌19公里。

🚆 去横店可以在杭州火车站乘火车到义乌，至义乌江东汽车客运站转乘班车到横店。

🚌 在杭州汽车南站每15分钟就有一班到东阳的快客。在东阳汽车西站、东站均有专车至横店（每隔10分钟一班，车程约20分钟）。也可选择乘坐出租车，约15分钟车程。

🚗 江苏、上海、杭州方向：

线路1.金衢高速转诸永高速，至横店出口下。

线路2.沿杭金衢高速至浦江（郑家坞出口）或义乌（第一出口下），再往东阳抵横店。

福建、温州方向：沿金丽温高速、甬金高速至东阳出口下，直达横店。

宁波方向：沿甬金高速至东阳出口下，直达横店。

江西、衢州方向：沿杭金衢高速、甬金高速至义乌或东阳出口下，再驱车前往横店。

（二）区内交通

景区内有由横店集团投巨资于2000年建

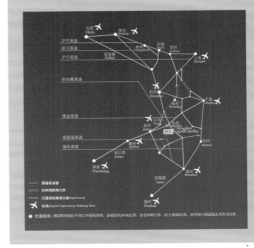

区域交通图

成的浙中地区唯一的山崖观光索道，全长1310米，有落差253米的上下两站，缆车吊厢112只，采用双人吊缆、单线循环的不固定圈索品系统，具有安全、美观、豪华、舒适的特点。游客在徐徐前行的缆车吊厢内可以俯瞰广州街、香港街、明清宫苑景点的景色，饱览"江南一镇"的秀丽风光。

洞府牌坊

在听雨轩北约200米的屏岩山脚，为一高六米四柱三门楼式白石坊，中门上方石匾"屏岩洞府"四个大字为严济慈的手迹。

洞府牌坊

听雨轩

又称包公殿，宋仁宗嘉祐元年屏岩乡民为纪念包公而建，殿内有包公及四护卫塑像，前有钟喜楼。听雨轩就在此基础上重建。

斤丝涧

屏岩洞府千般景，第一当数斤丝涧，后岩山上的斤丝涧上自岩顶下到山脚，硬生生地绽裂开一道纵深陡直的石缝，宽仅米许，深不可测，是鬼斧神工劈开凿下的一道天堑。

站在岩顶俯视涧底，垂直的视线最能让人体会出万丈深渊的确切来。游人至此，望涧听音，大都会取石投涧，由于缝隙两边崖壁凹凸相间，从岩顶投下一石，石块弹跳于两壁间，自上而下一路撞击出叮叮咚咚的回声，宛如弹奏起一曲美妙的音乐。

千佛塔

在斤丝涧边山上有千佛塔，塔高28.88米，为六面七层石塔，塔角挂风铃42枚，风吹铃声四溢，内置佛像和罗汉塑像千尊，登塔可眺四野景色，夜可观横店万家灯火。塔石侧约700米的洞形穹穴内设有木雕历代皇帝像50尊。

仰天饭甑

离开斤丝涧来到钟鼓楼，凭栏回顾，但见峭壁含云，洞穴吞雾，山岚漫过，云遮雾罩的深邃里别有洞天。这便是屏岩洞府的"仰天饭甑"了。俯首望去，偌大的一个洞井，平底落坑，陡壁圆环。半山云雾正从井坑中冉冉升起，如果碰上雨后放晴，那乳白色的氤氲就益加厚重，犹同农家蒸饭的大甑正升腾起浓烈的蒸汽，所以叫仰天饭甑。至于饭，据说是让驮载八仙过海的老龟全都偷吃了去。只落了个空甑朝天。

神话长廊

沿三层岩酷似"巴蜀栈道"的百余米山体自然凹槽修建而成，内置《八仙过海》、《七仙女》等神话传说故事群塑。人物与其他塑像造型逼真动人，栩栩如生，令游者如置神话中。

洞府琼楼

系清道光元年始建的"宫观寺"旧址，是山顶上占地面积最大的建筑物，历史悠久。楼分五间，砖木结构。殿阁嵯峨，飞檐翘角，耸立山巅，蔚为壮观。

神话长廊

特色观赏和体验 UNIQUE SCENERY & FESTIVALS

横店影视城

是全球规模最大的影视拍摄基地、中国唯一的"国家级影视产业实验区"，被美国《好莱坞报道》杂志称为"中国好莱坞"。自1996年以来，在这里诞生了《鸦片战争》、《荆轲刺秦王》、《汉武大帝》、《仙剑奇侠传》、《英雄》、《无极》、《满城尽带黄金甲》、《木乃伊3》、《画皮》等500多部影视剧作。

横店影视城坚持"影视为表、旅游为里，文化为魂"的经营理念，实现了影视基地向影视旅游主题公园的转变，旅游产品由观光型向休闲体验型转变，游客将可深度体验影视拍摄、享受度假休闲乐趣。

咨询 ☎ 0579-86569368
投诉 ☎ 0579-86555222

🛏 住宿 ACCOMMODATION

国际会议中心大酒店	☎ 0579-86550999	影都宾馆	☎ 0579-86587333
国贸大厦	☎ 0579-86548888	汴京大酒店	☎ 0579-86555511
影星酒店	☎ 0579-86551511	休闲山庄	☎ 0579-86573088
旅游大厦	☎ 0579-86580000	老城宾馆	☎ 0579-86596600
横店度假村	☎ 0579-86550333		

🍴 美食推荐 CUISINE

横店的美食，因为世界各地的明星和游人的络绎不绝而益发丰富多彩。几乎所有的风味都能在横店品尝到。南北小吃加上地方名点，横店之旅也完全可以是一次饕餮盛宴。

万盛兴酒楼	☎ 0579-86556488
景阳楼食府	☎ 0579-86552173
那年那月酒楼	☎ 0579-86566124
天下食府	☎ 0579-86556488
度假村酒楼	☎ 0579-86336393

烂柯山—乌溪江 风景名胜区

烂柯山—乌溪江位于衢州市南部，由烂柯山、乌溪江、药王山等组成，面积约160平方公里，是浙江省级风景名胜区。

烂柯山因"王质遇仙，观弈烂柯"的美丽传说而得名。山含翠黛、涧泉流彩、石梁惊虹、空谷传声。同时，烂柯山也是一座历史文化名山。它融道、释、儒三教文化于一体，可谓中国传统文化的"缩影"。作为我国古代游览名胜地的烂柯山，也深受历代名家学士，骚人墨客之青睐。谢灵运、郦道元、刘禹锡、白居易、范仲淹、苏东坡、岳飞、辛弃疾、朱熹、陆游、朱元璋、刘伯温、徐霞客、林则徐、郁达夫、弘一法师等都曾在此留下他们的足迹、墨宝和诗文。"山不在高，有仙则名"，海拔164米的烂柯山成了此言的最好注脚。

乌溪江古称东溪，又称周公源，是以湖南镇为中心的一江二库风景名胜区。其景观以湖光山色及电站雄姿、避暑疗养为特征。景点分布比较松散，又相对集中，有三片相对集中区：一是以湖南镇为中心的水上游览及避暑疗养区；二是以石室水库为中心的旅游、避暑；三是天脊龙门游览区。

药王山景区距衢州市城南29公里，面积约15平方公里，分神农谷、马尾瀑、石林荟萃三大景区，是一处充满情趣的旅游胜地。

管理机构：衢州市衢江区风景旅游局
地址：衢州市衢江区行政大楼3楼
邮编：324022

烂柯山——天生石梁

交通 出行宝典
TRANSPORTATION

（一）区外交通

浙赣铁路横贯市境，乘火车可直达上海、南京、苏州、杭州、宁波、温州、福州、厦门、南昌等城市。

区域交通图

航班	班期	起飞时间	到达时间
衢州—北京	每天	20：15	22：15
衢州—深圳	每周1、2、4、6	20：50	22：20
北京—衢州	每天	17：25	19：25
深圳—衢州	每周1、2、4、6	18：25	20：00

咨询 ☎ 0570—8870965 8870966

出发城市	路线	行车时间
上海	沪杭、杭新景高速衢州东出口下	4小时
杭州	杭新景或杭金衢高速衢州东出口下	2.5小时
温州	丽温、丽龙高速衢州东出口下	4小时
宁波	甬金、杭金衢高速衢州东出口下	2.5小时
苏南方向	宁杭、杭金衢高速衢州东出口下	5小时
南昌	梨温、杭金衢高速衢州东出口下	3.5小时
鹰潭、上饶	梨温、杭金衢高速衢州东出口下	1.5小时
景德镇、婺源	17省道直达开化、常山、衢州	3.5小时

（二）区内交通

烂柯山：市区乘坐18路（2.5元）至石室下。每隔15分钟一趟。

天脊龙门：市汽车南站乘坐天脊龙门旅游专线车506路（8元）。运行时间：7：00—16：35。每隔45分钟一趟。

药王山：市区乘坐K1路（2元）至巨化终点站，下车后向前左拐100米换乘545路（6元）。每隔40分钟一趟。

旅游服务 TRAVEL SERVICE

各景区门票价格

景区名称	票价	景区讲解费
烂柯山	20元/人	30元/团
天脊龙门	48元/人	50元/团
药王山	48元/人	50元/团

衢州国际旅游集团公司主要从事旅游景区的开发、经营，景观房产的开发建设。目前投资开发的"浙西风光带"旅游项目包括烂柯山景区、天脊龙门景区、药王山景区等景区，总投资1.5亿元，是浙江省"山海协作"工程投入最大的旅游开发项目。

衢州国旅

衢州国际旅游集团

旅游咨询：📞 0570-3680173

办公室：📞 0570-3680161

营销部：📞 0570-3680185

烂柯山

📍 衢州市柯城区石室乡

景区咨询：📞 0570-3060883

　　　　　　0570-3060880（传真）

天脊龙门

📍 衢州市衢江区黄坛口乡下呈村

景区咨询：📞 0570-2801228

　　　　　　0570-2801108（传真）

药王山

📍 衢州市衢江区黄坛口乡黄泥岭村

景区咨询：📞 0570-2947426

　　　　　　0570-2947370（传真）

1. 烂柯山风景名胜区

烂柯山距衢州市城南8公里，原名"信安山"，最高海拔176.9米，但"山不在高有仙则名"，相传一千六百余年前，晋代樵夫王质入山伐薪，遇仙对弈，斧柯朽烂，遂改称"烂柯山"。

烂柯山为著名的仙霞岭余脉，主峰山巅"天生石梁"横空飞架，如巨龙飞渡，似大鹏垂翼，气势磅礴、雄伟壮观、东西横亘、南北中空，为世界上丹霞地貌景观之最，人间一大造化奇观。

烂柯山因天生石梁而惊奇，更因王质遇仙而神奇，数十位古代帝王及历代名人慕名而来，"山中方一日，世上已千年"、"烟霞色拥千峰霭，星斗光分一线通。"等千余篇诗篇及传说，使得烂柯山的一草一木、一石一景蕴涵着诗意，渗透着仙气。被誉为"天下无双胜境，江南第一仙山"、"第三十福地"、"青霞第八洞天"。

烂柯山又是著名的围棋发源地，"烂柯"是围棋的别称。历代棋界高手莫不以"烂柯布局"为追求。国家棋院院长陈祖德、棋圣聂卫平、马晓春等均光临烂柯山，又谱"烂柯布局"。

烂柯仙境，诗情绵绵，画意无限。

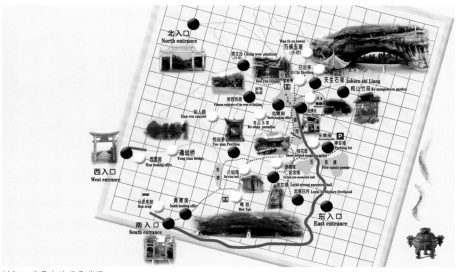

烂柯山风景名胜区导游图

宝岩寺

宝岩寺原名石桥寺，因山有天生石梁而得名。始建于梁大同七年（541年）。唐时名僧皎然游烂柯山曾挂单于此。一座金刹梵宇，佛仪端庄、道风蔚然、香火鼎盛。

宝岩寺

梅岩

梅岩又称牛岩、仙岩，为烂柯山之外岩。岩含三洞，冬暖夏凉。清郑永禧《烂柯山志》称："洞内有丹灶遗址，又古冢二，皆石椁。相传昔有二道人修炼于此，因委蜕焉瘗之。"

梅岩洞天

天生石梁

天生石梁又称石桥、仙桥、石梁飞虹。位于主峰山巅，其状如桥，横空飞架，远看如巨龙飞渡，如大鹏垂翼，气势磅礴，雄伟壮观。石梁东西横亘、南北中空，是世界丹霞地貌中最大天生石梁，堪称一大奇观，举世一绝。

石梁探秘

2.天脊龙门风景名胜区

天脊龙门景区距衢州市城南32公里，以峡谷、奇峰、绝壁、飞瀑见著。景区内山峰林立，峡谷纵横，其中海拔千米以上的山峰有54座，水门尖海拔1452.8米，为浙西第一高峰。相对高差近一千米的深谷川流，峡谷时阔时狭，忽陡忽平，峰林景观雄奇、大气、明快，水体景观气势磅礴。

龙的传说给天脊龙门蒙上了一层神秘的色彩。龙生九子，各有所好，因各得山水不同之灵秀，而形异性殊。景区内的五座龙桥、九个龙亭、鲤鱼跃龙门、东海龙宫以及龙涎温泉、龙潭飞瀑、飞天索桥等景观令人

龙门飞韵

惊叹，两千余米的栈道仿佛似神龙在悬崖山脊间飞舞再现、险峻神化。

行走在飞龙栈道上与危崖对话，穿梭在飞天索桥上邀云雾共舞，让您顿生豪情。

天脊龙门风景名胜区导游图

龙潭飞瀑

龙门源为天脊龙门谷底溪流，沿溪有多级瀑布，最大的为龙潭飞瀑，从10多米高的悬崖上直泻龙潭，如蛟龙吐水，银花四溅。潭中碧波荡漾，清澈见底，水质淳厚，置钱币于水面，久而不沉，十分神奇。

龙潭飞瀑

龙字崖刻

出自大书法家吴昌硕手笔，总面积达508平方米，为目前国内龙字崖刻之最，苍劲有力，蔚为壮观。

龙字崖刻

飞龙大滑索

建于2007年，横跨峡谷之上，长达298米，目前堪称华东最长。

飞龙大滑索

龙涎温泉

浙西境内唯一一座可作为疗养的温泉。该温泉深达380余米，常年恒温24℃。泉水从地下通过两个石龙头日夜向外飞涌而出，水质特佳且微温，故有"八德"之美，即"一清、二温、三净、四甘、五提神、六去痒、七去烂、八止渴"的功能。

龙涎温泉

飞天索桥

飞天索桥高100米、长108米，被称为"浙西第一索桥"。索桥由19根钢索连接，坚固的枕木为底基，上铺厚实的木板。于索桥之上可俯览峡谷全貌，海拔1452米的浙西第一高峰水门尖、层峦叠嶂的大源尾原始次生林，笼罩于云雾之中，无限山水美景一览无遗。

飞天索桥

3.药王山风景名胜区

药王山是以中华药文化和山水形胜为特色，集观光、休闲度假、康体健身及科普教育为主要功能的山地型城郊风景游赏区。景区距衢州市区29公里，总面积10平方公里，由三老峰、药王居、马尾瀑、石林荟萃四景群及入口旅游服务中心组成。药王山汇密林、清溪、深潭、飞瀑、绝峰、幽谷、仙洞、险道等自然景观于一体；奇峰绝立，幽谷生云，飞瀑流霞，顽石蕴秀，山环水抱，林木葱茏，百药丛生，峭壁崖间，古藤悬彩，天地复色，走兽观人；有特色景点、景观100多处。

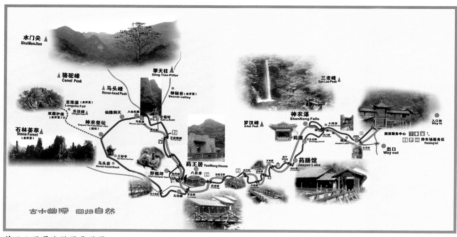

药王山风景名胜区导游图

神农双瀑

相传，神农氏和孙思邈经常在这里洗药，后人为了纪念他们，就将瀑布叫做"神农双瀑"。神农双瀑在上午9点左右，随着太阳的移动会呈现姿态各异的神奇彩虹，让人叹为观止。古人有云："双瀑托彩虹，一潭映七彩。"

马尾瀑

马尾瀑别名又叫九天落虹。瀑布自200余米高的岩壁悬空飞流直下，清风吹过，飞瀑飘飘洒洒犹如马尾，其上亦有一块岩石形似一匹踏空而来的天马，故得此名。如果遇上有太阳光照射的日子，它就会呈七色彩虹，人行其间，天风徐来，暑气顿消。

神农双瀑

水门尖

　　水门尖位于城南25公里衢县坑口和长柱两乡交界处，呈南北走向，海拔1451.8米，为衢州市境内最高峰之一。

水门尖

药王居

　　药王居是古人们祭拜药王孙思邈的场所，也是历代药师们上山采药时歇脚的地方。居里供奉了药王孙思邈，两边是仙童仙女。

药王居

神农药膳

　　神农药膳由药王孙思邈所创。1000多年前的药王山中多瘴疬之气，孙思邈为驱除邪气，庇佑山民，研制了大量药膳，供山民服用。神农药膳由此名声大振，传遍江南，历经千年而不竭。如今神农药膳独此一家，十大药膳各有不同功效。

神农药膳馆

烂柯山—乌溪江四季 SEASON

　　烂柯山—乌溪江属亚热带季风气候区，四季分明、冬夏长春秋短、光温充足、降雨丰沛。常年平均气温在16.3～17.3℃，1月平均气温4.5～5.3℃，7月平均气温27.6～29.2℃。

🛏 住宿 ACCOMMODATION

东方大酒店	📞 0570-3058101	衢州饭店	📞 0570-8081919
衢州国际大酒店	📞 0570-8889888	衢州圣效大酒店	📞 0570-2831188转8006
衢州大酒店	📞 0570-3020388	帝京大酒店	📞 0570-8890888
友好饭店	📞 0570-8880777	丽晶大酒店	📞 0570-8810688
蓝洋名都大酒店	📞 0570-8877888	荷花园大酒店	📞 0570-8870888
龙都大酒店	📞 0570-8889999	今日大酒店	📞 0570-8880388

🍴 美食推荐 CUISINE

　　衢州虽属浙江，但由于和江西、安徽、福建均接壤，所以口味偏重。"辣、麻、咸"是衢州人典型喜欢的口味，也是衢州菜颇具风味之所在。

　　美食之一：市区吃"三头一掌"，即兔头、鸭头、鱼头和鸭掌；

　　美食之二：烂柯山吃鱼；

　　美食之三：药王山品药膳；

　　美食之四：天脊龙门尝农家菜。

　　另外，还有衢州烤饼、衢州麻饼、八宝菜、龙游米糊、龙游开洋豆腐干、龙游发糕、毛豆腐、衢州油炸果、山粉肉、开化青

三头一掌

蛳、开化焙糕、常山胡柚、菱角豆腐、开化板栗、高家萝卜丝、衢州柑、衢州柑橘、衢红桔、双桥粉干等风味特色。

药王如意鸡　　　　猪手绣花针　　　　神农三宝鸭

🛍 购物指南 SHOPPING GUIDE

　　衢州也是产茶地区，龙游方山茶是浙江名茶，明代列入朝廷贡品，历史文化源远流长。开化龙顶茶更是茶中新秀，曾是全国获奖产品。另还有衢州玉露茶、江山绿牡丹等名品。衢州更是陶瓷出产的宝地，著名的有衢州窑、江山窑等。

鸣鹤—上林湖 风景名胜区

鸣鹤—上林湖风景名胜区位于慈溪市东南部，距宁波市35公里，北邻329国道，东临沈海高速（国家高速G15），距慈溪城区14公里。

风景区主要由外杜湖、里杜湖、白洋湖、上林湖、五磊山、东栲栳山和西栲栳山等山水名胜景点组成。分布于鸣鹤镇、桥头镇和匡堰镇境域内，主要集中在鸣鹤、桥头二镇境内，总面积50.80平方公里。

鸣鹤—外杜湖景区以鸣鹤古镇、名人、杜白湖的山水风光、白洋湖的水上娱乐和外杜湖的大型水上活动为主要特色内容；五磊山—里杜湖景区以里杜湖的曲折幽深、五磊讲寺古刹和五磊山登高览胜为主要特色内容；

上林湖—栲栳山景区以上林湖的港湾纵横、国保窑址、杨梅林和栲栳山生态环境游为主要特色内容。

目前五磊山、上林湖越窑遗址、金仙禅寺都已对外开放，鸣鹤古镇也将于2011年10月试营业。

管理机构：慈溪市风景旅游局
地址：慈溪市浒山街道寺山路87号
邮编：315300
电话（传真）：0574-63802616、
　　　　　　　　63810130（63817981）
网址：http://lyj.cixi.gov.cn/

千年古刹——五磊讲寺

交通 出行宝典
TRANSPORTATION

✈ 慈溪城区至杭州萧山机场和宁波栎社机场约一个半小时车程,至上海虹桥和浦东机场约两个小时。

🚌 329国道贯穿整个慈溪,沈海高速开通以后,交通更加便利。从上海经过跨海大桥,使得到达慈溪的时间缩短了1个多小时,从宁波经沈海高速,也可以快速地到达慈溪的各个景点及城区。

※特别提示
明湖加油站 📞 0574-63677207
慈溪市鸣鹤师宓公路口
五里加油站 📞 0574-63628598
慈溪市观海卫镇五里

旅游服务 TRAVEL SERVICE

五磊山游客服务中心

五磊山游客服务中心位于慈溪五磊山风景区门口,服务中心配有宁波市旅游局统一定制的旅游电子触摸屏,可查询整个宁波景区、景点旅游情况;提供慈溪旅游宣传手册和地图;接受游客咨询;销售慈溪旅游商品。

📞 0574-63671989
其他常用电话:
慈溪市旅游咨询 📞 0574-63802616、63810130
慈溪市旅游投诉 📞 0574-63816731

精品线路 *a*
鸣鹤古镇—金仙禅寺—吴锦堂墓—白洋湖—农家菜馆(中餐)—外杜湖—五磊山风景区—鸣鹤镇或慈溪城区住宿。

精品线路 *b*
鸣鹤古镇—金仙禅寺—吴锦堂墓—白洋湖—农家菜馆(中餐)—杨梅观光园—慈溪城区住宿。

精品线路 *c*
鸣鹤古镇—上林湖越窑遗址—农家菜馆(中餐)—杨梅观光园—慈溪住宿。

精品线路 *d*

鸣鹤古镇—金仙禅寺—吴锦堂墓—五磊山风景区（中餐）—杨梅观
光园—慈溪住宿。

精品线路 *e*

鸣鹤古镇—金仙禅寺—吴锦堂墓—五磊山风景区（中餐）—上林湖
越窑遗址—慈溪住宿。

五磊山风景区

　　五磊山风景区环境清幽，风光怡人，古树名木众多，主峰海拔424米，并有内外五峰环聚，有小"庐山"之称。1800年前三国赤乌年间，印度高僧那罗延来到五磊山区，创建五磊寺，是浙江佛教最早的发源地，也是全国最早的寺院之一。山上有莲花园、祖师洞、象眼泉、老虎洞等十几处景观，晨钟暮鼓，竹海松涛，演奏天籁之音。山下杜湖碧波荡漾，烟波浩淼，湖光山色交相辉映，湖畔解家村是唐代著名书法家虞世南故里。

　　莲花园位于五磊山盆地，突出了"深山古寺，幽谷莲花"的意境，集佛教文化和园林胜景于一体。

　　藏云溪景区北邻杜湖边的杜磊公路，南

五磊讲寺

藏云溪

起云亭

听磬、卧虎悟禅。景区以蜿蜒曲折的潺潺溪流、高低错落的磊磊奇石为主要景观，"怪石、清溪、幽谷、奇树"是藏云溪景线的四大特色。

票价：40元

上海方向：沈海高速（慈溪掌起下）—329国道—观海卫师宓路—湖滨路—景点

杭州方向：杭甬高速（余姚上虞下）—329国道—观海卫罗鸣公路—湖滨路—景点

宁波方向：329国道—观海卫师宓路—湖滨路—景点

乘车交通指引：慈溪长途客运站，浒山—五磊山风景区专线

接莲花园的莲花池，东西两侧为依山就势的茂密山林，溪流全长1.5公里，主要景点有濯心亭、藏云迎宾、蛇潭、四维金刚、镇鳌、奇缘谷、面壁石、起云亭、天池浮莲、双蟾

上林湖越窑遗址

上林湖越窑遗址是全国重点文物保护单位，是一座名副其实的露天青瓷博物馆。沿湖20公里的湖岸线上，散布着自东汉以来的古窑址120余处，随着水色的深浅，青灰色褐黄色的瓷片在岸边时隐时现，仿佛在诉说岁月的轮换和沧桑的变迁。这里是中国青瓷文化的发祥地，从东汉到南宋历经千年之久。以明州（宁波古称）港为主要始发港的"海上陶瓷之路"影响20多个国家和地区。其中，寺龙口窑址为1998年中国十大考古新发现之一。景区内的栲栳山上有飞瀑、石刻、古桥、奇石，点缀出上林湖灵动秀美的神韵。

从城区出发经329国道转匡堰大道经沿山线至上林湖

慈溪客运南站K212路城乡公交车到景区

上林湖越窑遗址

鸣鹤古镇

鸣鹤古镇依白洋湖而建，并紧临五磊山风景区，是名副其实的山水古镇。古镇目前仍完整的保存着众多的明清建筑，古桥、走马墙，小桥流水人家是古镇的特色。

🚗（1）从城区出发经329国道至五里转罗鸣公路转鸣兴西路

（2）沈海高速（慈溪掌起下）——329国道——观海卫师氹路——湖滨路——罗鸣公路——鸣兴西路

🚌（1）慈溪客运东站坐K202路城乡公交车到景区

（2）慈溪客运南站坐K212路城乡公交车到景区

鸣鹤古镇

走马墙

金仙禅寺

金仙禅寺坐落于鸣鹤镇白洋湖畔，素有"以山而兼湖之胜"的美誉。明代俞咨龙诗咏："淄衣邻鹤氅，释寺号金仙。两水涌明镜，孤峰撑碧天。雀喧因佞佛，鹿睡欲参禅。四壁山花绕，香分炉内烟。"金仙寺背靠禹王山，南临白洋湖。初建于南朝梁大同年间至今已有1400余年。宋治平年间，赐额金仙寺，寺院几经毁建，原有静观楼、望湖楼、鸥飞阁等名胜和宋代书法家米芾字碑及元朝高僧景曆的书碑记，至明清已闻名于南方禅林。据史载，弘一法师也曾4次云游金仙寺，他的《清凉歌集》、《华严集联三百》即在金仙寺脱稿。1942年，我抗日革命武装在金仙寺成立了第三战区三北游击司令部，寺院成为敌后抗日活动的重要场所。

🚗（1）从城区出发经329国道至五里转罗鸣公路转鸣兴西路

（2）沈海高速（慈溪掌起下）——329国道——观海卫师氹路——湖滨路——罗鸣公路——鸣兴西路

🚌慈溪客运南站坐K212路城乡公交车到景区

金山禅寺

特色观赏和体验 UNIQUE SCENERY & FESTIVALS

慈溪杨梅节

　　每年6月中旬，慈溪都将举办杨梅节。节日期间，全国各地的宾朋会被特意邀请来到慈溪，到山上一边亲手采摘，一边品尝，还会有一系列的演出活动来款待客人。

鸣鹤—上林湖四季 SEASON

	春季	夏季	秋季	冬季
平均温度	17.9℃	26.7℃	17.2℃	6.2℃
平均降水量	312.7mm	495.0mm	155.2mm	297.1mm

　　慈溪地处东海之滨杭州湾南岸，属亚热带季风气候。风景区空气清新，负离子含量高；气象景观丰富，有雪景、雾景、云景、雨景、朝阳、晚霞等景观。

🛏 住宿 ACCOMMODATION

名称	星级	地址	电话
沈师桥大酒店	四星	慈溪市观海卫镇师宓路口	0574-63651888
观城宾馆	三星	慈溪市观海卫镇三北中路481-485	0574-63931888
天华宾馆	二星	慈溪市观海卫镇南市路1号	0574-63923333
花苑大酒店	二星	慈溪市观海卫镇福山路道口	0574-63613888

注：节假日及杨梅节期间请提前订房、订餐。

农家菜馆

名称	地址	电话
望湖酒楼	慈溪市观海卫镇湖滨路13号（杜湖旁）	0574-63677779
老蔡饭店	慈溪市桥头镇上林湖村上滩头	0574-63552776

🛍 购物指南 SHOPPING GUIDE

　　慈溪物产繁多，品种优异。主要特产有：越窑青瓷、杨梅制品、古窑浦水蜜桃、黄花梨、新浦葡萄、东埠头年糕、三北豆酥糖、慈溪小海鲜、蜂蜜、长河草帽等。

吼山 风景名胜区

吼山位于绍兴市皋埠镇境内，交通便捷，是浙江省级风景名胜区。吼山石景奇丽多彩。历经千百年的开山采石和大自然的造化，逐渐形成了孤岩、奇石、洞壑、深潭等独特景观。有云石、棋盘石、象鼻吸水、一洞天、烟萝洞、放生池、剩水荡等四十多处景点。

吼山历史文化底蕴深厚。是越王勾践雪耻复国大业的重要根据地之一；有春秋战国时期的古越青瓷窑址；有宋代爱国诗人陆游的祖居和祖寺；历代数十位文人墨客留有足迹，众多的摩崖石刻和杰出诗文就是佐证。

吼山又是一个影视基地。继《西游记》续集拍摄以来，已有十多家影视剧组涉足，2005年中央电视台仍看好吼山，拍摄41集国家级电视大片《越王勾践》并留下了"越王宫"等许多场景，使吼山更为靓丽。

吼山也是一个纯生态花果园林。满坡果树，满山鲜花与独特山水风光相映成趣，尤其是桃花，名品济济，花期在四十天以上，最早开的桃花在二月下旬，这在华东地区绝无仅有。现有三十多个桃树品种，其中，花

三月吼山桃花开

中之魁玛丽维娜被誉为"华东第一桃"。一年一度的"吼山桃花节"皆是盛况空前。是开春来第一个大型活动。

吼山近期开发建设的"生态科普示范林"、"绍兴传统农具博物馆"，更是吸引了生活在都市的朋友和青少年一族的目光。

管理机构：吼山风景旅游管理局
地址：绍兴市越城区皋埠镇
邮编：312035
电话：0575-88082404／88086016
邮箱：sxhs001@sina.com

交通 出行宝典 TRANSPORTATION

（一）区外交通

✈ 绍兴距杭州萧山国际机场仅30公里，有机场大巴直达绍兴，出租车大概需要100元左右。

🚆 萧甬铁路贯穿市境，西至杭州50分钟，东至宁波1小时40分钟，宁波始发的所有

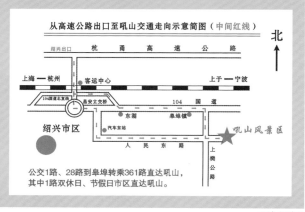

从高速公路出口至吼山交通走向示意简图（中间红线）

绍兴出口　杭　甬　高　速　公　路

上海—杭州　客运中心　上于—宁波

104国道北复线　昌安立交桥　104　国　道

绍兴市区　汽车东站　东湖　皋埠镇

人　民　东　路　吼山风景区

上樊公路

北

公交1路、28路到皋埠转乘361路直达吼山，其中1路双休日、节假日市区直达吼山。

区域交通图

列车都经停绍兴。从绍兴火车站乘公交1路、28路至皋埠枢纽站转乘361路直达吼山，其中1路双休日、节假日市区直达吼山。

火车站咨询 ☎ 88022584

🚗 上海—沪杭甬高速—绍兴出口（总行程250公里，车程约2.5小时）

杭州—沪杭甬高速—绍兴出口（总行程58公里，车程约50分钟）

宁波—杭甬高速—绍兴出口（总行程125公里，车程约1.5小时）

温州—甬台温高速—上三高速—上虞出口—104国道—吼山（总行程约210公里，车程2小时）

（二）区内交通

吼山风景名胜区内交通主要以游客步行为主，道路用青石板铺设，畅通平整，主次干道明确，每拐弯处均设有明确的指示牌。

旅游服务 TRAVEL SERVICE

吼山开放时间：8：00—17：00

票价：成人：40元/人，儿童：20元/人（1.2米-1.4米）

投诉 ☎ 12358

吼山风景名胜区导游图　MAP

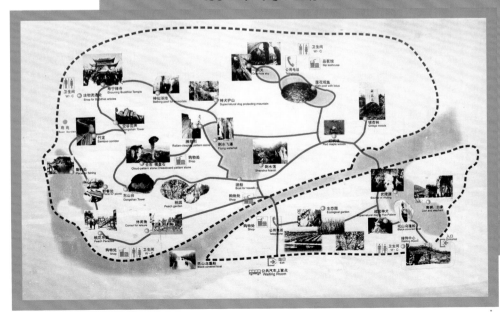

精品线路

试剑石—越宫神犬—放生池—桃园—云石、棋盘石—尽览亭—寿宁禅寺—剩水荡—烟萝洞。

放生池

放生池池深而幽奇。一叶扁舟进入池中，清静幽雅，秀隽异常。池边残岩洞壁，或青或白、或凹或凸，光洁石面，多处古代人题刻，字迹朱碧兼之，清晰可见，投入池中泛起层层筛影。池畔山水习溅，石壁回声，虫鸟啁鸣，构成一组悦耳的交响曲。

放生池

吼山桃花

桃园

吼山的桃园是著名教育家蔡元培先生开创的，并引种桃中珍品蟠桃，至今已有七十多年的历史。整个桃园，面积三百多亩，有桃树品种三十余个，主要有花桃、一点红、大红桃、夏白桃和蟠桃等。春季前来观赏漫山绯红的桃花，夏季即可品尝桃子的美味。

云石、棋盘石

吼山有两块奇特的石头，一块叫云石，一块叫棋盘石，这两块石头历来是吼山的主石景。清朝，《康熙会稽县志》里记载的吼山八大景，首景就是"犬亭云石"。云石上粗下细，上顶飘逸的巨石一块，似云朵从天外飞来，故称云石。云石又名火炬石，它象征当年越王勾践卧薪尝胆，十年生取胜、十年教训，坚韧不拔的精神，激励着越乡人民生生不息和无往而不胜的气概。棋盘石，高二十余米，周十余米，底部瘦削，上覆三块犬牙交错的巨石，巍峨雄奇。

云石——《越王勾践》拍摄现场

尽览亭

田园佳绝景，吼山尽览亭，在这里您可以尽情观赏整个会稽山脉的雄姿和江南水乡的秀丽风光，真可谓稽山鉴水尽收眼底。

寿宁禅寺是南宋爱国大诗人陆游的二祖父陆傅于公元1123年所建，原名东山禅寺。

当年陆游在佛祖前许愿："一统中原，佛装金身"，遂改名寿宁禅寺，意为国家长治久安。寿宁禅寺至今已有800多年的历史。可惜在1941年，寿宁禅寺被日寇所毁，现寺为1996年重建。

剩水荡

"剩水"两字出自张岱的诗句"谁云鬼刻神镂，竟是残山剩水"。这里虽然是采石后的残山剩水，却如同是鬼刻神镂。看水中独立石笋，中流砥柱，刀劈斧砍一般的崖壁，所以，这里有"小东湖"之称。再看崖壁上的瀑帘，简直是把人带入了"秀水绕奇石，瀑前伴碧潭，青山花果茂，洞府幽又幻"的人间仙境。

剩水荡

院士林

绍兴籍中科院、工程院健在的大部分院士，于2008年11月回故乡，在此植下金桂、银杏和香樟。林内中部，竖一"风采屏"，屏的两侧，图文并茂，介绍六十三位院士为国家富强，民族振兴而作出的卓越贡献。院士林寄寓"十年树木，百年树人"的之深意，激励广大科技工作者和青年学子以院士为楷模，拼搏向上而勇攀高峰。

院士林揭碑开幕式

烟萝洞

烟萝洞入口处是个拱形洞口，藤萝缠蔓。进入洞中，豁然开朗，洞广八千多平方米，四周陡壁屹立，形如一口竖井，为采石所剩空谷，正中一尊勾践石像，正襟危坐，气势轩昂。东首一堵插天屏风似的岩壁直冲云霄，梅苔万点。其中"一洞天"更具气势，令人叫绝，它是一块与岩壁相连的巨石向外延伸，由两根石柱支撑着，似伞似屋，顶有小洞，仰视洞口，一线天色，沐浴空谷来风。

农博馆

绍兴传统农具博物馆占地面积400平方米，建筑面积350平方米。馆内共收集陈列绍兴农家传统用具286种计400余件，其中有源自汉代的石磨、形成于唐代的犁所改进的其他遗存物等。摆设分耕作、收割、运输、加工、生活、捕捞、喜庆祭祀及其他等八大类。

特色观赏和体验 UNIQUE SCENERY & FESTIVALS

吼山桃花节

吼山桃花品种多，花色美，花期长达45天之久，被誉为"华东第一桃"。吼山桃花节也是绍兴市开春第一个节庆活动。

活动内容：本土音乐节、歌舞表演、摄影PK赛、象棋擂台赛、骑马跑马、水上飘、地方戏曲。

时间：3月中旬至4月中旬

地点：吼山风景名胜区越王草宫景区

桃花节节庆活动——走高跷

吼山四季 SEASON

绍兴吼山属亚热带季风性湿润气候，境内四季分明，气候湿润，光照充足，年平均温度16.4℃，年平均降水量1300毫米。

吼山四季皆宜人，春游赏桃花，夏游水果采摘、秋游自助烧烤，冬游登山观雪。

🛏 住宿 ACCOMMODATION

方园观光农业园（农家乐AA）

◇ 吼山风景区旁　☎ 0575-88083836

双标间房价：120元／人

金谷饭店（准三星）

◇ 绍兴市区兴文桥直街13号

☎ 0575-85143210

双标间房价：285元

玛格丽特酒店（四星）

◇ 绍兴解放北路玛格丽特商业中心西区2幢

☎ 0575-88223888

双标间房价：520元

绍兴开元名都大酒店（五星）

◇ 越城区人民东路278号

☎ 0575-88098888

双标间房价：1280元

（以上价格以实际为准）

🍴 美食推荐 CUISINE

神仙鸡、清蒸鳜鱼、醉蟹、酱爆螺丝、干菜焖肉、油炸臭豆腐、霉苋菜梗、扎肉。

神仙鸡

🛍 购物指南 SHOPPING GUIDE

孟大茂香糕、霉干菜、老酒、腐乳、勾山茶叶、土鸡、方园水产品。

氡泉—九峰 风景名胜区

氡泉—九峰省级风景名胜区位于浙江省泰顺县境内，是浙江省2001年公布的第五批省级风景名胜区，原名九峰省级风景名胜区。风景区因九座山峰联体而得名，最高峰海拔1237米，其余八座也都是在千米以上。以九峰为发源地可分为三条峡谷：九峰至泗溪称九泗峡谷、九峰秀涧至彭溪的秀彭峡谷，以及九峰至峰文到苍南莒溪镇称为峰文峡谷。2006年，浙江省公布第六批省级风景名胜区名单，将承天氡泉风景名胜区并入九峰风景名胜区，并更名为氡泉—九峰省级风景名胜区，氡泉—九峰风景区包括九里潭景区、九峰景区、彭溪景区及氡泉景区等四大景区，面积107.06平方公里。主要景点包括：氡泉、九里潭、龙潭飞瀑、仙人拔舌、双桥相迎、鸡公山、戴笠仙翁、仰天湖、狮子岩、云天洞、水纹袈裟、后溪览胜以及闽浙边临时省委成立旧址、红军山洞医院、浙南特委成立旧址和中国工农红军挺进师纪念馆等共100多个景点。

氡泉—九峰以优美的峡谷溪涧、奇特的温泉资源为特色，与光荣的近现代革命斗争史相融合，是集观光游览、爱国主义教育、休闲保健、科普科研等功能于一身的风景名胜区。

管理机构：泰顺县风景旅游管理局
地址：浙江省泰顺县罗阳镇爱民路108号
邮编：325500
值班电话：0577-67582499
传真：0577-67594567
电子邮箱：sdqy2339@126.com
门户网站：www.tsly.gov.cn

氡泉大峡谷

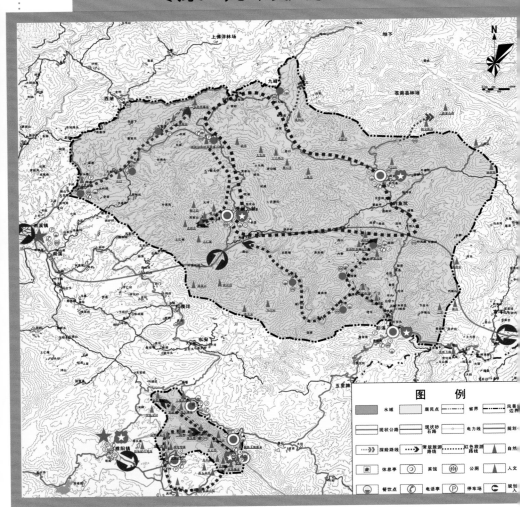

交通 出行宝典
TRANSPORTATION

（一）区外交通

　　游客赴氡泉—九峰风景名胜区大多从温州、杭州、上海和福州直接进入泰顺县到风景区。

迄止站点	发车时间	班次	价格（元）
温州客运中心—泰顺	6：15—18：00	每40分钟一班	52
杭州汽车南站—泰顺	8：00，10：00，15：05，16：35，17：30（发往风景区）	每日五班	153
上海总站、南站、中山站—泰顺	11：00，12：00，20：00	每日三班	230
福州汽车北站—泰顺	12：20，17：00	每日二班	90

（二）区内交通

　　氧泉景区游人步道全长2.6公里。

区域交通图

精品线路 *a*

廊桥—石门—七里溪—八里滩—九里潭—双瀑奇观—闽浙边临时省委成立旧址—中国工农红军挺进师纪念馆—狮子岩—赤岩石室

精品线路 *b*

彭溪镇—沿彭溪—钓鱼坑—峰文峡谷

精品线路 *c*

泉眼—氡泉电站—沿北溪

九峰风景区

九峰地处第二次国内革命战争时期闽浙边境革命活动的中心地带，包括"红军路"、小九曲景区、九里溪景区、秀涧景区、峰文峡谷景区等，其中"红军路"为该风景名胜区的核心。如今，一条连接峰文大战遗址、双溪口红军山洞医院、浙南特委成立旧址小南山、浙闽边临时省委成立旧址白柯湾及红军挺进师纪念馆的公路，贯通九峰、松洋和峰文三个乡，成了一条著名的"红军路"。沿着"红军路"，你随时可以寻找到刘英、粟裕、叶飞等老一辈革命家的战斗身影。

中国工农红军挺进师纪念馆

中共闽浙边临时省委成立旧址及纪念碑

峰文峡谷风景区

峰文峡谷位于泰顺县峰文乡峰文村，峰文峡谷以飞瀑、峭壁、深潭等著称。它地形起伏大，海拔在300～1200米之间，山峻涧陡，景观丰富，各具特色。峰文峡谷中的云天洞、水纹袈裟、飞瀑彩虹、三柱峰、险桥栈道、白水漈、石厝涧等景点堪称浙江绝、奇景观，不逊北雁，身处其中，宛若世外桃源。

水纹袈裟

九里潭风景区

九里潭位于泗溪镇九里潭村，是一个集合山水旅游的峡谷段落。该景区以水秀石奇瀑美为主要特点，从九峰山麓发源，形成一狭长峡谷，群峰逶迤，山回溪转，溪水聚为碧潭，流为清波，主要景点有：石门、七里溪、八里滩、九里潭、双瀑奇观、猢狲潭、雨花瀑和石柱等，独特的山水构景，形成了独一无二的风景画卷。

承天氡泉

承天氡泉位于雅阳镇境内，总面积约25平方公里，距温州101公里，距泰顺县城58公里，距九峰20公里，距同三高速公路分水关口24公里，交通比较便利。区内深壑叠峰，峡谷朝向东南，是浙江省唯一发育中亚热带南部地区植被的优越地段，在氡泉源头一带，华南植物区系的种属频繁出现，是一处罕见的天然植物园。承天氡泉风景名胜区风光秀丽、空气新鲜、环境优越、民风纯朴。区内有泉眼奇观、华东第一大峡谷、甲鱼上山、莲头瀑布、塔头底古村落、神龟望瀑等大小40多个景点。

莲头瀑布

北涧桥

北涧桥俗称下桥，位于北溪溪口，与上桥距离约200米左右。上、下二桥合称姊妹桥，是浙南闽北众多廊桥中造型和气势皆出众的两条，号称世界上最美丽的廊桥。北涧桥始建于清康熙十三年(1674年)，桥长51.7米，宽5.37米，净跨29米。

北涧桥

氡泉—九峰四季 SEASON

泰顺属亚热带海洋型季风气候，四季分明，气候温和，雨量充沛，夏无酷暑，冬无严寒。夏季平均25.1℃，冬季平均14.7℃，年降雨量2000mm，无霜期280天。泰顺多山近海，雷雨频繁，雨量丰沛。6月降水最多，12月降水最少。在选择出行时间时要考虑避开雨期。

特色观赏和体验 UNIQUE SCENERY & FESTIVALS

泡氡温泉

承天氡泉是国家级浴用医疗热矿泉水，对理疗、保健、养生和美容有神奇效果。现有各种户外浴场供游客体验。

最佳泡氡温泉季节：冬季

民俗民风展演

每年正月十五，在雅阳镇举办千桌万人百家宴活动，期间有当地的舞龙、舞狮、跑马灯、泰顺斗牛、药发木偶、烟花等民俗活动。

🛏 住宿 ACCOMMODATION

温州氡泉宾馆

◈ 浙江省泰顺县雅阳镇梅林村

☎ 0577-67661000

价格：480元、780元、880元

温州氡泉承天大酒店

◈ 浙江省泰顺县雅阳镇承天氡泉景区

☎ 0577-67668888

价格：368元、480元、680元、980元

（以上价格以实际为准）

🍴 美食推荐 CUISINE

泰顺县的馍糍干、泥鳅汤、腊兔、豆腐柴、九层糕、药膳等，都是独具特色的美味佳肴。

🛍 购物指南 SHOPPING GUIDE

名、优、土特产品：三杯香、糯米酒、泰顺米烧、乌岩岭猕猴桃、青刀豆干、苦菜干、竹木工艺制品、竹炭日用品等。

花溪—夹溪 风景名胜区

花溪—夹溪省级风景名胜区，位于国家生态示范县——浙江省磐安县境内，由花溪、夹溪两大片组成，总面积为47.79平方公里。区内繁茂葱郁的森林植被，美不胜收的湖溪瀑潭，诡特俊伟的峰崖沟壑与丰富多彩的人文史迹融成一幅幅意趣横生的优美画卷，具有"雄、奇、险、秀、幽、古"之特色。虽然在外的知名度不是那么高，但山水风景内涵却十分丰富。

花溪两侧森林植被繁茂，其中田里壁村一段石质河床平坦光洁，唤作平板溪，堪称一绝。夹溪另有一番风味，两岸山形如同刀削，悬崖陡壁森然对峙，耸立云天。溪涧狭窄，水流湍急，跌瀑、险涡和深潭交相辉映。有的二瀑合一，有的一瀑分二，更有大瀑套小瀑的美景。在高山峡谷之间还有一个皇城湖。该湖清澈如镜，碧波万顷。湖湾狭长曲折，宛若迷宫，是游客嬉水纳凉的好去处。

花溪、夹溪都处在国家级生态示范区内。郁郁葱葱百年古树，形成了满目皆翠的绿色世界。在森林与地形的综合作用下，形成了夏无酷暑、凉爽宜人的小气候。游客可在这清凉世界中，观看相依相偎的"姐妹松"，高耸入云的"九头松"，大腹便便的"佛肚松"，倾听山中飞禽走兽的鸣啸声。

花溪夹溪景区还有神奇的人文史迹。梁武帝长子昭明太子曾避谗隐居花溪之岸，除暴安良，教民种药治病。后世尊之为"盘山真帝"，并建庙膜拜，历代文人咏诗歌颂。1935年，刘英、粟裕领导的红军挺进师也在此建立革命根据地，与反动军队浴血奋战。

经过几年开发建设，花溪—夹溪风景名胜区中已有花溪、十八涡、水下孔、舞龙峡等景区对外开放。

管理机构：磐安县风景旅游管理局
地址：浙江省磐安县安文镇中街1号
电话：0579-84660332
磐安旅游网：http://www.patour.cn

花溪——斤丝潭

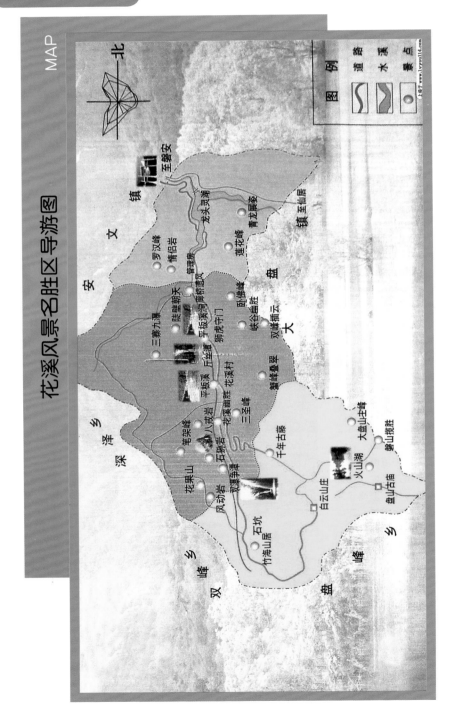

交通 出行宝典
TRANSPORTATION

磐安县位于浙江中部，距杭州、宁波、绍兴、上海、苏州、温州、台州等大中城市在100～300公里。随着金甬、诸永高速公路的开通和县内公路的拓宽改造，上海、杭州、绍兴、宁波、台州、温州等地游客来磐时间均在3小时以内。

行车线路：上海、杭州等地游客可由杭金衢高速公路转入诸永高速公路，在磐安或横店出口下高速，至磐安各景区；金华游客可沿杭金衢高速转入甬金高速，在东阳出口下高速，走东(阳)仙(居)线到磐安县城，至各景区；或可沿金丽温高速经永康，再沿东(阳)永(康)线，在横店附近转入东(阳)仙(居)线，可至磐安各景区。

磐安客运中心咨询 ☎ 0579-84661531

精品线路 *a*

快乐花溪探源游：花溪风景区—昭明院—俺老孙农庄—"浙八味"特产市场

主要活动：戏花溪水，探山祖水源，觐昭明太子，憩生态农庄，购磐安特产。

精品线路 *b*

浙中台地风情游：茶场—十八涡景区—水下孔景区（或舞龙峡景区）—乌石村"农家乐"

主要活动：赏台地风光，猎峡谷奇景，访古茶场，采春茶，品香茗，尝野菜，看春耕农作。

精品线路 *c*

浙中精华山水游：花溪风景区—十八涡景区—乌石村"农家乐"—舞龙峡景区（或水下孔景区）—古茶场

主要活动：戏花溪水，赏台地风情，猎峡谷风光，访千年古茶场。

花溪风景区

景区坐落在有"群山之祖，诸水之源"之誉的大盘山麓，以"赏亿年火山奇观，涉千米平板长溪"著名。主要景点有廊桥遗风、斤丝潭、平板长溪、花溪幽胜、双瀑争潭、石星岩、紫藤王、火山湖、盘山览胜等。花溪之美，美在自然，单看那平板长溪就会让你叹为观止。平板长溪总长逾3000米，裸露部分1000余米，整条溪底平如削，没有石子、淤泥与沙土，涉足溪中，溪水清澈，沁人肺腑，妙不可言，宋代著名画家米芾曾留下了"此地风光三吴无，平砥清流世间殊"的感叹。花溪风景名胜区曾获得了"20家上海老年人最喜欢的短线游景区"、"金华市十大最受游客欢迎旅游景区"等称号。

    磐安县安文镇花溪村

    门票：50元／人

    📞 0579—84698095

花溪水趣

十八涡景区

十八涡

十八涡景区为夹溪风景名胜区的重要组成部分，地处磐安县东北台地区，距县城55公里，磐新公路在景区边缘穿过，交通便利。景区为水石景观之精华，景区内发现了国内罕见的冰臼群。"渡水傍山寻绝壁，白云飞处洞天开"，夹溪两岸陡壁对峙，耸立云天，溪涧狭窄蜿蜒，水流湍急，形成无数的跌瀑、险涡和深潭，其中尤以十八涡最负盛名。区内另有聚秀涡、天下第一冰臼、悬崖谜踪、苍松古道等多个景点，景观具有雄、奇、险、秀、幽、古之特色，游人至此，叹为观止。

    磐安县尖山镇

    门票：50元／人

    📞 0579—84796629

水下孔景区

地处夹溪支流澄溪，区内主要景点有水下孔七泄瀑、利国寺、澄溪古道、天狗望月、观音岩、夫妻岩、乌石古街等。三面危崖相逼围成圆形巨穴，澄溪之水，忽从高40余米的断崖跌落穴底，形成七级首尾相接、各异其趣的瀑布，飘者如雪，挂者如帘，断者如雾，穴中雾气蒙，轰声灌耳，撼人心脾，让人叹为观止。

    磐安县胡宅乡横路村

    门票：50元／人

    📞 0579—84701888

水下孔

舞龙峡景区

又称千丈岩景区、浙中小山峡。景区内汇集了潭、瀑、湖、石、山、林等丰富的自然资源，而且兼具楼下古宅、城里山大兴国遗址等人文资源，奇、秀、险、静、野特色明显，资源优越性、景观独特性、生态原真性良好，舞龙峡被专家认定为是浙江省内面积最大、发育最成熟、景观最丰富的台地峡谷地貌。舞龙峡景区集台地乡村风貌与峡谷潭瀑风光于一体，汇集了漂流、登高、探险、极限运动等诸多旅游项目。

⚐ 磐安县尖山镇楼下宅村

门票：60元／人

📞 13566789668

舞龙峡风光

花溪—夹溪四季 SEASON

花溪—夹溪风景名胜区属亚热带季风气候，天气温和，雨量充沛。平均气温为13.9℃～17.4℃，平均降水量1409.8～1527.8毫米。四季特征有春季回暖迟，秋季降温早，无霜期短（200～243天）等特点。

芍药花

贝母花

鸢尾

厚朴

特色观赏和体验 UNIQUE SCENERY & FESTIVALS

磐安民俗

磐安民风淳朴，民俗文化活动具有浓厚的地方特色，内容丰富，形式多样，龙虎大旗、炼火、大纸马、大凉伞、叠罗汉等民间艺术独树一帜，精彩纷呈。

龙虎大旗

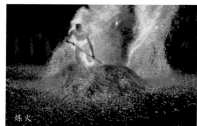

炼火

闹元宵

🛏 住宿 ACCOMMODATION

1.宾馆

翡翠湖度假酒店	磐安县安文镇海螺山	0579—84888888
磐安大酒店	磐安县南园路18号	0579—84887666
江滨大酒店	磐安县安文镇新市路1号	0579—84883123／84883139
伟业大酒店	磐安县安文镇双溪路158号	0579—84676666

2.农家乐

尖山镇乌石村（管头村）农家乐	13706791915
尖山镇陈界村药园农家乐	13738912376
玉山镇向头村农家乐	13857947768

胡宅乡横路村农家乐

📞 同心一家 13868908296
📞 嘉余乐 13738912399
📞 心怡 15167981590

玉山镇马塘村美阳农家乐

📞 0579—84715026、13867998140

🍴 美食推荐 CUISINE

　　磐安美食一般以当地特产、土菜、野味为主料，烹饪方法独特，色、香、味俱佳，风味土野。尤其是在传统基础上科学配方推出的"磐安菇膳"、"磐安药膳"，既养身又可口，深受游客钟爱。

药膳－野猪肚

香菇

磐安方前馒头

🛍 购物指南 SHOPPING GUIDE

　　磐安是"中国香菇之乡"、"中国药材之乡"和"中国生态龙井茶之乡"，物产丰富，品质优良。香菇、药材、茶叶量大质优，土鸡、板栗、猕猴桃、香榧、小京生、高山蔬菜等都已有相当规模和知名度。磐安有特产城和众多特产商店，特产种类繁多，价格实惠。

磐安香榧

小京生花生

山茶油

薯片

大鹿岛 风景名胜区

大鹿岛位于台州市玉环县，由大、中、小鹿岛的79个景源组成，囊括岛屿附近海域的总面积可达36.79平方公里。1991年原林业部批复建立14个森林公园，大鹿岛是我国唯一的海岛森林公园，1995年被评为全国海岛绿化先进单位，1999年被评为台州市十大景点，2007年11月27日荣获国家"AAAA级旅游景区"称号，2008年12月14日被评为浙江省第七批省级风景名胜区。

大鹿岛山体为基岩海岸，海蚀陡崖、洞穴、槽沟随处可见，海蚀景观丰富，变化多端，雄伟瑰丽。其山秀林美、奇礁异石、岩雕艺术堪称"鹿岛三绝"，在海内外享有一定的知名度。

岛上拥有全国罕见的岩雕艺术作品，得到各界人士的认可和赞誉，具有较高的科学价值和美学价值。目前已形成龙门石刻、索桥风月、八仙过海、千佛朝拜、寿星岩、将军洞、千佛龛等10处名胜景观、77个景点，还有刘海粟、沙孟海、朱屺瞻、钱君陶、沈石伽、王芳等名家巨匠所书的摩崖题刻16幅。

岛上植被茂盛，种类繁多，栽培有美国红杉等珍贵树种。景区内空气清新，气候宜人，环境幽雅。

大鹿岛景区以其奇特的海蚀地貌景观、岩雕艺术作品以及高密度的森林覆盖获评风景名胜区，从而加以保护性开发利用，为国内独有。

地址：浙江省玉环县大鹿岛
电话：0576－87566333 87566388
传真：0576－87566388 87566363
邮箱：yhdaludao@163.com
网址：www.yhdld.com

大鹿岛风光

旅游服务 TRAVEL SERVICE

大鹿岛游客中心是游客入岛后进入大鹿岛景区的第一站，是景区多媒体展示、查询、综合信息咨询，提供景区宣传资料，旅游纪念品销售、接受医疗救助、门票服务、游客休息投诉等多种功能为一体的综合服务设施。

门票价格：45元
游客投诉： ☎ 0576-87566300/87250200

游客中心

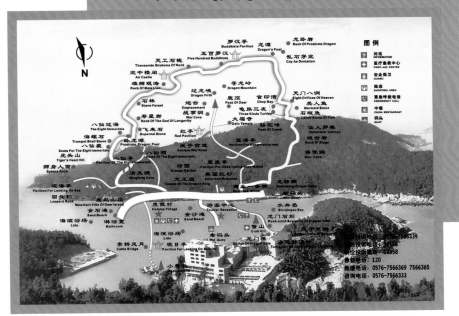

交通 出行宝典
TRANSPORTATION

（一）区外交通

✈ 台州机场：位于台州市路桥区，距大鹿岛70公里。

温州机场：位于温州市的龙湾区，距大鹿岛景区95公里。

🚆 温岭火车站：位于台州市温岭市大溪镇，距玉环和大鹿岛分别为58公里和63公里。

温州火车站：位于温州市市区温州大道，距大鹿岛景区95公里。

两机场和两火车站可承接来自国内绝大多数大中城市的游客。同时便捷的机场、火车站接驳服务可使游客快速抵达目的地景区。

🚗 游客到大鹿岛，大多数可经台州或温州往玉环。有2条路线可以选择：

台州—路桥—温岭—玉环—坎门码头（或栈台码头）—大鹿岛（全程70公里）

温州—乐清—玉环—坎门码头（或栈台码头）—大鹿岛（全程95公里）

🚢 坎门码头和栈台码头常规航班
上岛交通航班：9：00—10：00
15：00—16：00

返回航班：8：00—9：30
14：30—16：30

区域交通图

※特别提示：

（1）景区周边加油站、维修站分布合理，后勤保障便捷。

（2）大鹿岛为海岛型景区，航船班次受季节影响，请注意航班时间变化。

（二）区内交通：

　　大鹿岛景区现已经开放的景点为大鹿岛及小鹿岛，两岛相连，均实行步行游览参观，所有步游道均以大鹿岛上的石材为主材进行铺设，两边辅以绿化，有利于生态和环境保护，体现大鹿岛景区天然、生态的特色，给游客以原汁原味之感。

精品线路 a

大鹿岛—龙门石刻—大鹿岛岩雕群—龙游洞—将军洞—戏台岩—仙人罗帐—美人鱼—天门八洞—乱石穿空—龙潭—五百罗汉—雄狮观涛—寿星岩—八仙过海—清风洞—狮身人面—回头豹—金石滩—索桥风月—金沙滩—龙王庙—美国红杉—大福寺—商业一条街—度假村。

精品线路 6

艺术岩雕游：龙门石刻—鲤鱼跳龙门—鳎鱼搏浪—沧海横行—魟鱼飞崖—幼豚探礁—双龟探海—海鲀听涛。

洪世清教授根据海浪撞击和海水腐蚀的岩礁块石的各种自然形态，以石赋形，以海生动物为题材，以摩崖、浮雕、圆雕等手法，雕琢出秦汉绘画构图风格的海生动物岩雕近百座，气势雄伟，造型夸张，古朴粗犷，神态各异，有嬉水的鱼、横行的蟹、探海的龙、欢跳的虾等诸多景观，如魔似幻，继承着秦雕汉刻的艺术传统，注重大体轮廓，追求简练结构，给人以深远古拙，粗犷有力的感觉，具有较高的科学研究价值。

艺术岩雕

精品线路 C

摩崖题刻线："大鹿岛"—"天籁"—"大朴不雕"—"东海碧玉"—"海山奇观"—"欲出龙宫"—"鱼乐"—"海天砥柱"—"龙"。

岛上人文景观较多，已征得刘海粟、沙孟海、陆俨少、朱屺瞻、钱君陶等名家巨匠所书的摩崖题刻、名人墨宝等二十来幅。

摩崖题刻

精品线路 *d*

海岛海蚀风光游：八仙待渡—卧龙潭—雄狮观涛—天工石栈—五百罗汉—乌龙潭—乱石穿空—美人鱼—仙人罗帐。

　　大鹿岛整个景区海蚀地貌相当突出，海蚀陡崖，海蚀洞穴，海蚀槽沟到处可见，形成众多的奇构异形的海蚀景观，为中国东部沿海罕见的海岸地段。具有较高的科学研究学术价值。其中的八仙过海、千佛朝拜、仙人罗帐论其景观规模之宏大、气势之磅礴、形象之逼真，周边景点无与雷同，绝无仅有。

五百罗汉

特色观赏和体验 UNIQUE SCENERY & FESTIVALS

　　观海上日出日落：清晨一轮红日从海边升起，万道霞光直射桥下，海面上波光粼粼，闪金烁银，气势颇为壮观。这里又是观看落日的最佳处，当太阳西下时，夕阳映射彩云覆盖半边天，万道金光直冲桥来，奇丽无比。

　　观赏最佳位置：鹿顶、索桥风月

日落

大鹿岛四季 SEASON

　　大鹿岛属中亚热带季风区，四季分明。受海洋水体调节和西北高山对寒流的阻滞，境内夏少酷热，冬无严寒，热量丰富，雨水充沛，气候温和湿润，年平均气温17.5℃。

🛏 住宿 ACCOMMODATION

　　大鹿岛景区周边拥有各星级的旅游星级宾馆数十家，岛上宾馆一家，可满足不同层次游客需求。

玉环观光国际大酒店（准五星）
◇ 玉环县漩门观光农业园边
☎ 0576-81733333

喜来登福朋大酒店（准五星）
◇ 玉环县玉城街道三合潭路
☎ 0576-87599999

玉环大酒店（四星）
◇ 玉环县玉城街道玉兴东路
☎ 0576-87277999

玉环阳光假日酒店（准四星）
◇ 玉环县玉城街道长兴路181号
☎ 0576-87555555

玉环国际大酒店（三星）

◇ 玉环县玉城街道玉潭路43号
☎ 0576-87211133

玉环县天鸿饭店（三星）
◇ 玉环县玉城街道广陵路136号
☎ 0576-87230888

玉环县长城宾馆（三星）
◇ 玉环县楚门镇南兴西路275号
☎ 0576-87420888

大鹿岛度假山庄（准三星）
◇ 大鹿岛景区内
☎ 0576-87566333

玉环县琉泰大厦（二星）
◇ 玉环县玉城街道玉兴东路43号
☎ 0576-87207888

玉环红宝石大酒店（二星）
◇ 玉环县大麦屿街道兴中路
☎ 0576-87318888

🍴 美食推荐 CUISINE

　　玉环饮食归属浙江菜系四大流派之一的瓯菜系，但却有别于传统瓯菜。玉环美食既取材于本地的"山珍"又取材于东海特色小海鲜，佐以玉环的移民文化。其中经各类美食家评选的玉环十大名菜主辅材料的选取各异，型美味鲜营养价值高，鸡山海鲜更因其原汁原味的烹饪手法名声在外。堪称玉环饮食文化的经典。

　　十大名菜为：姜葱鲳鱼面、蕃粉圆、鱼皮馄饨、清炖跳鱼、蒜香海蜈蚣、虾酱蒸盘菜、海岛明珠（文旦为主料）、香煎水潺饼、清汤望潮、碧绿剪豆夹。

🛍 购物指南 SHOPPING GUIDE

　　大鹿岛景区所处区域面朝东海，物产丰富，渔特产品品质极高，以及玉环独有的水果之王玉环文旦等深受游客以及来玉环的商务人士的欢迎。

　　主力推荐的农（渔）特产品：玉环文旦、石榴、干江盘菜、玉环长柿、玉环剪豆、玉环米面、梭子蟹、对虾、缢蛏、水潺、海蜈蚣、黄鱼鲞、墨鱼鲞、望潮、醉泥螺、海钉等。

图书在版编目(CIP)数据

中国风景名胜区游览手册⑤ 浙江省/中国风景名胜区协会
编著. —北京：中国建筑工业出版社，2011.7
ISBN 978-7-112-13310-9

Ⅰ.①中… Ⅱ.①中… Ⅲ.①风景区—中国—手册
②名胜古迹—中国—手册 Ⅳ.①K928.7-62

中国版本图书馆CIP数据核字(2011)第123967号

责任编辑：郑淮兵
责任设计：陈 旭
责任校对：陈晶晶 姜小莲

中国风景名胜区游览手册⑤
浙江省
中国风景名胜区协会 编著
＊
中国建筑工业出版社出版、发行（北京西郊百万庄）
各地新华书店、建筑书店经销
北京方舟正佳图文设计有限公司制版
北京方嘉彩色印刷有限责任公司印刷
＊
开本：880×1230毫米 1/32 印张：10⅛ 字数：274千字
2011年10月第一版 2011年10月第一次印刷
定价：**68.00**元
ISBN 978-7-112-13310-9
(20712)